# Grundkurs SAP APO

Andreas Witt

# Grundkurs SAP APO

Eine Einführung mit durchgehendem
Fallbeispiel

Springer Vieweg

Andreas Witt
Hochschule Fulda
Fachbereich Wirtschaft
Fulda
Deutschland

In dieser Publikation wird auf Produkte der SAP AG Bezug genommen.

SAP, R/3, SAP NetWeaver, Duet, PartnerEdge, ByDesign, SAP BusinessObjects Explorer, Stream-Work und weitere im Text erwähnte SAP-Produkte und Dienstleistungen sowie die entsprechenden Logos sind Marken oder eingetragene Marken der SAP AG in Deutschland und anderen Ländern. Business Objects und das Business-Objects-Logo, BusinessObjects, Crystal Reports, Crystal Decisions, Web Intelligence, Xcelsius und andere im Text erwähnte Business-Objects-Produkte und Dienstleistungen sowie die entsprechenden Logos sind Marken oder eingetragene Marken der Business Objects Software Ltd. Business Objects ist ein Unternehmen der SAP AG. Sybase und Adaptive Server, iAnywhere, Sybase 365, SQL Anywhere und weitere im Text erwähnte Sybase-Produkte und -Dienstleistungen sowie die entsprechenden Logos sind Marken oder eingetragene Marken der Sybase Inc. Sybase ist ein Unternehmen der SAP AG. Alle anderen Namen von Produkten und Dienstleistungen sind Marken der jeweiligen Firmen. Die Angaben im Text sind unverbindlich und dienen lediglich zu Informationszwecken. Produkte können länderspezifische Unterschiede aufweisen. Der SAP-Konzern übernimmt keinerlei Haftung oder Garantie für Fehler oder Unvollständigkeiten in dieser Publikation. Der SAP-Konzern steht lediglich für Produkte und Dienstleistungen nach der Maßgabe ein, die in der Vereinbarung über die jeweiligen Produkte und Dienstleistungen ausdrücklich geregelt ist. Aus den in dieser Publikation enthaltenen Informationen ergibt sich keine weiterführende Haftung.

ISBN 978-3-658-03653-9          ISBN 978-3-658-03654-6 (eBook)
DOI 10.1007/978-3-658-03654-6

Die Deutsche Nationalbibliothek verzeichnet diese Publikation in der Deutschen Nationalbibliografie; detaillierte bibliografische Daten sind im Internet über http://dnb.d-nb.de abrufbar.

Springer Vieweg
© Springer Fachmedien Wiesbaden 2014

Gedruckt auf säurefreiem und chlorfrei gebleichtem Papier

Springer Vieweg ist eine Marke von Springer DE. Springer DE ist Teil der Fachverlagsgruppe Springer Science + Business Media
www.springer-vieweg.de

# Vorwort

Advanced Planning Systeme (APSe) werden von vielen Unternehmen zur Planung von Aktivitäten im Supply Chain Management eingesetzt. Ein bekanntes Standardsoftwaresystem von der SAP AG ist SAP APO™ (*Advanced Planning and Optimization*) als Bestandteil von SAP SCM™. Für Studierende an Hochschulen kann der Erwerb von Kenntnissen in der Anwendung von Advanced Planning Systemen sehr nützlich sein. Dies gilt insbesondere, wenn ein vertiefendes Wissen in den Fachgebieten Logistik und Supply Chain Management angestrebt wird. Anhand von Übungen kann die betriebswirtschaftliche Theorie IT-seitig veranschaulicht werden.

Das vorliegende Lehrbuch basiert auf einer mehrjährigen Lehr- sowie Beratungstätigkeit und unterscheidet sich von anderen Büchern, die SAP APO von SAP® zum Gegenstand haben, dadurch, dass die Nutzung der Software anhand eines durchgehenden Fallbeispiels mit Schritt-für-Schritt-Anleitungen illustriert wird. Genutzt wird dabei das fiktive Unternehmen IDES, das von der SAP AG in Schulungssystemen sowohl für den Bereich SAP ERP™ (*Enterprise Resource Planning*) als auch für SAP SCM abgebildet wurde. Studierende, denen ein solches IDES-System zur Verfügung steht, können durch Bearbeitung der Übungsaufgaben Schritt für Schritt verschiedene Teile von SAP APO kennenlernen. Zunächst kann durch die Erstellung sogenannter Integrationsmodelle in einem angeschlossenen SAP ERP System eine Verknüpfung mit SAP APO hergestellt werden, so dass korrespondierende Stamm- und Bewegungsdaten zwischen SAP ERP und SAP APO übertragen und somit permanent aktualisiert werden können. Studierende, denen keine Schnittstelle zu einem SAP ERP System zur Verfügung steht, können alternativ entsprechende Daten in SAP APO anlegen bzw. auf vorhandene IDES-Daten zurückgreifen. Dann wird in SAP APO ein überschaubares Supply Network konfiguriert, das u.a. aus Werken sowie Transportressourcen besteht und anschließend als Grundlage für alle Planungstätigkeiten dient. Durch die Erstellung einer Planungsmappe wird dann eine prognosebasierte Absatzplanung für das zuvor angelegte Supply Network durchgeführt, bei der ein Zeitreihenverfahren eingesetzt wird. Die erstellte Absatzplanung wird anschließend an das Supply Network Planning (SNP) freigegeben. Dort wird mithilfe der Planungsfunktionalität im mittelfristigen Planungshorizont durch das Anlegen von SNP-Aufträgen sichergestellt, dass die freigegebenen Absatz- bzw. Verkaufsmengen gedeckt werden können. Im kurzfristigen Planungshorizont werden danach die erzeugten SNP-Aufträge in Planaufträge umgesetzt, so dass die Fertigung der End- und Zwischenprodukte sowie der Einkauf von Vorprodukten veranlasst werden können. Darüber hinaus kann anhand weiterer Übungen erlernt werden, wie ein unvorhergesehener Eilauftrag kurzfristig eingeplant oder wie auf einen plötzlichen Maschinenausfall planerisch reagiert werden kann. Abschließend werden mithilfe der Available-To-Promise-Funktionalität (ATP) Liefertermine bestimmt und im Rahmen einer Transportplanung Umlagerungsaufträge zu Transporten zusammengefasst.

Zielgruppen des Buchs sind hauptsächlich Studierende der Betriebswirtschaftslehre und der Wirtschaftsinformatik. Aber auch für berufstätige Einsteiger in SAP APO kann das Buch wertvolle Hilfestellungen liefern, um die Handhabung der Software grundlegend zu erlernen.

Fulda im Januar 2014                                                              Andreas Witt

# Inhaltsverzeichnis

# Abkürzungsverzeichnis

| | |
|---|---|
| APO | Advanced Planning and Optimization |
| APS | Advanced Planning System |
| ATP | Available-To-Promise |
| CIF | Core Interface |
| CRM | Customer Relationship Management |
| CTP | Capable-To-Promise |
| DP | Demand Planning |
| ERP | Enterprise Resource Planning |
| GUI | Grafical User Interface |
| IDES | Internet Demonstration and Education System |
| IT | Information Technology |
| PDS | Produktionsdatenstruktur |
| PP/DS | Production Planning/Detailed Scheduling |
| PPM | Produktionsprozessmodell |
| SC | Supply Chain |
| SCM | Supply Chain Management |
| SCP | Supply Chain Planning |
| SRM | Supplier Relationship Management |
| SNP | Supply Network Planning |
| TP/VS | Transportation Planning/Vehicle Scheduling |

# Grundlagen des Supply Chain Management 1

**Zusammenfassung**

Neuartige Herausforderungen für Unternehmen wie etwa die Globalisierung, beschleunigte Informationsflüsse oder die Entstehung von Käufermärkten haben zur Entwicklung des Supply Chain Management geführt. Dabei werden die Prozesse entlang einer Wertschöpfungskette unternehmensübergreifend koordiniert und integriert, um u. a. schneller auf Veränderungen reagieren und den gestiegenen Anforderungen von Kunden gerecht werden zu können. Die Koordination und Integration der Prozesse führt dazu, dass in verstärktem Maß Planungsaufgaben bewältigt werden müssen. Dazu gehören z. B. Absatzplanungen (Demand Planning), eine Netzwerkplanung (Network Planning) sowie Produktions- und Distributionsplanungen. Einen Überblick über die Planungsaufgaben und deren Zusammenhänge gibt die sog. „Supply Chain Planning Matrix". Auch im Supply Chain Management wird für die Bewältigung der Herausforderungen häufig betriebswirtschaftliche Standardsoftware eingesetzt. Hier sind insbesondere Advanced Planning Systeme zu nennen, die im Wesentlichen die Aufgaben der Supply Chain Planning Matrix abdecken.

## 1.1 Gründe für die Entwicklung des Supply Chain Management

Viele Unternehmen haben erst in der jüngeren Vergangenheit erkannt, dass die Logistik als Management- und Entscheidungsbereich eine wichtige Bedeutung für die Realisierung strategischer Wettbewerbsvorteile haben kann. Lange Zeit wurde die Logistik meistens als operativer Funktionsbereich gesehen, durch den der Fluss von Gütern und Informationen geplant und koordiniert wird. Darüber hinaus war die Sichtweise lange Zeit recht eingeschränkt, indem nur logistische Tätigkeiten innerhalb des eigenen Unternehmens und gegenüber den unmittelbaren Kunden sowie Lieferanten betrachtet wurden. Beginnend in den 1980er Jahren und verstärkt seit den 1990er Jahren wurde diese Sichtweise jedoch erweitert, indem von Unternehmen zunehmend auch logistische Aktivitäten in anderen

A. Witt, *Grundkurs SAP APO,*
DOI 10.1007/978-3-658-03654-6_1, © Springer Fachmedien Wiesbaden 2014

Teilen der Wertschöpfungskette in die Planung eigener Prozesse einbezogen wurden. In diesem Zusammenhang wurde der Begriff *Supply Chain Management* geprägt, durch den zum Ausdruck kommt, dass eine Integration aller Unternehmen sowie Prozesse entlang einer logistischen Kette bzw. Supply Chain stattfindet. Dabei werden außerdem alle Material-, Informations- und Geldflüsse derart koordiniert, dass die Nachfrage der Endkunden (am Ende der Supply Chain) mit der Zielsetzung einer verbesserten Wettbewerbsfähigkeit der gesamten Supply Chain gedeckt wird (siehe zu dieser Definition Stadtler 2008, S. 11, sowie zu ähnlichen Definitionen Chopra und Meindl 2012 oder Simchi-Levi et al. 2010). Grund für die veränderte Sichtweise waren neue Herausforderungen, die von Unternehmen geeignet bewältigt werden mussten (siehe Christopher 2011, S. 15 ff.):

- Beschleunigte Veränderungen: Märkte und deren Rahmenbedingungen verändern sich heutzutage i. d. R schneller als früher. Dies ist u. a. auf erhöhte Ansprüche der Kunden, das Internet mit stark beschleunigten Informationsflüssen und eine stark fortgeschrittene Globalisierung der Wirtschaft zurückzuführen. Daher stehen Unternehmen vor der Herausforderung, flexibel und reaktionsschnell zu sein. Das gelingt im Allgemeinen nur, wenn Unternehmen mit entsprechend leistungsfähigen Partnern in einer Supply Chain koordiniert zusammenarbeiten. Dabei ist trotz einer hohen Flexibilität eine hohe Verlässlichkeit z. B. hinsichtlich der Einhaltung von Liefermengen und -terminen erforderlich. Meistens ist es vorteilhaft, wenn sich jedes Unternehmen auf seine Kernkompetenz konzentriert, wodurch häufig der Grad der Arbeitsteilung in einer Supply Chain steigt, was wiederum zu einem höheren Koordinationsaufwand führt.
- Globalisierung: Die weiter zunehmende Globalisierung der Wirtschaft führt u. a. dazu, dass das Management logistischer Tätigkeiten komplexer wird. Transportwege werden ggf. länger und die Unternehmen müssen oft mit einer größeren Anzahl an Kunden und Lieferanten in unterschiedlichen Ländern zusammenarbeiten. Dieser Herausforderung muss i. d. R mit einer geeigneten Planung und Koordination in der gesamten Supply Chain begegnet werden.
- Stärkerer Preis- und Kostendruck: Infolge der Globalisierung der Wirtschaft ist die Anzahl potenzieller Wettbewerber für Unternehmen gestiegen. Darüber hinaus sind Barrieren im internationalen Handel in recht starkem Maß abgebaut und Märkte dereguliert worden. Weiterhin hat das Internet dazu geführt, dass eine wesentlich bessere Transparenz insbesondere bzgl. der Preise für Produkte entstanden ist. Dadurch hat der Preis- und Kostendruck auf Unternehmen stark zugenommen.
- Entstehung von Käufermärkten: Anstelle von Verkäufermärkten, in denen ein Anbieter von Produkten davon ausgehen kann, dass er genügend Nachfrage vorfinden wird und – aus seiner Sicht – vorteilhafte Preise realisieren kann, haben sich zunehmend Käufermärkte entwickelt. Als Gründe sind hier ebenfalls der stärkere Wettbewerb infolge der Globalisierung und das Internet zu nennen, wodurch Käufer in eine günstigere Verhandlungsposition gelangt sind. Dies hat wiederum dazu geführt, dass Kunden höhere Ansprüche hinsichtlich Qualität und Serviceleistungen entwickelt haben.

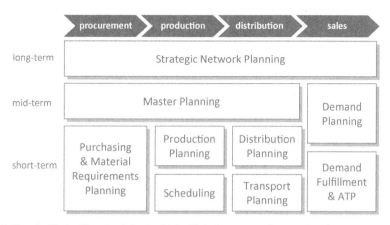

**Abb. 1.1** Supply Chain Planning Matrix. (siehe Fleischmann et al. 2008, S. 87)

In Wirklichkeit sind Unternehmen jedoch nicht in logistischen Ketten bzw. Supply Chains sondern vielmehr in entsprechenden Netzwerken tätig. Jedes Unternehmen gehört nicht nur zu einer einzelnen Supply Chain sondern zu mehreren. Daher wären womöglich Begriffe wie *Supply Network* oder auch *Value Network* treffender. Dennoch hat sich der Begriff *Supply Chain* durchgesetzt und wird heute im Allgemeinen verwendet.

Durch die Ergänzung des Begriffs *Management* zum Begriff *Supply Chain* kommt zum Ausdruck, dass die Prozesse in einer Supply Chain gezielt gesteuert und geplant werden sollen. Darüber hinaus ist die Beschränkung einer operativen Sichtweise aufgegeben worden. Stattdessen hat man erkannt, dass eine Bewältigung der oben genannten Herausforderungen mithilfe eines erfolgreichen Supply Chain Management zu nachhaltigen Wettbewerbsvorteilen für die Unternehmen einer Supply Chain führen kann. Zur rein operativen Bewältigung logistischer Aufgaben sind im Supply Chain Management also taktische und strategische Aufgaben hinzugekommen. Dazu gehören u. a. längerfristig abgestimmte Absatzplanungen, die gemeinsame Entwicklung neuer Produkte und Erschließung neuer Märkte sowie die Identifizierung geeigneter Partner für das Schließen strategischer Allianzen.

## 1.2   Planungsprozesse im Supply Chain Management

Wie anhand der Ausführungen in Abschn. 1.1 deutlich geworden ist, liegt eine der Hauptaufgaben des Supply Chain Management in der Steuerung und Koordination der unternehmensübergreifenden, vor allem logistischen Prozesse. Um dieser Herausforderung gerecht zu werden, müssen i. d. R entsprechende Planungstätigkeiten durchgeführt werden, die alle Bereiche einer Supply Chain betreffen. Einen strukturierten Überblick über die im Supply Chain Management zu bewältigenden Planungsaufgaben und –prozesse beinhaltet die sogenannte *Supply Chain Planning (SCP) Matrix* (siehe Fleischmann et al. 2008, S. 87), die in Abb. 1.1 und Abb. 1.2 dargestellt ist. In der Matrix werden die Planungsaufgaben ho-

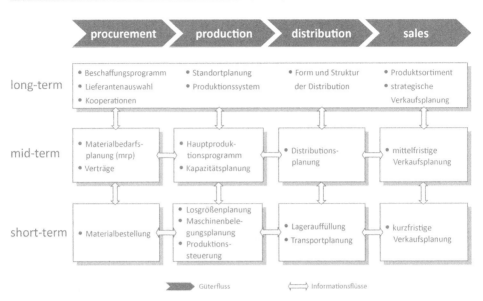

**Abb. 1.2** Planungsaufgaben in der Supply Chain Planning Matrix. (siehe Fleischmann et al. 2008, S. 87)

rizontal korrespondierend zum Güterfluss nach den Bereichen Beschaffung, Produktion, Distribution sowie Verkauf und vertikal nach hierarchischen Planungsebenen unterteilt. Die Planungsebenen unterscheiden sich wiederum nach ihrem Detaillierungsgrad und Planungshorizont. Die Informationen fließen zunächst im Sinne eines top-down Ansatzes von oben nach unten und stellen Vorgaben dar, die von der untergeordneten Planungsebene einzuhalten sind und als Ausgangsbasis für die eigenen Tätigkeiten dienen. Sollten sich die Vorgaben der übergeordneten Ebene als nicht durchführbar erweisen, sind im Sinne eines bottom-up Ansatzes entsprechende Rückmeldungen von der untergeordneten Ebene möglich, durch die die Generierung neuer Vorgaben mit aktualisierten Informationen angefordert wird. Horizontal werden zwischen den Planungsbereichen Informationen u. a. in Form von Absatzplänen, Kundenaufträgen, Kapazitäten oder Beständen ausgetauscht.

Im Einzelnen muss für jede Planungsebene festgelegt werden, wie häufig und mit welcher Periodizität geplant werden soll. Während man die langfristigen strategischen Pläne nur einmal oder wenige Male pro Jahr anpassen wird, müssen die kurzfristigen operativen Pläne i. d. R mindestens täglich aktualisiert werden. Die Periodizität betrifft die Unterteilung des Planungshorizonts in einzelne Planungsperioden. Während man den kurzfristigen Horizont meistens in Minuten oder Sekunden unterteilen wird, dürfte für den langfristigen Horizont eine Unterteilung in Monate oder Quartale ausreichend sein. Weiterhin ist festzulegen, in welchem Ausmaß Daten in den einzelnen Planungsebenen aggregiert werden sollen. Während sich für den strategischen Horizont eine starke Aggregation anbietet, da detaillierte Planungen aufgrund ihrer Langfristigkeit einer hohen Unsicherheit unterliegen dürften, muss für den operativen Horizont eine weitgehende Detaillierung angestrebt werden, um ausreichende Steuerungsmöglichkeiten für die operativen Prozesse zu gewährleisten.

Die einzelnen Planungsaufgaben in der SCP Matrix lassen sich wie folgt skizzieren (siehe Rohde et al. 2000): Einen langfristigen Planungshorizont hat das Strategic Network Planning, dessen Ergebnis der Aufbau eines Netzwerks aus Lieferanten, Produktionsstandorte, Distributionszentren und Kunden bildet. Auf diesem Netzwerk basieren alle weiteren mittel- und kurzfristigen Planungsebenen des SCP. Im Demand Planning werden die zukünftigen Verkaufsmengen mithilfe von Prognoseverfahren abgeschätzt. Hier können statistische Verfahren wie etwa Regressionsanalysen, gleitende Durchschnitte oder exponentielle Glättung eingesetzt werden. Im Rahmen des Available-To-Promise (ATP) werden durch eine Auswertung der aktuellen Plan- und Ist-Bestände in der Supply Chain Liefertermine ermittelt, die einem Kunden zugesagt werden können.

Auf Basis der im Demand Planning prognostizierten Absatzmengen und bereits vorliegender Kundenaufträge geht es im Master Planning darum, die in der Supply Chain zur Verfügung stehenden Kapazitäten und die Produktionsmengen dahingehend aufeinander abzustimmen, dass die Supply Chain möglichst effizient arbeitet. Da diese Planungsaufgabe sehr komplex und damit rechenaufwändig sein kann, nimmt man meist eine geeignete Aggregation der erforderlichen Daten vor, indem man z. B. zunächst nur Endprodukte oder Endproduktgruppen anstelle von Einzelprodukten betrachtet. Eine entsprechende Aggregation kann auch für die Produktionskapazitäten durchgeführt werden. Ergebnisse des Master Planning sind u. a. Produktionsmengen für einzelne Werke, Transportmengen, erforderliche Anpassungen von Kapazitäten oder Beschaffungsmengen.

Im anschließenden Production Planning und Scheduling findet eine detailliertere Planung statt. Die Planung erfolgt hier in kürzeren Zeitabständen und für kürzere Planungsperioden statt. Für die vom Master Planning vorgegebenen Mengen wird zunächst im Production Planning entschieden, aus welchen Einzelprodukten sich diese zusammensetzen und welchen Arbeitsmitteln und Werken sie zugewiesen werden sollen. Das Ergebnis ist die Bildung von Produktionsaufträgen. Im sehr kurzfristigen und detaillierten Production Scheduling wird schließlich eine minuten- oder sogar sekundengenaue Reihenfolge der Produktionsaufträge und ggf. einzelner Arbeitsvorgänge für einzelne Betriebsmittel festgelegt.

Das Distribution Planning hat zur Aufgabe, auf Basis der Ergebnisse der Produktionsplanung und anhand von Transport- sowie Lagerkapazitäten zu bestimmen, welche Transporte und Bestände erforderlich sind, um die Kunden zu möglichst geringen Kosten zu beliefern. Die Planungsergebnisse sind im Distribution Planning z. B. durch die Bestimmung von Transportmengen pro Tag noch relativ grob. Eine Detaillierung findet im Transportation Planning statt, durch das festgelegt wird, wie die Transportpläne im Einzelnen realisiert werden sollen. Zu diesem Zweck werden Tourenplanungen (Vehicle Routing) und Beladungsplanungen (Vehicle Loading) für die Transportmittel mit einem kurzfristigen Planungshorizont durchgeführt. Durch die Tourenplanungen werden einzelne Kundenaufträge bestimmten Touren und Transportmitteln zugeordnet. Durch die Beladungsplanungen soll sichergestellt werden, dass die Ladeflächen der Transportmittel möglichst gut ausgenutzt werden.

Die Hauptaufgaben des Material Requirements Planning bestehen in der Generierung von Bestellungen für Rohstoffe oder Vorprodukte an Lieferanten und Verfügbarkeitsprüfungen bei der Freigabe von Produktionsaufträgen sowie bei ATP-Prüfungen. Häufig wird das Material Requirements Planning jedoch Bestandteil des Master Planning sowie Production Planning und Scheduling sein, so dass keine eindeutige Abgrenzung möglich ist.

## 1.3 Einsatz betriebswirtschaftlicher Standardsoftware im Supply Chain Management

Die Ausführungen in Abschn. 1.1 lassen sich dahingehend deuten, dass Eigenschaften wie Flexibilität, Reaktionsschnelligkeit und Agilität heutzutage häufig eine entscheidende Bedeutung für die Realisierung von Wettbewerbsvorteilen haben. Diese Eigenschaften müssen i. d. R von allen Unternehmen einer Supply Chain erfüllt werden. Eine entscheidende Bedeutung kommt der Informationstechnologie und dabei insbesondere leistungsfähigen Softwaresystemen zu. Es ist davon auszugehen, dass die genannten Eigenschaften in einer Supply Chain erst auf Basis einer schnellen Verarbeitung und Weitergabe von Informationen realisiert werden können. Beispielsweise wird das Auftreten des sogenannten *Bullwhip Effekts*, durch den es zu starken Schwankungen von Beständen kommt, welche zu Überbeständen und Fehlmengen in einer Supply Chain führen, hauptsächlich auf eine fehlende Weitergabe von Informationen zurückgeführt. In aller Regel können die gewünschte Koordination und Synchronisation in einer Supply Chain erst durch die Weitergabe geeigneter Informationen an alle Partner erreicht werden.

In der Informatik unterscheidet man Software u. a. in Individual- und Standardsoftware. Individualsoftware liegt dann vor, wenn eine Software für ganz bestimmte Anforderungen neu programmiert wird, so dass die Software i.d.R. nur vom Auftraggeber für die Programmierung verwendet werden kann. Denn es ist davon auszugehen, dass die Anforderungen meistens sehr spezifisch sind, weshalb die Anwendung für andere Personen oder Unternehmen kaum infrage kommt. Demgegenüber sollen durch eine Standardsoftware möglichst allgemeine Anforderungen abgedeckt werden, so dass eine große Anzahl an Personen oder Unternehmen an dem Erwerb und Einsatz der Software interessiert ist. Sofern einzelne Abläufe in einem Unternehmen nicht zu der Standardsoftware passen, muss sich das Unternehmen in den betreffenden Bereichen der Software anpassen. Darin wird jedoch häufig ein wesentlicher Vorteil von Standardsoftware gesehen, weil davon ausgegangen wird, dass der Hersteller einer Software die Abläufe von Unternehmen – im Fall von betrieblichen Anwendungen – besonders effizient abgebildet hat. Dann arbeitet ein Unternehmen nach der Anpassung aller Abläufe an die Vorgaben der Standardsoftware effizienter als vorher.

Im Fall betriebswirtschaftlicher Software gibt es eine Vielzahl von Anwendungsbereichen, die im Überblick in Abb. 1.3 dargestellt sind. Für die folgenden Inhalte des Buchs

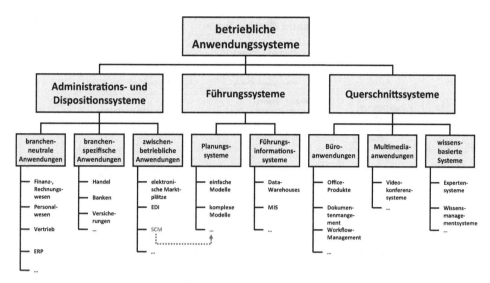

**Abb. 1.3** Klassifizierung von betrieblichen Anwendungssystemen. (Quelle: eigene Darstellung in Anlehnung an Stahlknecht und Hasenkamp 2005, S. 327)

sind insbesondere die Bereiche *Enterprise Resource Planning* (ERP) und SCM von Bedeutung. ERP-Systeme sind in aller Regel Standardsoftware-Systeme und haben zum Ziel, sämtliche Geschäftsprozesse eines Unternehmens abzubilden. Den Ansatz bilden hauptsächlich alle operativen Prozesse, die tagtäglich im Rahmen des allgemeinen Geschäftsbetriebs in einem Unternehmen ablaufen. Somit decken die Funktionen eines ERP-Systems meistens sämtliche Abläufe von der Materialwirtschaft (einschließlich Einkauf) über die Produktion bis zum Verkauf und Versand sowie die Kostenrechnung, die Finanzbuchhaltung oder die Personalwirtschaft ab. Die Besonderheit im Vergleich zu früheren betrieblichen Anwendungssystemen liegt darin, dass heutige ERP-Systeme auf Basis eines integrierten Datenbestands arbeiten. Dadurch entfallen umständliche Datenübernahmen zwischen separat betriebenen Anwendungen, um eine Konsistenz aller Daten in einem Unternehmen herzustellen. Dies war früher häufig erforderlich, wenn unterschiedliche Bereiche eines Unternehmens jeweils eigene Anwendungen mit eigenen Datenbeständen betrieben haben. Durch den Ansatz der Datenintegration löst die Erfassung und Speicherung von Daten in einem Bereich (z. B. mengenmäßige Buchung eines Wareneingangs) meist automatisch eine Aktualisierung korrespondierender Daten in einem anderen Bereich aus (z. B. wertmäßige Aktualisierung von Konten in der Buchhaltung infolge eines Wareneingangs). Dies geschieht in Echtzeit (realtime), so dass man in jedem Bereich zu jeder Zeit immer mit einheitlichen, konsistenten Daten arbeitet. Zudem entfällt eine mehrfache Eingabe von Daten.

Durch die Erfassung aller relevanten Geschäftsvorfälle wird der gesamte Werte- und Güterfluss eines Unternehmens in einem ERP-System aufgenommen, sodass die Grundlage für die externe und interne Rechnungslegung geschaffen wird. Darüber hinaus können die abgebildeten Prozesse gezielt gesteuert und kontrolliert werden. Da alle Geschäftsvor-

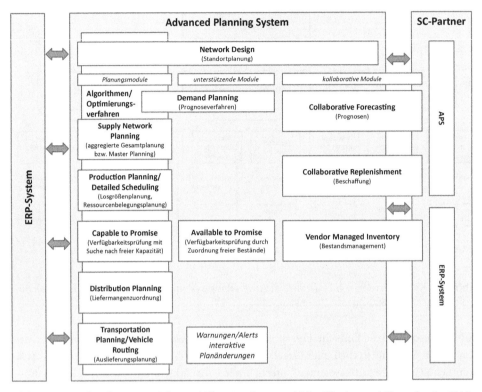

**Abb. 1.4** Grundstruktur eines Advanced Planning Systems. (siehe Günther und Tempelmeier 2012, S. 360)

fälle in Form elektronischer Belege in einem ERP-System gespeichert werden und somit eine umfangreiche Informationsbasis geschaffen wird, sind rückblickende Auswertungen und Analysen der Entwicklung eines Unternehmens möglich. Die Ergebnisse solcher Auswertungen können dann wiederum die Grundlage für zukünftige Entscheidungen bilden. Somit haben ERP-Systeme auch eine Bedeutung für das mittelfristige, taktische Management.

Die Zuordnung von SCM-Software in Abb. 1.3 ist nicht ganz eindeutig, da SCM-Systeme zum einen den Zweck haben, eine unternehmensübergreifende Übermittlung von Informationen an die Partner der Supply Chain zu ermöglichen, und zum anderen auch umfangreiche Planungen durchführen sollen. Eine besondere Bedeutung im Bereich von SCM-Systemen haben *Advanced Planning Systeme* (APS) erlangt. Dabei handelt es sich – wie der Name sagt – um Planungssysteme, die im Wesentlichen die Aufgaben der SCP-Matrix abdecken sollen. Auch APSe sind im Allgemeinen Standardsoftware. Den grundlegenden strukturellen Aufbau eines APS zeigt Abb. 1.4.

Auf der linken Seite ist das ERP-System abgebildet, das als führendes System die wesentlichen Stammdaten sowie auch Bewegungsdaten zur Verfügung stellt, so dass das APS entsprechende Planungen durchführen kann. Die Ergebnisse der Planungen werden ggf.

durch eine Aktualisierung von Daten an das ERP-System zurückgegeben. Auf der rechten Seite sind die Partner der Supply Chain mit ihren ERP-Systemen und APSen dargestellt, mit denen ebenfalls Daten ausgetauscht werden, um für eine übergeordnete Synchronisation und Koordination zu sorgen.

An dieser Stelle stellt sich die Frage, weshalb die Funktionen des ERP-Systems und APS nicht gemeinsam in einem einzigen System implementiert werden, da ohnehin dieselben Daten verarbeitet werden. Dann wäre die recht aufwändige und durchaus auch fehleranfällige Abstimmung der beiden Systeme über Schnittstellen nicht nötig. Die Erklärung liegt darin begründet, dass mit den beiden Systemen unterschiedliche Anwendungszwecke verfolgt werden, die eine unterschiedliche Hardware-Architektur erfordern. Während ein ERP-System darauf ausgerichtet ist, Daten möglichst effizient auf einer Datenbank zu speichern und wieder auszulesen, soll ein APS vor allem schnell planen können. Die schnelle Ausführung von Planungsalgorithmen und mathematischen Optimierungsverfahren stellt deutlich höhere Anforderung an die Rechenleistung der Hardware. Darüber hinaus werden die planungsrelevanten Daten in einem APS meist redundant im Hauptspeicher vorgehalten, aus dem sie schneller gelesen und in den sie schneller zurückgeschrieben werden können, als es von einer Datenbank möglich wäre. Aus diesen Gründen werden ERP-Systeme und APSe üblicherweise getrennt betrieben.

Zu den Planungsaufgaben der SCP-Matrix sind in Abb. 1.4 einige Aufgabenbereiche hinzugekommen, die hier nur grob erklärt werden sollen (siehe für detaillierte Erläuterungen Günther und Tempelmeier 2012, S. 359 ff.): Die Capable-to-Promise-Funktionalität geht bei der Verfügbarkeitsprüfung zur Ermittlung eines Liefertermins über ATP hinaus, indem in den Produktionsplänen nach freien Kapazitäten gesucht wird, die ggf. mit weiteren Aufträgen belegt werden können. Im Rahmen der kollaborativen Module werden mit den Partnern der Supply Chain abgestimmte Planungen durchgeführt. Dabei geht es um abgestimmte Nachfrageprognosen (Collaborative Forecasting), abgestimmte (Wieder-)Beschaffungspläne (Collaborative Replenishment) und ein Bestandsmanagement durch den Lieferanten beim Kunden (Vendor-Managed-Inventory). Ferner werden Alert- bzw. Warnfunktionen aufgeführt, durch die die Planer auf problematische Situationen (z. B. Fehlmengen oder Terminüberschreitungen) in der Supply Chain hingewiesen werden. Ggf. können diese Probleme durch interaktive Planänderungen beseitigt werden.

APSe werden als Weiterentwicklung von klassischen Produktionsplanungs- und -steuerungssystemen (PPS) angesehen. Zwar enthalten APSe ebenfalls den hierarchischen Aufbau aus mehreren Planungsebenen, bei dem die oberste Planungsebene langfristig ausgerichtet ist und den unteren Ebenen im Sinne eines top-down-Ansatzes Planungsvorgaben macht, die in den kurzfristigeren Planungen umzusetzen sind. Allerdings gehen APSe über diesen Ansatz deutlich hinaus, indem sie zum einen die unternehmensübergreifende Planung der Supply Chain zum Ziel haben. Zum anderen beseitigen APSe weitgehend den häufig kritisierten Mangel von PPSen, der in einer oft unzureichenden Berücksichtigung beschränkter Kapazitäten besteht. Vgl. zur hierarchischen Planung u. a. Fleischmann und Stadtler (2012), S. 21 ff., und zur Kritik an PPSen u. a. Drexl et al. (1994).

Einer der weltweit größten Anbieter betriebswirtschaftlicher Standardsoftware ist die SAP AG mit Sitz in Walldorf. Softwarelösungen dieses Unternehmens stehen im Zentrum dieses Buches und werden in den folgenden Kapiteln aufgegriffen.

## Literatur

Chopra S, Meindl P (2012) Supply chain management: strategy, planning, and operation, 5. Aufl. Prentice Hall, Upper Saddle River

Christopher M (2011) Logistics & supply chain management, 4. Aufl. Financial Times Prentice Hall, Harlow

Drexl A, Fleischmann B, Günther H-O, Stadtler H, Tempelmeier H (1994) Konzeptionelle Grundlagen kapazitätsorientierter PPS-Systeme. Z Betriebswirtschaftliche Forsch 46:1022–1045

Fleischmann B, Meyr H, Wagner M (2008) Advanced planning. In: Stadtler H, Kilger C (Hrsg) Supply chain management and advanced planning: concepts, models, software, and case studies, 4. Aufl. Springer, Heidelberg, S 81–106

Fleischmann B, Stadtler H (2012) Hierarchical planning and the supply chain planning matrix. In: Stadtler H et al (Hrsg) Advanced planning in supply chains – illustrating the concepts using an SAP APO case study. Springer, Heidelberg

Günther H-O, Tempelmeier H (2012) Produktion und Logistik, 9. Aufl. Springer, Heidelberg

Rohde J, Meyr H, Wagner M (2000) Die supply chain planning matrix. PPS Manage 5:10–15

Simchi-Levi D, Kaminsky P, Simchi-Levi E (2010) Designing and managing the supply chain: concepts, strategies and case studies, 4. Aufl. McGraw-Hill, New York

Stadtler H (2008) Supply chain management – an overview. In: Stadtler H, Kilger C (Hrsg) Supply chain management and advanced planning: concepts, models, software, and case studies, 4. Aufl. Springer, Heidelberg, S 9–33

Stadtler H, Kilger C (2008) Supply chain management and advanced planning: concepts, models, software, and case studies, 4. Aufl. Springer, Heidelberg

Stadtler H, Fleischmann B, Grunow M, Meyr H, Sürie C (2012) Advanced planning in supply chains – illustrating the concepts using an SAP APO case study. Springer, Heidelberg

Stahlknecht P, Hasenkamp U (2005) Einführung in die Wirtschaftsinformatik, 11. Aufl. Springer, Heidelberg

# SAP®-Softwareprodukte im Überblick

**2**

**Zusammenfassung**

Die SAP AG mit Sitz in Walldorf ist weltweit einer der bedeutendsten Anbieter von betriebswirtschaftlicher Standardsoftware. Zu den Produkten gehört u. a. die SAP Business Suite™, die mehrere Anwendungen wie etwa SAP ERP™ für ein Enterprise Resource Planning oder SAP SCM™ für ein Supply Chain Management beinhaltet. Grundsätzlich erlaubt die SAP Business Suite eine IT-seitige Abbildung sämtlicher Prozesse in einem Unternehmen und bietet auch die Möglichkeit von Eigenentwicklungen. Zu SAP SCM gehört auch der Advanced Planner and Optimizer (SAP APO™), der als Advanced Planning System im Zentrum dieses Buchs steht. Der SAP NetWeaver™ stellt eine technologische Plattform dar, mit deren Hilfe IT-Systeme integriert betrieben werden können. SAP Systeme haben bestimmte gemeinsame Eigenschaften wie etwa eine Mandantenstruktur, eine Client-Server-Architektur, eine transaktionsbasierte Bedienung oder ein Berechtigungswesen.

## 2.1 Die SAP Business Suite™

Die SAP Business Suite fasst die Kernanwendungen der betriebswirtschaftlichen Standardsoftware, die von der SAP AG angeboten wird, gewissermaßen zu einem Paket zusammen. In Abb. 2.1 sind diese Anwendungen mit SAP ERP™ im Zentrum dargestellt.

SAP ERP wird üblicherweise in der Mitte dargestellt, da diese Komponente als zentrales Bindeglied angesehen werden kann. Denn hier werden i. d. R die Daten erfasst und angelegt, die auch für den Betrieb der anderen Anwendungskomponenten erforderlich sind. Zwar können die anderen Anwendungen auch ohne ein zentrales SAP ERP-System eingesetzt werden, in der unternehmerischen Praxis dürfte dies jedoch eher selten vorkommen. Man bezeichnet SAP ERP daher häufig auch als *führendes* System, da es den anderen Anwendungen die zu verwendenden Daten gewissermaßen vorgibt. Zwischen SAP ERP

**Abb. 2.1** SAP Business Suite.
(siehe SAP AG)

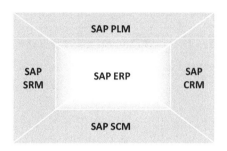

und den anderen Anwendungen gibt es dann Schnittstellen, über die die relevanten Daten übertragen werden. Die datenseitige Ausgangsbasis und die Definition der Geschäftsprozesse werden jedoch in SAP ERP geschaffen. Die anderen Anwendungen greifen auf diese Basis zurück und aktualisieren oder ergänzen die Daten aus SAP ERP. Als zentrales Bindeglied bzw. Führungssystem sorgt SAP ERP dafür, dass der Datenbestand und die abgebildeten Geschäftsprozesse in den aufgeführten Komponenten konsistent sind. Einen Überblick der Anwendungsbereiche und Funktionen von SAP ERP zeigt Abb. 2.2.

Alle relevanten Daten für die Darstellung der Struktur und des relevanten Umfelds eines Unternehmens werden i. d. R in SAP ERP angelegt und bei Bedarf aktualisiert. Dazu gehören u. a. die Organisationseinheiten eines Unternehmens (z. B. rechtlich selbständige Unternehmen innerhalb eines Konzernverbunds und Werke oder Abteilungen) sowie Lieferanten und Kunden. Üblicherweise verwendet man hierfür den Begriff *Stammdaten*. Diese Daten haben langfristig Bestand, werden nicht ständig verändert und dienen als Basisinformation. Daneben werden für alle hinterlegten Geschäftsprozesse durch den täglichen Geschäftsbetrieb permanent neue Daten, sogenannte *Bewegungsdaten*, erfasst und gespeichert. Beispiele hierfür sind u. a. eingehende oder zu versendende Rechnungen, Warenein- und -ausgänge, Fertigungsaufträge oder Gehaltsabrechnungen und interne Kostenverrechnungen. Bewegungsdaten können nur angelegt werden, wenn bereits entsprechende Stammdaten vorhanden sind. Beispielsweise kann eine Rechnung für einen Kunden nur dann angelegt werden, wenn bereits ein Stammdatensatz für den Kunden u. a. mit seiner Adresse vorhanden ist.

Die weiteren Komponenten, die in Abb. 2.1 dargestellt sind, ergänzen SAP ERP um spezielle Funktionalität, sofern diese von einem Unternehmen benötigt wird:

• Unternehmen, denen ein weitergehendes Management der Kundenbeziehungen wichtig ist, als es mit SAP ERP ermöglicht wird, können das SAP Customer Relationship Management (SAP CRM™) einsetzen. Hier stehen z. B. Funktionen für die Durchführung von Marketingkampagnen, für die Kundenbetreuung oder das Management spezieller Serviceleistungen für Kunden zur Verfügung. Durch SAP CRM soll letztlich die Bindung vor allem profitabler Kunden an das eigene Unternehmen gefördert werden, um den Erfolg des Unternehmens zu steigern. Ferner sollen auch eine schnellere Einführung neuer Produkte und der Eintritt in neue Absatzmärkte unterstützt werden.

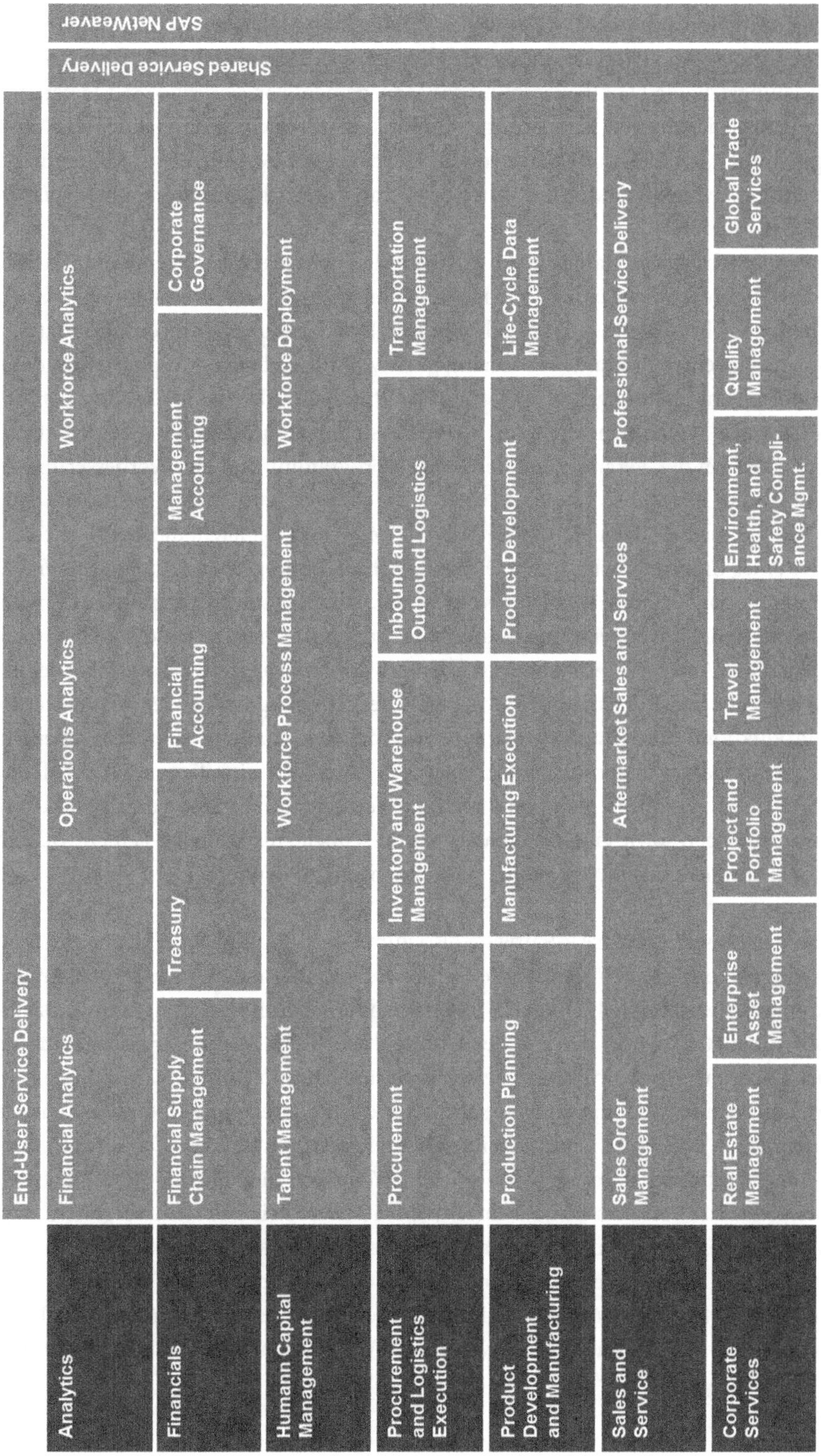

End-User Service Delivery

Shared Service Delivery

SAP NetWeaver

| Analytics | Financial Analytics | Operations Analytics | Workforce Analytics | Corporate Governance |
|---|---|---|---|---|
| Financials | Financial Supply Chain Management | Treasury | Financial Accounting | Management Accounting |
| Human Capital Management | Talent Management | Workforce Process Management | Workforce Deployment | |
| Procurement and Logistics Execution | Procurement | Inventory and Warehouse Management | Inbound and Outbound Logistics | Transportation Management |
| Product Development and Manufacturing | Production Planning | Manufacturing Execution | Product Development | Life-Cycle Data Management |
| Sales and Service | Sales Order Management | Aftermarket Sales and Services | Professional-Service Delivery | |
| Corporate Services | Real Estate Management | Enterprise Asset Management | Project and Portfolio Management | Travel Management | Environment, Health, and Safety Compliance Mgmt. | Quality Management | Global Trade Services |

**Abb. 2.2** SAP ERP Solution Map™

- Analog dazu unterstützt das SAP Supplier Relationship Management (SAP SRM™) ein gezieltes Management der Beziehungen zu Lieferanten. Hier sind z. B. die Überwachung der Leistungsfähigkeit von Lieferanten, das Management von Verträgen mit Lieferanten oder die Realisierung von Einsparungen im Einkauf durch ein vereinheitlichtes Auftreten gegenüber den Lieferanten zu nennen. Durch SAP SRM sollen u. a. Risiken in der Beschaffung reduziert und eine verbesserte Transparenz im Lieferantenmanagement geschaffen werden.
- SAP Product Lifecycle Management (SAP PLM™) bietet unterstützende Funktionen, um den Anforderungen eines Lebenszyklusmanagements der Produkte eines Unternehmens gerecht zu werden. Dazu gehören z. B. Entscheidungen bzgl. des Produktionsvolumens einzelner Produkte in Abhängigkeit von der Lebenszyklusphase und damit verbundene Entscheidungen zur Qualität der Produkte oder die Anpassung von Serviceleistungen. Wesentliche Ziele von SAP PLM sind u. a. eine Erhöhung der Reaktionsschnelligkeit bei der Veränderung des Produktprogramms und eine Verbesserung der Produktivität.
- SAP Supply Chain Management (SAP SCM™) erweitert vor allem die logistische Perspektive eines Unternehmens, indem ein unternehmensübergreifendes Management der gesamten Supply Chain ermöglicht werden soll. Durch eine verbesserte Koordination der Aktivitäten der Kooperationspartner in einer Supply Chain sollen die Ziele erreicht werden, die in Abschn. 1.1 für ein SCM erläutert wurden. Die Realisierung einer schnellen Weitergabe von Informationen und deren Berücksichtigung bei der Aktualisierung von Produktions- und Transportplänen sowie die Bereitstellung fortschrittlicher Planungsfunktionalität bilden dabei den Hauptzweck für den Einsatz von SCM-Software wie SAP SCM. Darüber hinaus sind auch die Verfolgung (Tracing) von Produkt- und Transportmengen sowie eine systematische und schnelle Reaktion auf Fehlentwicklungen (z. B. abweichende Liefertermine oder –mengen) zu nennen.

Während der Einsatz einer ERP-Software also zumindest in größeren Unternehmen fast schon zwingend erforderlich sein dürfte, ist der Einsatz der anderen genannten Anwendungskomponenten optional. Ob der Einsatz der optionalen Komponenten im Einzelfall sinnvoll ist, hängt u. a. von der Art des Unternehmens und von der Einschätzung der Unternehmensführung ab. Während beispielsweise der Einsatz einer SCM-Software für Industrieunternehmen häufig sinnvoll sein wird, dürfte deren Einsatz für Banken oder Versicherungen i. d. R nicht sinnvoll sein, weil hier logistische Tätigkeiten – wenn überhaupt – eine stark untergeordnete Rolle spielen. Wenn sich die Führung eines Unternehmens beispielsweise von dem Einsatz einer CRM-Software keine Vorteile verspricht, wird sie deren Implementierung nicht veranlassen. Da jedoch insbesondere eine externe Rechnungslegung für Unternehmen zwingend erforderlich ist und zudem eine IT-seitige Unterstützung bzw. Automatisierung der täglichen Geschäftsprozesse erhebliche Vorteile mit sich bringt, ist der Einsatz von ERP-Software wie SAP ERP heutzutage sehr weit verbreitet.

Die Software SAP SCM kann in weitere Anwendungsbereiche untergliedert werden, die sich grob wie folgt beschreiben lassen:

- Supply Network Collaboration (SNC): Das SNC ist eine Plattform, mit deren Hilfe die Geschäftspartner einer Supply Chain (also Kunden und Lieferanten) ein gemeinsames, abgestimmtes Bestandsmanagement realisieren können. Über die Plattform können Aufträge und Bestellungen unternehmensübergreifend koordiniert und den Partnern Produktionspläne frühzeitig bekannt gegeben werden, so dass auch hier gegenseitige Anpassungen erfolgen können.
- Extended Warehouse Management (EWM): Mithilfe dieses Bereichs wird ein detailliertes Management von Warenein- und -ausgängen sowie von Lagerplätzen ermöglicht. Dazu gehören u. a. auch die Umsetzung bestimmter Lagerkonzepte und die Steuerung der Artikelverteilung durch Fördermittel in einem Lager.
- Event Management: Ursprünglich wurde diese Anwendung entwickelt, um logistische Prozesse in einer Supply Chain zu überwachen. Allerdings kann SAP Event Management für sämtliche Geschäftsprozesse verwendet werden. U.a. werden beim Ablauf von Prozessen Statusmeldungen erzeugt, fehlerhafte Entwicklungen (z. B. Termin- oder Mengenabweichungen) registriert und entsprechende Warnmeldungen ausgelöst sowie deren Bearbeitung verfolgt. Das geschieht system- und unternehmensübergreifend.
- Forecasting and Replenishment: Dieser Bereich richtet sich an Handelsunternehmen und soll dabei helfen, Nachfrageschwankungen besser zu bewältigen. Dabei soll die interne Logistik und der Nachschub (Replenishment) von Waren verbessert werden. Fehlmengen auf der einen Seite und überschüssige Bestände auf der anderen Seite sollen weitestgehend reduziert und die Nachschubplanung automatisiert werden.
- Advanced Planning and Optimization (APO): Der Bereich APO ist die Planungskomponente von SAP SCM. Hier wird der bei weitem größte Teil der Planungsfunktionalität zur Verfügung gestellt, die für ein SCM benötigt wird. Außerdem stehen Funktionen zur Überwachung der Planung und der Leistung der SC-Aktivitäten zur Verfügung. Der Bereich APO steht im Mittelpunkt dieses Buchs und wird daher detailliert in Kap. 3 sowie den folgenden Kapiteln behandelt.

Abbildung 2.3 zeigt die Marktanteile der größten Anbieter für SCM-Software für das Jahr 2012. SAP ist ähnlich wie im Bereich ERP-Software Marktführer. Allerdings kommt durch den großen Marktanteil anderer Anbieter zum Ausdruck, dass der Markt stark zergliedert ist. Ferner ist zu erwähnen, dass der Anbieter Ariba™ mittlerweile von der SAP AG übernommen wurde.

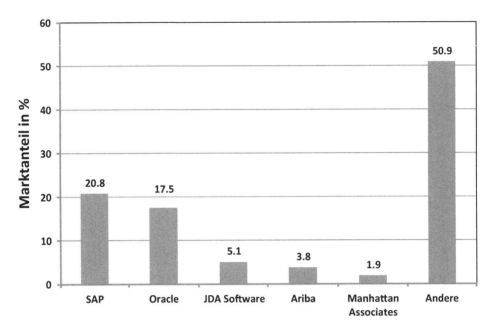

**Abb. 2.3**  Marktanteile der Anbieter von SCM-Software im Jahr 2012. (Quelle: Gartner 2013)

## 2.2  SAP NetWeaver™

SAP NetWeaver ist ein weiterer bedeutender Produktbereich von SAP und stellt eine technologische Plattform dar, mit deren Hilfe eine heterogene IT-Landschaft verknüpft und integriert werden kann. U.a. beinhaltet SAP NetWeaver folgende Komponenten:

- Das SAP NetWeaver Business Warehouse ist ein Data Warehouse, mit dem Daten aus unterschiedlichsten Software-Systemen gesammelt , aufbereitet und analysiert werden können. Dadurch wird u. a. die Möglichkeit geschaffen, eine systemübergreifende Entscheidungsunterstützung für die Unternehmensführung zu realisieren.
- SAP NetWeaver Enterprise Search ermöglicht eine beschleunigte Navigation zu Daten in verknüpften IT-Systemen.
- SAP NetWeaver Business Process Management stellt Funktionen bereit, um Geschäftsprozesse systemübergreifend zu modellieren und zu steuern.
- SAP NetWeaver Process Integration stellt ein Werkzeug dar, mit dessen Hilfe eine system- und unternehmensübergreifende Integration von Geschäftsprozessen ermöglicht wird.
- SAP NetWeaver Master Data Management ermöglicht eine systemübergreifende Verwaltung von Stammdaten. Dadurch kann insbesondere eine systemübergreifende Konsistenz der Stammdaten sichergestellt werden.

**Abb. 2.4** Ebenen der Client/
Server-Architektur. (siehe SAP
AG)

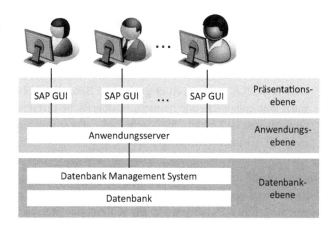

- Mithilfe von SAP NetWeaver Auto-ID Infrastructure können Geräte, die die Radio Frequency Identification (RFID) Technologie nutzen, sowie die korrespondierenden Daten in die IT-Landschaft integriert werden.

## 2.3 Eigenschaften von SAP-Systemen

SAP-Installationen wie z. B. ein SAP ERP System werden unterteilt nach sogenannten *Mandanten* betrieben. Für rechtlich selbständige Unternehmen, z. B. Tochtergesellschaften eines Konzerns, wird dann jeweils ein Mandant eingerichtet. Innerhalb der Installation einer SAP-Software können sich also mehrere Mandanten befinden. Von dieser Möglichkeit, einen gesamten Konzern in einer einzigen SAP-Installation abzubilden, wird in der Praxis jedoch häufig kein Gebrauch gemacht, da man zumindest im Fall großer Konzerne Laufzeitprobleme befürchten muss, wenn zu viele Mandanten in einer Installation betrieben werden. Stattdessen betreiben Konzerne meist mehrere SAP-Systeme und richten nur eine begrenzte Anzahl an Mandanten in einer Installation ein. Einer SAP-Installation liegt immer genau eine Datenbank zugrunde. Alle Daten werden dort in Abhängigkeit vom Mandanten gespeichert, so dass eine Konsistenz der Daten pro Mandant gewährleistet ist.

Innerhalb eines Mandanten kann der Aufbau eines Unternehmens mithilfe unterschiedlicher Organisationseinheiten abgebildet werden (z. B. Werke und Lagerorte für die Logistik oder Kostenstellen für das Controlling).

SAP-Systeme werden im Rahmen einer *Client/Server-Architektur* betrieben, wobei man drei sogenannte *Ebenen* unterscheidet (siehe Abb. 2.4):

- In der Datenbankebene ist ein Datenbankserver implementiert, auf dem alle Stamm- und Bewegungsdaten abgelegt werden. Für jede SAP-Software wird also zusätzlich eine Datenbankanwendung benötigt. Diese muss nicht zwingend von SAP sein.

- Die Anwendungsebene beinhaltet das eigentliche SAP-System mit all seinen Anwendungen (z. B. in SAP ERP die Materialwirtschaft oder die Finanzbuchhaltung) und den dafür notwendigen Programmen. Hierfür ist ein Anwendungsserver erforderlich.
- Die Präsentationsebene stellt die Anwendungen der SAP-Software auf Clients (üblicherweise PCs) mithilfe einer grafischen Benutzungsoberfläche dar. Auf jedem Client muss eine entsprechende Benutzungsoberfläche installiert sein, um in einem SAP-System arbeiten zu können. SAP stellt dafür das sogenannte SAP Grafical User Interface (SAP GUI$^{TM}$) zur Verfügung.

Die Datenbank und die Anwendung können ggf. auch gemeinsam auf demselben Rechner betrieben werden. Auf der Benutzungsoberfläche werden in SAP-Systemen sog. *Transaktionen* ausgeführt. Dabei werden je nach Art der Transaktion neue Daten angelegt oder vorhandene Daten zunächst selektiert und dann verändert oder auch gelöscht. Nach Beendigung einer Transaktion ist das System in einem konsistenten Zustand. Durch die Abfolge mehrerer Transaktionen werden Geschäftsprozesse abgebildet.

Da SAP-Produkte weltweit vertrieben werden, kann jede Software mehrsprachig betrieben werden. Darüber hinaus werden je nach Land unterschiedliche rechtliche Vorgaben z. B. bei der Rechnungslegung berücksichtigt. Jeder Mandant kann entsprechend eingerichtet werden.

Von besonderer Bedeutung ist der Integrationsansatz bei SAP-Produkten. Alle Anwendungen werden auf Basis eines einheitlichen, konsistenten Datenbestands betrieben. Somit können alle abgebildeten Geschäftsprozesse integriert ablaufen. Zwar handelt es sich bei SAP-Produkten um Standardsoftware, allerdings sind dennoch Anpassungen möglich, um spezifische Gegebenheiten in einem Unternehmen abbilden zu können. Derartige Anpassungen werden im Rahmen des *Customizing* von SAP-Software durchgeführt. Die Möglichkeiten des Customizing sind sehr umfangreich. Hier können z. B. Festlegungen für die Aufbauorganisation, für bestimmte Kostenrechnungsverfahren oder spezielle Verfahrensweisen in der Produktion vorgenommen werden. Falls das Customizing keine ausreichenden Möglichkeiten bietet, können darüber hinaus in einer Entwicklungsumgebung sehr umfangreich eigene Programme entwickelt werden, die die Standardprogramme von SAP ergänzen und zusätzlich eine individuelle Datenverarbeitung bereitstellen. Dafür stellt SAP die eigene Programmiersprache *ABAP/4*$^{TM}$ zur Verfügung, in der die meisten SAP-Anwendungen programmiert sind. Um eine Konsistenz der Anwendungen und aller Daten sicherzustellen, bietet SAP definierte *Exits* an, in denen eigener Programmiercode hinterlegt werden kann. In diesen Exits kann auf ganz bestimmte Daten zugegriffen und eine individuelle Verarbeitung ergänzt werden. Mithilfe der Entwicklungsumgebung kann SAP-Software ggf. sehr weitreichend modifiziert werden.

Im Rahmen von Einführungsprojekten von SAP-Software betreibt man meist drei separate Systeme: ein Entwicklungssystem, ein Testsystem und ein Produktivsystem (siehe

**Abb. 2.5** Mehrstufige Anpassung und Einrichtung von SAP-Systemen

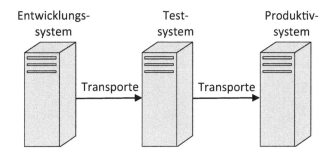

Abb. 2.5). Im Entwicklungssystem werden alle Programmiertätigkeiten durchgeführt und Customizing-Einstellungen vorgenommen. Hier sind i. d. R ausschließlich Anwendungsberater und Programmierer spezialisierter IT-Dienstleister tätig. Um die im Entwicklungssystem durchgeführten Anpassungen unter Einbeziehung von Endanwendern testen zu können, werden die Programme und Customizing-Einstellungen in ein Testsystem übertragen bzw. *transportiert*. Zu diesem Zweck steht in SAP-Systemen ein sogenanntes *Transportwesen* zur Verfügung. Sofern sich die Programme und Customizing-Einstellungen als richtig erweisen, werden diese in das Produktivsystem weitertransportiert. Andernfalls müssen Korrekturen im Entwicklungssystem erfolgen und erneute Tests vorgenommen werden. Durch diese dreistufige Vorgehensweise wird u. a. sichergestellt, dass im Entwicklungssystem ohne Einschränkungen programmiert werden kann und keine fehlerhaften Einstellungen in das endgültige Produktivsystem gelangen. Zwischen dem Test- und dem Produktivsystem kann ggf. ein viertes *Qualitätssicherungssystem* angeordnet sein.

Jedes SAP-System beinhaltet weiterhin ein *Berechtigungswesen*. Hier kann für jeden angelegten Benutzer sehr detailliert gesteuert werden, welche Funktionen dieser ausführen darf. Das Berechtigungswesen hat für die unternehmerische Praxis eine hohe Bedeutung. Beispielsweise dürfen Buchungen auf Konten der Finanzbuchhaltung nur von Personen aus der entsprechenden Abteilung eines Unternehmens durchgeführt werden. Andernfalls könnte die Richtigkeit der externen Rechnungslegung gefährdet sein. Ein weiteres Beispiel ist die Einsehbarkeit sowie Durchführbarkeit der Lohn- und Gehaltsabrechnung.

# Aufbau von SAP APO™ 3

**Zusammenfassung**

SAP APO als Teil von SAP SCM ist ein Advanced Planning System und soll mit seinen Funktionen vor allem Planungsaufgaben abdecken, die im Supply Chain Management zu bewältigen sind. Die Basis bilden zum einen Stammdaten wie etwa Lokationen, Ressourcen oder Produkte, und zum anderen Bewegungsdaten wie z. B. Produktionsaufträge, Bestände oder Kundenaufträge und Bestellungen. Üblicherweise besteht eine enge Integration mit einem ERP-System, in dem die Prozesse des täglichen Geschäftsbetriebs abgebildet sind. In SAP APO kann das zugrunde liegende Supply Network als Modell hinterlegt werden. Außerdem können mehrere Planversionen angelegt werden, um unterschiedliche Szenarien für die Planung des Supply Network untersuchen zu können. Prinzipiell lässt sich SAP APO in unterschiedliche Planungsmodule untergliedern, die sich weitgehend mit der Struktur der Supply Chain Planning Matrix decken.

## 3.1 Stamm- und Bewegungsdaten in SAP APO

Wie bereits in Abschn. 2.1 erläutert wurde, werden Stammdaten i. d. R in einem *führenden* ERP-System angelegt und verwaltet. Für diesen Fall gibt es zwischen SAP ERP und SAP APO das sogenannte *Core Interface* (CIF). Dabei handelt es sich um eine standardisierte Schnittstelle, über die Stamm- und Bewegungsdaten in Echtzeit zwischen den beiden Systemen übertragen werden können, um die Daten nicht parallel in zwei Systemen pflegen zu müssen und um eine Konsistenz der Daten sicherzustellen. Welche Daten im Einzelnen übertragen werden sollen, kann individuell durch das Anlegen von *Integrationsmodellen* in SAP ERP entschieden und definiert werden.

Somit gibt es in beiden Systemen korrespondierende Stamm- und Bewegungsdatenobjekte, die einander entsprechen (siehe Tab. 3.1).

Im Unterschied zu SAP ERP, wo Werke, Lieferanten oder Kunden eigenständige Datenobjekte sind, gibt es in SAP APO für Lokationen nur ein Objekt. Um Lokationen entspre-

**Tab. 3.1** Korrespondierende Stammdatenobjekte in SAP APO und SAP ERP. (Quelle: eigene Darstellung in Anlehnung an Dickersbach 2009, S. 18)

| SAP APO Stammdatenobjekte | SAP ERP Stammdatenobjekte |
| --- | --- |
| Lokation | U. a.Werk, Distributionszentrum, Lieferant |
| Produkt | Material |
| Ressource | U. a. Arbeitsplatz, Transportmittel |
| Transportbeziehung | U. a. Lieferanteninfosatz |
| Produktionsdatenstruktur (PDS) Produktionsprozessmodell (PPM) | Fertigungsversion (Kombination aus Arbeitsplan und Stückliste) |

chend ihrer Unterscheidung in SAP ERP dennoch differenzieren zu können, verwendet man in SAP APO verschiedene Lokationstypen (z. B. *1001* für Werke oder *1002* für Distributionszentren). Zwischen Produkten und Materialien besteht dagegen eine 1:1-Beziehung. Es wurden mit *Produkt* in SAP APO und *Material* in SAP ERP lediglich unterschiedliche Bezeichnungen gewählt.

Ressourcen stellen in SAP APO Objekte dar, die Kapazitäten zur Verfügung stellen, um (logistische) Leistungen zu erbringen. Man kann anhand einer Kategorisierung Produktions-, Transport-, Handling- und Lagerressourcen unterscheiden. Für die Definition der Ressourcen stehen folgende Ressourcentypen zur Verfügung:

- Single Ressourcen:           Einzelne Maschinen, deren Kapazität anhand eines kontinuierlichen Zeitstrahls festgelegt wird
- Multi Ressourcen:            Mehrere gruppierte Maschinen, deren Kapazität anhand eines kontinuierlichen Zeitstrahls festgelegt wird
- Bucket Ressourcen:           Einzelne Maschinen, deren Kapazität pro Planungsperiode festgelegt wird (z. B. Menge pro Tag)
- Single Misch Ressourcen:     Einzelne Maschinen, deren Kapazität je nach Planungshorizont anhand eines kontinuierlichen Zeitstrahls oder pro Planungsperiode festgelegt wird
- Multi Misch Ressourcen:      Mehrere gruppierte Maschinen, deren Kapazität je nach Planungshorizont anhand eines kontinuierlichen Zeitstrahls oder pro Planungsperiode festgelegt wird
- Transportressourcen:         aggregierte Transportkapazität
- Fahrzeugressourcen:          einzelnes Fahrzeug

Transportbeziehungen definieren zulässige Transportwege sowie –ressourcen zwischen Lokationen im zugrundeliegenden Supply Network. Sie dienen also dazu, die Geographie des Netzwerks abzubilden. U. a. können hier auch Entfernungen und Transportdauern hinterlegt werden.

Stücklisten und Arbeitspläne aus SAP ERP werden in SAP APO zu Produktionsdatenstrukturen (PDS) oder alternativ zu Produktionsprozessmodellen (PPM) zusammengefasst. Welches der beiden Datenobjekte in SAP APO erzeugt werden soll, kann in einem entsprechenden Integrationsmodell festgelegt werden. PDSen und PPMe unterscheiden sich dahingehend, dass PPMe in SAP APO geändert werden können. Bei PDSen ist das nicht möglich. Hier sind Änderungen nur in SAP ERP möglich, die dann an SAP APO übertragen werden.

Ein weiterer Grund für die Existenz von PPMen und PDSen liegt in der historischen Entwicklung von SAP APO begründet. In den ersten Releases von SAP APO konnten Stücklisten und Arbeitspläne nur in Form von PPMen in SAP APO angelegt werden. Dabei bestand jedoch das Problem, dass Ergänzungen für sogenannte *Variantenkonfigurationen* aus SAP ERP nicht automatisiert übertragen werden konnten. Unter Variantenkonfiguration versteht man in SAP ERP Erweiterungen von Stücklisten und Arbeitsplänen, durch die Produktvarianten abgebildet werden können. Dafür stehen sogenannte *Merkmale* und die Möglichkeit zur Ergänzung eines Regelwerks zur Verfügung. Die Nutzung dieser Funktionalität bietet sich für Unternehmen an, die in großer Zahl unterschiedliche Produktvarianten herstellen, die sich hinsichtlich bestimmter Merkmale wie z. B. Abmessungen oder Farbe unterscheiden. Um nicht für jede Merkmalskombination einen separaten Materialstamm anlegen zu müssen, was u. U. zu einer unübersehbar großen Anzahl an Materialstämmen führen kann, können mithilfe der beschriebenen Funktionalität der Variantenkonfiguration Basismaterialien definiert werden, die z. B. beim Anlegen von Kundenaufträgen entsprechend der vorgegebenen Merkmale konfiguriert werden müssen. Sofern diese Funktionalität in SAP ERP genutzt wird, ergibt sich unmittelbar die Anforderung, das gesamte Regelwerk der Variantenkonfiguration ebenso wie alle anderen Stammdaten automatisiert an SAP APO zu übergeben. Dies ist jedoch nur bei der Verwendung von PDSen möglich, die erst in späteren Releases zur Verfügung gestellt wurden.

Bei den Bewegungsdaten, die in SAP ERP angelegt und über das CIF an SAP APO übertragen werden können, sind insbesondere Kundenaufträge, Fertigungsaufträge, Rückmeldungen zu Fertigungsaufträgen und Bestände zu nennen. Zu beachten ist, dass in SAP APO anstelle von *Fertigungsauftrag* die Bezeichnung *Produktionsauftrag* verwendet wird. Für die umgekehrte Richtung, also Generierung in SAP APO und Übertragung an SAP ERP, sind vor allem Planaufträge, Umlagerungsaufträge sowie Transporte bzw. Transportaufträge zu nennen.

Das sogenannte *Pegging* ist in SAP APO ein Konzept, durch das Objekte, die einen offenen Bedarf absetzen, bedarfsdeckenden Objekten zugeordnet werden. Für die Bildung solcher Pegging-Beziehungen können unterschiedliche Regeln wie z. B. First-In-First-Out (FIFO) hinterlegt werden, wodurch die bedarfsdeckenden Elemente, die zuerst zur Verfügung stehen, als erstes zugeordnet werden. Ein entsprechendes Beispiel für eine dreistufige Produktion zeigt Abb. 3.1. Das Pegging kann dynamisch erfolgen, so dass das System anhand hinterlegter Regeln eigenständig entscheidet, welche Objekte einander zugeordnet werden. Außerdem können dabei erstellte Pegging-Beziehungen jederzeit durch das System verändert werden. Pegging-Beziehungen können jedoch auch fixiert werden, so dass keine Änderung erlaubt ist.

Neben der Integration der Daten stellt sich insbesondere die Frage, wie eine Integration von Prozessen im Zusammenspiel beider Systeme aussehen kann. Da es zahlreiche Prozesse und zugehörige Datenobjekte gibt, die mit SAP ERP und SAP APO abgebildet werden können, wird hier in enger Anlehnung an Sürie (2012, S. 42 ff.) exemplarisch ein Prozess aus dem Bereich der Transportplanung für ausgehende Lieferungen dargestellt, um den Ablauf prinzipiell darzustellen (siehe Abb. 3.2).

In SAP ERP sind Kundenaufträge, Lieferungen und Transporte die relevanten Belege für den Beispielprozess. Es ist zunächst zu beachten, dass es zwischen einzelnen Belegen unterschiedliche Beziehungen geben kann, die bei der Abbildung des Prozesses berück-

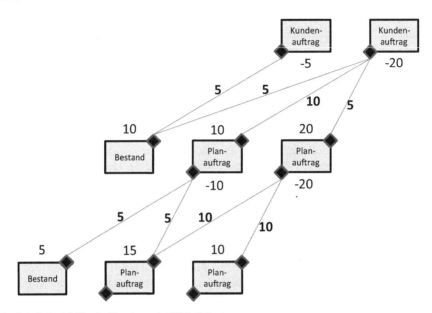

**Abb. 3.1** Beispiel für ein Pegging mit FIFO-Prinzip

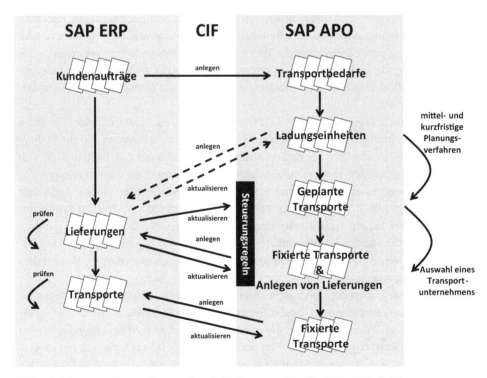

**Abb. 3.2** Transportplanung für ausgehende Lieferungen. (Quelle: Sürie 2012, S. 42)

sichtigt werden müssen. Ein Kundenauftrag enthält u. a. die Produkte, die ein Kunde bestellt hat, und jeweils die zugehörige Mengenangabe. Ein Kundenauftrag kann mehrere Lieferungen zur Folge haben, wenn die Produkte nicht gemeinsam zum Kunden gelangen. Mehrere Lieferungen zu unterschiedlichen Kundenaufträgen können wiederum zu einem Transport zusammengefasst werden, der von einem LKW ausgeführt wird. Andererseits kann die gleiche Lieferung mehreren Transporten zugeordnet sein, wenn es sich z. B. um multi-modale Transporte handelt.

Der Geschäftsprozess stellt sich in SAP ERP und SAP APO nun wie folgt dar: Die Kundenaufträge, die in SAP ERP erfasst und über das CIF an SAP APO übertragen werden, erzeugen in SAP APO im Bereich der Transportplanung Transportbedarfe. Die Transportbedarfe, die verschiedene Produkte in unterschiedlichen Mengen beinhalten können, werden auf Basis hinterlegter Regeln in Ladungseinheiten aufgeteilt. Die Ladungseinheiten sind die kleinsten möglichen logistischen Einheiten eines Produkts und werden bis zur ihrer endgültigen Auslieferung nicht mehr weiter geteilt.

Ladungseinheiten stellen die grundlegenden Elemente in der Transportplanung von SAP APO dar. Durch die Anwendung eines Planungsverfahrens werden die Ladungseinheiten geeigneten Transportressourcen (z. B. LKWs, Bahnwaggons, Schiffe oder Flugzeuge) zugeordnet, wodurch in SAP APO geplante Transporte bzw. Transportaufträge generiert werden. Bevor die Transporte an SAP ERP übertragen werden können, muss SAP APO die Generierung von Lieferungen in SAP ERP veranlassen, da in SAP ERP definitionsgemäß nur Lieferungen den Transporten zugeordnet werden können. Eine Zuordnung von Kundenaufträgen ist nicht möglich. Die Ladungseinheiten, die in SAP APO einem zugrundeliegenden Transport zugeordnet sind, werden auf diese Weise auch einer Lieferung zugeordnet. Nun können die Transporte in SAP APO fixiert und an SAP ERP übertragen werden. Sofern in SAP ERP Veränderungen an den relevanten Belegen vorgenommen werden, erfolgt in SAP APO auf Basis von Steuerungsregeln eine Aktualisierung.

Im Rahmen anderer Prozesse erzeugen Kundenaufträge in SAP APO darüber hinaus sogenannte Primärbedarfe. Dabei handelt es sich um Bedarfe, die von außen durch Kunden an ein Unternehmen gerichtet werden. Diese können mit den prognostizierten Nachfragemengen verrechnet und außerdem in der mittel- und kurzfristigen Produktionsplanung verwendet werden, um Produktionsaufträge zu erzeugen, die für eine geeignete Deckung sorgen.

Wie anhand des Beispiels zum Ausdruck kommt, ist eine konsistente Integration von Datenobjekten im Prozessablauf von besonderer Bedeutung für die Zusammenarbeit von SAP ERP und SAP APO. Da es sich bei beiden Systemen um Standardsoftware handelt, ist diese Integration für zahlreiche Prozesse und Szenarien sichergestellt.

## 3.2   Modelle und Planversionen in SAP APO

Sogenannte *Modelle* und *Planversionen* ermöglichen in SAP APO eine Strukturierung von Stamm- und Bewegungsdaten. Modelle werden im sogenannten *Supply Chain Engineer* erzeugt, indem auf Basis der vorhandenen Stammdaten ein Supply Network aus Lokationen, Ressourcen, Produkten und Transportbeziehungen konfiguriert wird. Anhand von

Planversionen können anschließend Simulationen durchgeführt werden, um z. B. Rück-schlüsse aus Veränderungen im Supply Network zu ziehen. Dabei bilden die Stammdaten die Grundlage für unterschiedliche Modelle, während die Bewegungsdaten durch die Aus-führung von Planungen innerhalb einer Planversion erzeugt werden. Für ein Modell kön-nen mehrere Planversionen erzeugt werden. Jedoch kann nur eine Planversion und ein Modell für die Integration mit SAP ERP und die Übertragung von Daten über das CIF verwendet werden. Dabei handelt es sich um die sogenannte *aktive* Planversion und das *aktive* Modell. Beide haben immer die Bezeichnung *000* und sind einander zugeordnet. Die aktive Planversion und das aktive Modell sind also maßgeblich für die Übertragung von Planungsergebnissen an SAP ERP und die Übernehme von Planungsgrundlagen aus SAP ERP. Alle anderen Modelle und Planversionen dienen dagegen Simulationszwecken und werden nicht an SAP ERP übertragen. Die aktive Planversion 000 kann als Kopiervor-lage für Simulationsversionen verwendet werden, um auf Basis eines Abbilds der aktuellen realen Planungssituation Rückschlüsse ziehen zu können. Während Stammdaten, die in SAP ERP angelegt werden, in SAP APO automatisch dem Modell 000 zugeordnet werden, muss bei der Anlage von Stammdaten in SAP APO entschieden werden, zu welchem Mo-dell diese gehören sollen.

## 3.3   Planungsmodule in SAP APO und deren Integration

Korrespondierend zur Supply Chain Planning (SCP) Matrix, die in Abschn. 1.2 vorgestellt wurde, lässt sich auch die Planungslandschaft in SAP APO untergliedern. Im Allgemei-nen werden die folgenden Bereiche oder Funktionsmodule unterschieden (siehe u. a. Sürie 2012, S. 35 ff.):

- Demand Planning (DP)
- Supply Network Planning (SNP)
- Production Planning/Detailed Scheduling (PP/DS)
- Transportation Planning/Vehicle Scheduling (TP/VS)
- Available-To-Promise (ATP)

Die Aufgaben des Moduls Demand Planning (DP) entsprechen dem gleichnamigen Be-reich in der SCP Matrix. Zu diesem Zweck stehen in SAP APO statistische Verfahren in Form von Zeitreihenverfahren (z. B. gleitende Durchschnitte oder exponentielle Glättung ggf. mit Berücksichtigung von Trends und/oder Saisoneinflüssen) sowie kausalen Ver-fahren (Regressionsanalyse) zur Verfügung. Während Zeitreihenverfahren historische Datenreihen in geeigneter Weise in die Zukunft fortschreiben (vgl. hierzu u. a. Chopra und Meindl 2012, S. 190 ff.), muss bei einem kausalen Verfahren z. B. mithilfe der Regres-sionsanalyse ein funktionaler Zusammenhang zwischen einer oder mehreren unabhän-gigen Variablen und der zu prognostizierenden Größe ermittelt werden. Wenn die unab-hängigen Variablen bekannt sind, kann der Prognosewert mithilfe der Funktion berechnet werden. Um ein passendes Prognoseverfahren für eine Zeitreihe aus Vergangenheitsdaten zu identifizieren, können statistische Fehlermaße berechnet werden, mit deren Hilfe Rückschlüsse auf die Güte einer Prognose gezogen werden können.

Der Bereich des Master Planning in der SCP Matrix wird in SAP APO durch das Modul Supply Network Planning (SNP) abgedeckt. Um ein Supply Network Planning durchführen zu können, wird zunächst mithilfe des Supply Chain Engineer in SAP APO ein bestimmtes Supply Network konfiguriert und damit ein Modell definiert. Alle weiteren Planungen können dann auf Basis dieses konfigurierten Supply Network erfolgen. Die prognostizierten Verkaufsmengen können dabei zunächst an das SNP übergeben werden, wodurch Planprimärbedarfe erzeugt werden. Um für diese offenen Bedarfe deckende Elemente in Form sogenannter SNP-Aufträge zu erzeugen, können im Modul SNP auf verschiedene Weise Planungsläufe durchgeführt werden. Hierfür stehen unterschiedliche Algorithmen zu Verfügung, die je nach Anforderung unterschiedlich eingestellt werden können. Diese Einstellungen betreffen insbesondere die zu berücksichtigenden Restriktionen (z. B. beschränkte Kapazitäten) und verschiedene Zielsetzungen, die mithilfe sogenannter Strafkosten gewichtet werden können. Es lassen sich Optimierungsverfahren, die eine exakte Berechnung eines mathematischen Optimums für ein zugrunde liegendes mathematisches Modell zum Ziel haben, und heuristische Verfahren unterscheiden. Heuristiken berechnen auf einfachere Weise meist weniger gute Lösungen. Dafür sind die Rechenzeiten i. d. R deutlich kürzer. Im SNP erfolgt eine sogenannte *bucketorientierte* Planung. Dabei wird für jede Planungsperiode (z. B. eine Woche oder ein Tag) eine *Bucketkapazität* mit einer bestimmten Maßgröße (z. B. Menge oder Stunden) definiert. Somit erhält jede Ressource im SNP eine Bucketkapazität z. B. in der Form *Menge pro Tag* oder *Stunden pro Woche*. Die SNP-Aufträge werden also nicht auf einem kontinuierlichen Zeitstrahl mit beliebigen Start- und Fertigstellungszeitpunkten hintereinander eingeplant. Stattdessen wird der Kapazitätsbedarf eines SNP-Auftrags mit der zur Verfügung stehenden Bucketkapazität abgeglichen, um einen ausführbaren Plan zu generieren. Ein SNP-Auftrag kann dabei auch mehrere Planungsperioden (z. B. mehrere Tage) umfassen.

Während im SNP der Blick auf das gesamte Supply Network gerichtet ist, soll im Modul Production Planning/Detailed Scheduling (PP/DS) eher eine Planung für einzelne Lokationen und Ressourcen durchgeführt werden, wobei allerdings eine übergeordnete Konsistenz der Planungsergebnisse zu gewährleisten ist. Daher hat eine konsistente Integration der Module SNP und PP/DS eine besondere Bedeutung in SAP APO. Gemäß Dickersbach (2009), S. 292 f., stehen für die Integration von SNP- und PP/DS-Aufträgen drei Alternativen zur Verfügung:

1. Die im SNP geplanten Mengen in Form von SNP-Aufträgen, die im (kurzfristigeren) PP/DS-Planungshorizont liegen, werden in PP/DS-Aufträge konvertiert. Der Vorteil hierbei ist, dass die Ergebnisse des SNP in das PP/DS übernommen werden und somit eine unmittelbare Verknüpfung besteht. Der Nachteil ist, dass kurzfristige Veränderungen im PP/DS ggf. nicht berücksichtigt werden, wenn keine weiteren Planungsläufe erfolgen.

**Abb. 3.3** Planungshorizonte in SAP APO

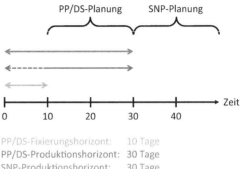

2. Die SNP-Aufträge, die im (kurzfristigeren) PP/DS-Planungshorizont liegen, werden durch die Ausführung eines PP/DS-Planungslaufs gelöscht. Stattdessen werden neue PP/DS-Planaufträge erzeugt, die – im Gegensatz zur SNP-Planung – kurzfristige Veränderungen der Rahmenbedingungen berücksichtigen. In diesem Fall hat das Ergebnis der SNP-Planung keine Auswirkungen auf die PP/DS-Planung. Der SNP-Plan ist nur ein mittelfristiger Ausblick.
3. Die SNP-Planung wird in einer separaten Planversion ausgeführt und das Ergebnis in Form von Planprimärbedarfen an das DP in der aktiven Planversion 000 übertragen. Dabei können die Planprimärbedarfe mit neu eingehenden und anzulegenden Kundenaufträgen verrechnet werden. Diese Alternative kann empfehlenswert sein, wenn eine organisatorische Trennung zwischen der kurzfristigen und der mittelfristigen Planung besteht.

Anstelle des Begriffs *Planungshorizont* wird in SAP APO der Begriff *Produktionshorizont* verwendet. Für SNP und PP/DS werden separate Horizonte festgelegt, wobei der PP/DS-Horizont für einzelne Produkte oder eine Planversion und der SNP-Horizont nur in Abhängigkeit vom Produkt definiert werden kann. Der PP/DS-Horizont gibt den Zeitraum an, in dem PP/DS-Aufträge angelegt werden können. Der SNP-Horizont legt dagegen den Zeitraum fest, in dem *keine* SNP-Aufträge angelegt werden können. Darüber hinaus kann im PP/DS ein produktabhängiger Fixierungshorizont angegeben werden. Aufträge, die innerhalb des Fixierungshorizonts eingeplant sind, werden im Rahmen von Planungsläufen nicht verändert. Eine Übersicht der unterschiedlichen Horizonte in SAP APO zeigt Abb. 3.3.

Die Aufgabe des Moduls Transportation Planning/Vehicle Scheduling (TP/VS) hat zur Aufgabe, Transporte und Lieferungen zu planen. Es können Inbound- und Outbound-Transporte sowie auch innerbetriebliche Transporte geplant werden. Dabei sollen einzelne Lieferungen so zu Transporten zusammengefasst werden, dass u. a. Termine eingehalten, vorgegebene Zeitfenster der Kunden berücksichtigt und Ladekapazitäten der Transportmittel beachtet werden. Die Anzahl der Transporte und die zurückzulegenden Strecken sollen minimiert werden. Das Ergebnis der Planung sind zum einen geplante Transporte, die an SAP ERP übertragen werden können, sowie Routenpläne für die Transportmittel. Darüber hinaus gibt es in TP/VS auch die Möglichkeit, einen Transportdienstleister auszu-

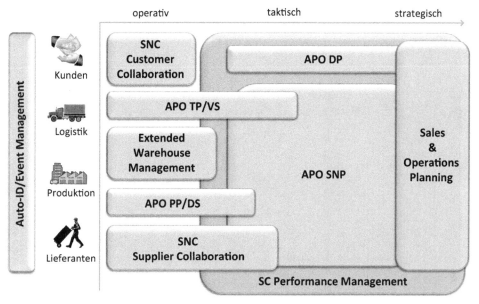

**Abb. 3.4** Module in SAP SCM. (Quelle: eigene Darstellung in Anlehnung an SAP AG)

wählen, wenn ein Unternehmen Transporte nicht eigenständig abwickelt. Als Grundlage werden dafür u. a. Kosteninformationen aus SAP ERP verwendet.

Im Modul Available-To-Promise können schließlich auf Basis des aktuellen PP/DS-Plans Verfügbarkeitsprüfungen für Produkte durchgeführt und somit Liefertermine für Kundenaufträge bestimmt werden. Für diese Prüfungen kann ein Regelwerk konfiguriert werden. Außerdem kann die Prüfung auch mehrstufig erfolgen, indem die Verfügbarkeit von Vorprodukten bzw. Komponenten ermittelt wird.

Einen abschließenden Überblick zu den Modulen von SAP SCM insgesamt zeigt Abb. 3.4.

## Literatur

Chopra S, Meindl P (2012) Supply chain management: strategy, planning, and operation, 5. Aufl. Prentice Hall, Upper Saddle River

Dickersbach, JT (2009) Supply chain management with SAP APO – structures, modelling approaches and implementation of SAP SCM 2008, 3. Aufl. Springer, Heidelberg

Stadtler H, Fleischmann B, Grunow M, Meyr H, Sürie C (2012) Advanced planning in supply chains – illustrating the concepts using an SAP APO case study. Springer, Heidelberg

Sürie C (2012) SAP APO module matrix and general principles. In: Stadtler H et al (Hrsg) Advanced planning in supply chains – illustrating the concepts using an SAP APO case study. Springer, Heidelberg

# Bedienung von SAP-Systemen

**4**

**Zusammenfassung**

Die Bedienung von SAP-Systemen weist bestimmte charakteristische Eigenschaften auf. Dazu gehören eine bestimmte Anmelde- und Abmeldeprozedur, Benutzungsoberflächen mit Funktionstasten, ein Navigationsbaum mit Transaktionen, Hilfefunktionen und Anpassungsmöglichkeiten. Die Benutzungsoberfläche enthält im Rahmen der Ausführung von Transaktionen darüber hinaus meist Elemente wie Ankreuzfelder, Auswahlknöpfe, Registerkarten, Selektionsmöglichkeiten oder Datenfelder.

## 4.1 An- und Abmelden

Ein Aufruf und eine Anmeldung in einem SAP-System erfolgt i. d. R über den SAP GUI (siehe Abschn. 2.3). Dieser muss also zunächst auf einem Client bzw. Computer installiert werden. Anschließend steht auf dem Desktop ein Symbol *SAP Logon* zur Verfügung. Durch einen Doppelklick auf dieses Symbol öffnet sich ein Fenster, das alle SAP-Systeme zeigt, in denen man sich auf diesem Computer anmelden kann (siehe Abb. 4.1). Die Systeme, auf die ein Zugriff bestehen soll, müssen ggf. zunächst hinterlegt werden.

Das System, in dem man sich anmelden möchte, kann ebenfalls per Doppelklick ausgewählt werden (in Abb. 4.1 z. B. *SAP APO IDES*). Dadurch öffnet sich ein Anmeldebild, in dem nun die relevanten Anmeldedaten eingegeben werden müssen (siehe Abb. 4.2). Die Anmeldedaten umfassen die Benutzerbezeichnung und ein Kennwort. Diese Daten müssen vorher von einem Systemadministrator individuell für jede Person, die mit dem System arbeiten soll, hinterlegt werden. Darüber hinaus müssen bei der Anmeldung der Mandant und evtl. die Dialogsprache in Form eines Sprachenschlüssels (z. B. *DE* für Deutsch) eingegeben werden. Sofern kein Sprachenschlüssel eingegeben wird, startet das System mit der systemweit hinterlegten Sprache. Die Sprache kann auch für jede Person individuell im

A. Witt, *Grundkurs SAP APO*,
DOI 10.1007/978-3-658-03654-6_4, © Springer Fachmedien Wiesbaden 2014

**Abb. 4.1** SAP Logon Menü

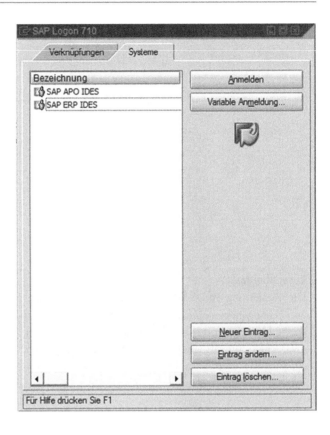

**Abb. 4.2** Anmeldebild

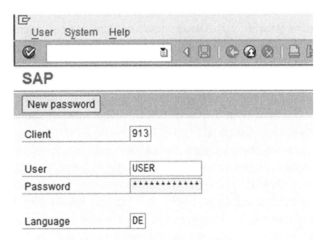

**Abb. 4.3** Neues Kennwort
vergeben

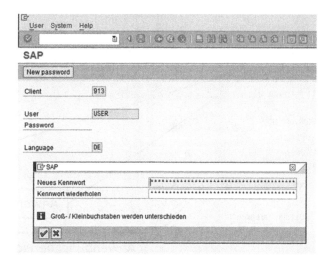

**Abb. 4.4** Abmelden

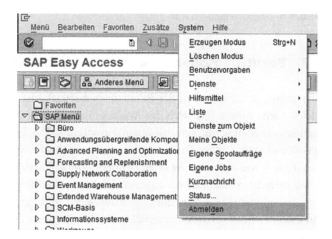

Benutzerstamm eingestellt werden. Die Eingabe der Anmeldedaten muss durch Betätigen der *ENTER*-Taste bestätigt werden.

Wenn man sich das erste Mal in dem System anmeldet, wird man in einem nun erscheinenden Fenster zur Vergabe eines neuen Kennworts aufgefordert (siehe Abb. 4.3). Dieses muss zweimal eingegeben werden. Andernfalls erscheint – im Fall korrekter Anmeldedaten – nach Anzeige eines Copyright-Hinweises, den man mit der *ENTER*-Taste bestätigen kann, der Einstiegsbildschirm des betreffenden SAP-Systems.

Die Abmeldung aus dem System kann auf der Menüleiste über *System → Abmelden* (siehe Abb. 4.4) oder einfach durch Schließen des Fensters erfolgen.

Die anschließende Sicherheitsfrage kann man durch Klicken auf die Drucktaste *JA* bestätigen, sofern man sich sicher ist, dass alle bearbeiteten Daten gespeichert wurden. Das ist nach Abschluss einer Transaktion der Fall.

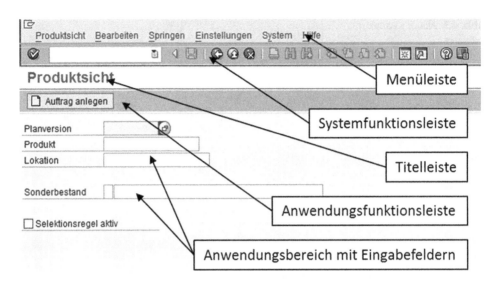

**Abb. 4.5** Benutzungsoberfläche

## 4.2   Benutzungsoberfläche und Funktionstasten

Der grundsätzliche Aufbau der Benutzungsoberfläche ist in den meisten SAP-Systemen gleich (siehe Abb. 4.5). Durch das Anklicken der Einträge oben in der Menüleiste öffnen sich jeweils Menüs mit verschiedenen Funktionen. Die Systemfunktionsleiste ist immer gleich und setzt sich aus Drucktasten zusammen, die die Ausführung bestimmter Systemfunktionen wie etwa *Suchen* oder *Drucken* ermöglichen. Die Titelleiste gibt einen Hinweis, in welcher Transaktion bzw. in welchem Bildschirm einer Transaktion man sich gerade befindet. Die Anwendungsfunktionsleiste ist je nach Transaktion unterschiedlich und stellt ebenfalls Drucktasten für die Ausführung von Funktionen zur Verfügung. Der Anwendungsbereich kann in Abhängigkeit von der aufgerufenen Transaktion sehr unterschiedlich aussehen. Meistens stehen hier Datenfelder zur Verfügung, die die Eingabe neuer Daten oder den Aufruf vorhandener Daten ermöglichen. Eingabebereite Felder sind immer weiß und nicht eingabebereite Felder immer grau hinterlegt.

Weitere häufig vorkommende Elemente in der Benutzungsoberfläche sind Registerkarten (Abb. 4.6) sowie Auswahlknöpfe und Ankreuzfelder (Abb. 4.7). Registerkarten ermöglichen den Aufruf verschiedener Felder eines Datensatzes innerhalb einer Transaktion und dienen letztlich einer übersichtlichen Darstellung. Während Ankreuzfelder in einer Transaktion in beliebiger Zahl gesetzt werden können, darf von einer zusammengehörigen Menge an Auswahlknöpfen nur genau einer gesetzt werden.

Da in einem SAP-System eine große Menge an Daten enthalten ist, die ständig aufgerufen und ggf. geändert werden, stehen Hilfsmittel zur Verfügung, um in einem Anwendungsfall die richtigen Daten auffinden zu können. In Datenfeldern, in denen keine Inhalte frei eingegeben werden können, erscheint beim Setzen des Cursors in das Feld auf der rechten Seite ein sog. *Pull-Down-Knopf* (siehe Abb. 4.8). Hierbei handelt es sich um sog.

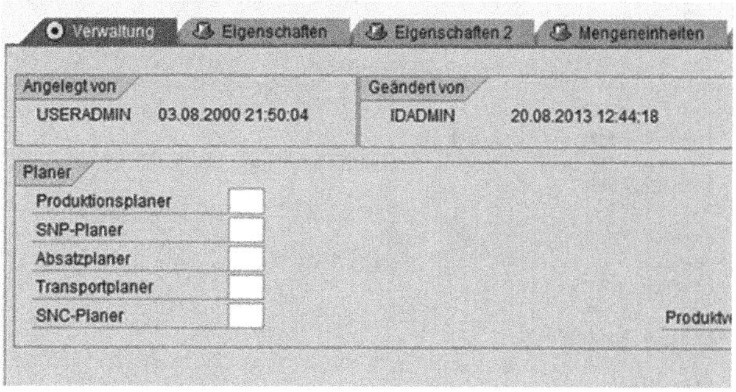

**Abb. 4.6** Registerkarten

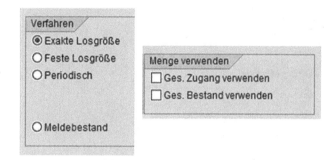

**Abb. 4.7** Auswahlknöpfe (*links*) und Ankreuzfelder (*rechts*)

**Abb. 4.8** Auswahlfeld mit Pull-Down-Knopf

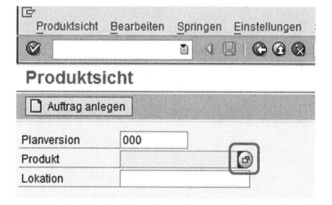

*Auswahlfelder.* Beim Drücken des Pull-Down-Knopfs (alternativ Taste F4) öffnet sich ein Fenster, im dem mehrere Felder zur Verfügung stehen, mit deren Hilfe Selektionskriterien vorgegeben werden können, um einen gesuchten Datensatz zu finden (siehe Abb. 4.9). In den Selektionsfeldern können auch Platzhalter mithilfe des Zeichens „*" eingegeben werden, wenn man sich beispielsweise an die Bezeichnung eines Produkts nur noch ungefähr erinnert. In dem Beispiel in Abb. 4.9 wird nach einem Produkt in Lokation 1000 gesucht, das mit *P-* beginnt. Nach Betätigung der *ENTER*-Taste erhält man eine Ergebnisliste, die aus fünf infrage kommenden Produkten besteht (siehe Abb. 4.10).

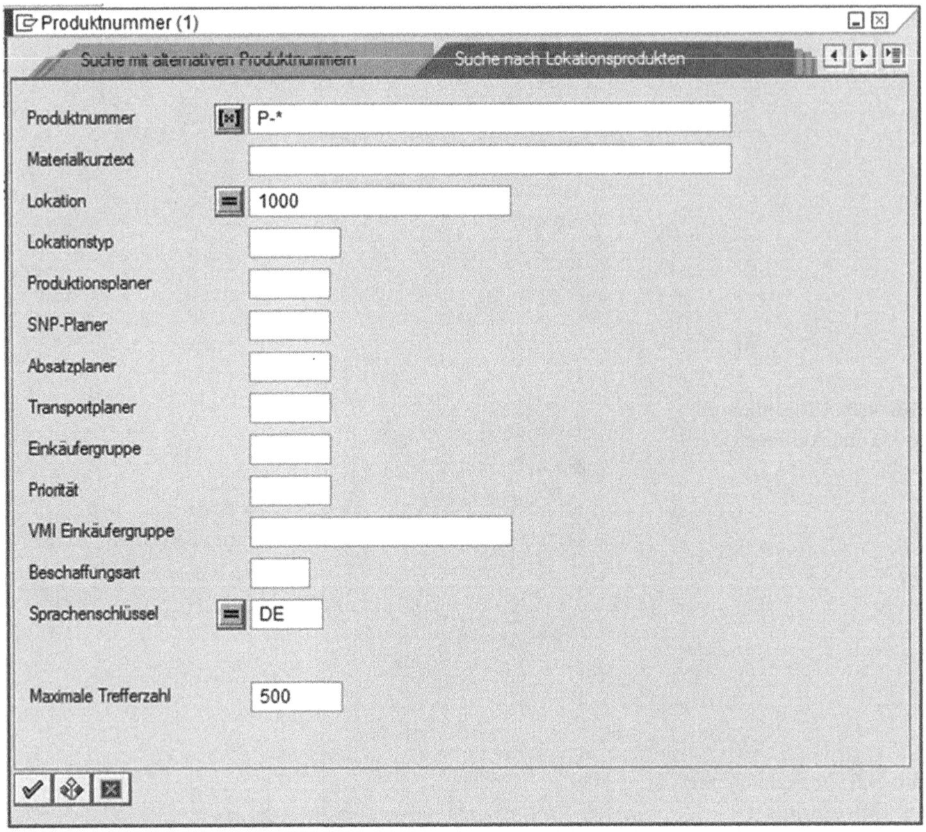

**Abb. 4.9** Selektionsbildschirm

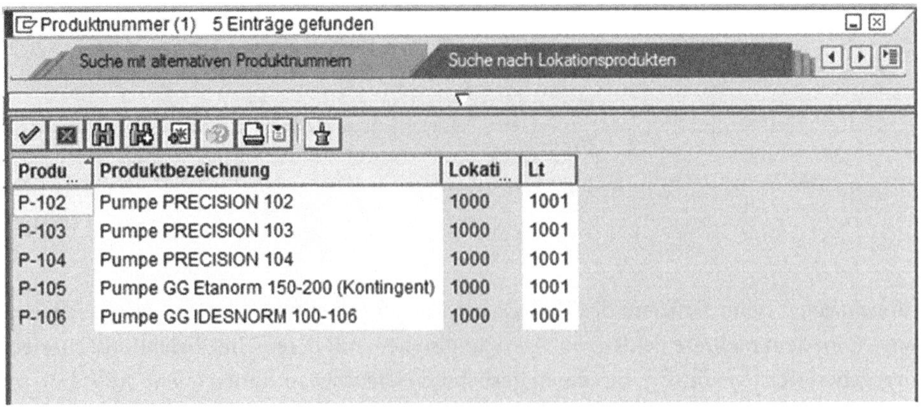

**Abb. 4.10** Ergebnisliste der Selektion

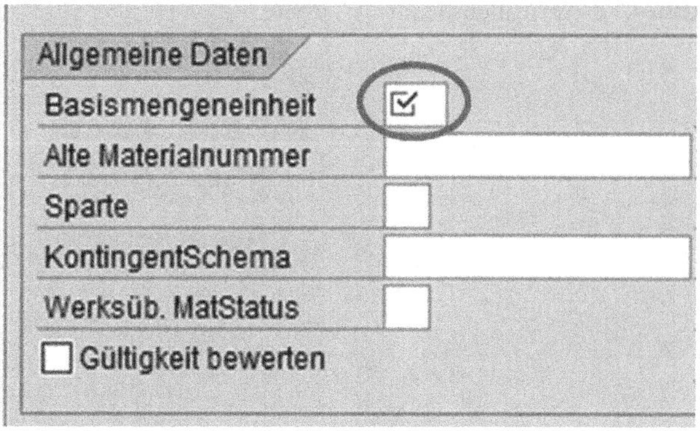

**Abb. 4.11** Mussfeld

Häufig findet man bei der Ausführung von Transaktionen Felder vor, die zwingend eine Eingabe erfordern. Ohne die entsprechende Eingabe kann die Transaktion aus logischen Gründen des im Hintergrund laufenden Programms nicht fortgesetzt werden. Solche Felder bezeichnet man als *Muss-Felder*, die in SAP-Systemen mit einem Haken gekennzeichnet sind (siehe Abb. 4.11).

In SAP-Systemen steht eine Vielzahl von Druck- bzw. Funktionstasten zur Verfügung. Diese zeigen je nach Funktion unterschiedliche Icons. Eine kleine Auswahl der wichtigsten Icons findet man auf der Systemfunktionsleiste (Copyright der Icons jeweils SAP AG):

| | |
|---|---|
| | *ENTER*, d. h. Bestätigung der Dateneingabe |
| | Sichern der Dateneingabe |
| | Einen Schritt zurückgehen |
| | Transaktion beenden |
| | Transaktion ohne Datensicherung abbrechen |

Darüber hinaus sind folgende Icons von Bedeutung (Copyright der Icons jeweils SAP AG)

| | |
|---|---|
| | Anlegen neuer Daten in einer Transaktion |
| | Wechsel in den Änderungsmodus, d. h. Daten können geändert werden |
| | Wechsel in den Anzeigemodus, d. h. Datenänderungen sind nicht mehr möglich |
| | Löschen der ausgewählten Daten |
| | Kopieren der ausgewählten Daten |

## 4.3 Navigationsbaum und Transaktionen

Nach der Anmeldung in einem SAP-System erscheint i. d. R ein Navigationsbaum (siehe Abb. 4.12). Dieser ermöglicht den Aufruf bestimmter Anwendungsbereiche mithilfe der Maus (vergleichbar mit einer Ordnerstruktur in einem Explorer). Nach Anklicken eines

**Abb. 4.12** Navigationsbaum

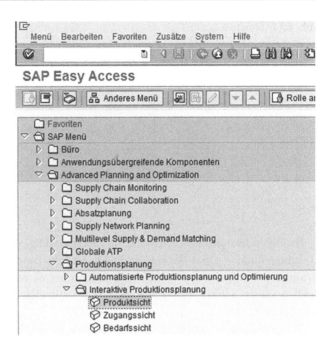

Bereichs klappt dieser auf und stellt entweder weitere Unterbereiche dar oder bietet den Aufruf von Transaktionen an. Eine Transaktion kann per Doppelklick gestartet werden. Es öffnet sich anschließend ein spezifischer Bildschirm der aufgerufenen Transaktion. In den folgenden Kapiteln wird die Navigation zu Transaktionen mithilfe von Pfaden angegeben, z. B. *Advanced Planning and Optimization → Produktionsplanung → Interaktive Produktionsplanung → Produktsicht*. Links oben in der Systemfunktionsleiste steht alternativ ein Befehlsfeld zur Verfügung, in dem man eine Transaktion direkt über ihren *Transaktionscode* aufrufen kann. Für die dargestellte Transaktion *Produktsicht* in SAP APO lautet dieser z. B. */sapapo/rrp3*. Dies funktioniert jedoch nur im Einstiegsbildschirm. Sofern man eine andere Transaktion innerhalb einer bereits aufgerufenen Transaktion starten möchte, muss man dem Transaktionscode das Kürzel */n* voranstellen, also z. B. */n/sapapo/rrp3*. Zu beachten ist, dass sich dieselbe Transaktion in mehreren Bereichen des Navigationsbaums befinden kann.

## 4.4   Öffnen mehrerer Fenster

Häufig ist es hilfreich, wenn parallel zur Bearbeitung von Daten in einer Transaktion eine weitere Transaktion aufgerufen wird. Ein Grund könnte z. B. sein, dass man ergänzende Informationen benötigt. Zu diesem Zweck kann man für weitere Transaktionen zusätzliche Bildschirmfenster (sog. *Modi*) des SAP-Systems öffnen. Am einfachsten gelingt dies durch Drücken der Funktionstaste ▣ in der Systemfunktionsleiste. Alternativ ist es auch über den Menüpfad *System → Erzeugen Modus* möglich (siehe Abb. 4.13). Anschließend

**Abb. 4.13** Modus erzeugen

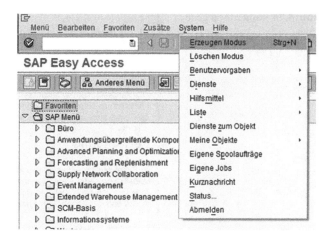

öffnet sich ein weiterer Einstiegsbildschirm, in dem die gewünschte weitere Transaktion aufgerufen werden kann. Das Schließen eines Modus erfolgt entweder durch das Schließen des Fensters oder ebenfalls in der Menüleiste über den Pfad *System → Löschen Modus*.

## 4.5   Aufruf von Hilfefunktionen

Da die Bedienung eines SAP-Systems aufgrund der Vielfalt an hinterlegten Geschäftsprozessen recht kompliziert sein kann, stehen Hilfefunktionen zur Verfügung. Die kontextbezogene Hilfe zu einem Datenfeld kann man aufrufen, indem man den Cursor in das Feld setzt und die Taste *F1* drückt. Dadurch öffnet sich ein Fenster, das den Zweck und Inhalt des Felds näher beschreibt. In Abb. 4.14 ist als Beispiel der Hilfetext zum Datenfeld *Planversion* angezeigt.

Darüber hinaus stehen im Internet umfangreiche Dokumentationen zu allen Arten von SAP-Systemen mit ausführlichen Informationen zu allen Transaktionen und abgebildeten Geschäftsprozessen zur Verfügung. Diese Dokumentationen sind frei zugänglich und können auf der Website *help.sap.com* aufgerufen werden.

## 4.6   Anpassen des Menüs und der Oberfläche

Da das Auffinden einer Transaktion im Navigationsbaum recht unkomfortabel sein kann, wenn viele Ordner aufgeklappt werden müssen, besteht die Möglichkeit, individuelle Anpassungen vorzunehmen. Außerdem werden die meisten Benutzer im täglichen Geschäftsbetrieb je nach Aufgabengebiet immer wieder die gleichen Transaktionen benutzen und wollen für diese einen schnellen Zugriff haben. Einzelne Transaktionen lassen sich daher auf dem Einstiegsbildschirm eines SAP-Systems dem Bereich *Favoriten* zuordnen. Dies kann durch einen Klick mit der rechten Maustaste auf eine Transaktion im Navigations-

**Abb. 4.14** Kontextbezogene
Hilfe

**Abb. 4.15** Favoritenmenü

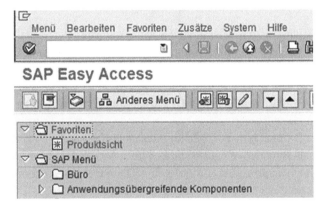

baum erfolgen, wodurch sich ein Kontextmenü öffnet, das die Funktion *Zu den Favoriten hinzufügen* enthält. Alternativ kann die Transaktion per Drag&Drop in den Bereich *Favoriten* gezogen werden. In Abb. 4.15 wurde beispielsweise die Transaktion *Produktsicht* den Favoriten zugeordnet. Verknüpfungen zu Internetseiten lassen sich ebenfalls hinterlegen. Weiterhin besteht die Möglichkeit, im Benutzerstamm sog. *Rollen* zu hinterlegen, wodurch der Navigationsbaum geeignet verändert bzw. verkleinert wird.

# Vorbereitung der Fallstudie

**5**

**Zusammenfassung**

Im Rahmen dieses Lehrbuchs soll eine durchgängige Fallstudie bearbeitet werden, die auf der sog. *PP-Fallstudie* der SAP-Hochschulkompetenzzentren basiert. Eine Erzeugnisstruktur bestehend aus Produkten, Stücklisten, Arbeitsplänen und Arbeitsplätzen aus der PP-Fallstudie dient in SAP APO als Grundlage für den Aufbau entsprechender Stammdaten, die entweder mithilfe von Integrationsmodellen aus SAP ERP an SAP APO übertragen oder ohne SAP ERP unmittelbar in SAP APO angelegt werden können. Die PP-Fallstudie wird dahingehend erweitert, dass es insgesamt drei Produktionsstandorte gibt, die zusammen ein Supply Network bilden. Der Standort Hamburg muss die anderen beiden Standorte Berlin und Dresden mit einer Komponente versorgen, so dass entsprechende Umlagerungen und Transporte durchgeführt werden müssen. An den Standorten Berlin und Dresden wird lediglich das Endprodukt hergestellt. Im Rahmen von Lehrveranstaltungen arbeiten alle Teilnehmer in einer eigenen Planversion.

## 5.1 Beschreibung der Fallstudie

Die Fallstudie, die in den folgenden Kapiteln bearbeitet werden soll, betrifft hauptsächlich den Anwendungsbereich von SAP APO. Ziel ist es, eine grundlegende Einführung zu den Funktionen von SAP APO zu geben. Denkbare Schnittstellen zu IT-Systemen von Kunden und Lieferanten werden nicht betrachtet. Es erfolgt also eine Beschränkung auf die interne Supply Chain eines Unternehmens, was jedoch für eine einführende Betrachtung der Planungsfunktionen in SAP APO ausreichend ist. Die einzelnen Übungen bauen aufeinander auf, so dass die Bearbeitung eines Kapitels erst möglich ist, wenn die vorhergehenden Kapitel bearbeitet wurden. Voraussetzung für die Bearbeitung der Fallstudie ist ein sog. *IDES-System* [TM] der SAP AG. Derartige IDES-Systeme beinhalten einen fiktiven, vollständig konfigurierten Konzern namens *IDES*, der weltweit in verschiedenen Branchen tätig ist. Die Abkürzung IDES steht für *Internet Demonstration and Education System*. Der

A. Witt, *Grundkurs SAP APO*,
DOI 10.1007/978-3-658-03654-6_5, © Springer Fachmedien Wiesbaden 2014

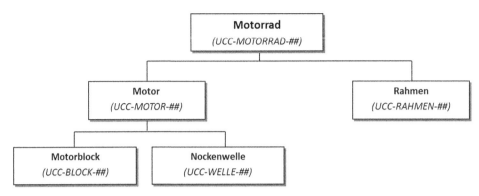

**Abb. 5.1** Erzeugnisstruktur der PP-Fallstudie

Vorteil dabei ist, dass auf eine umfangreiche Basis an Stammdaten und weitere Konfigurationen zurückgegriffen werden kann, die nicht erst aufwändig angelegt werden müssen. Die Grundlage für die Übungen in diesem Buch bildet eine Erzeugnisstruktur, die auch im Rahmen der sog. *PP-Fallstudie* der SAP-Hochschulkompetenzzentren angelegt wird. Die PP-Fallstudie bietet ein übungsbasiertes Kennenlernen des Bereichs *Produktionsplanung* (PP) in SAP ERP. Diese Fallstudie sowie weitere Fallstudien und insbesondere verschiedene SAP-Systeme werden von den Hochschulkompetenzzentren der SAP AG zur Verfügung gestellt, um Hochschulen die Möglichkeit zu bieten, in der Lehre (und darüber hinaus) mit SAP-Systemen arbeiten zu können. Abgebildet wird eine Erzeugnisstruktur für das Endprodukt *UCC-MOTORRAD*. Dafür müssen Produkt- bzw. Materialstämme, Stücklisten und Arbeitspläne angelegt werden.

Der Materialstammsatz ist in SAP ERP ein Datensatz, der alle wesentlichen Grundinformationen zu einem Material enthält. Geordnet ist der Materialstammsatz nach verschiedenen Sichten, die in der Unternehmenspraxis üblicherweise von unterschiedlichen Abteilungen gepflegt werden. Die meisten Sichten werden daher mit Bezug zu einer entsprechenden Organisationseinheit angelegt (z. B. Organisationseinheit *Buchungskreis* für die Sichten der Finanzbuchhaltung oder Organisationseinheit *Verkaufsorganisation* für die Sichten des Verkaufs).

Stücklisten sind ein Verzeichnis für ein Material bzw. Produkt, das alle Komponenten enthält, die für die Herstellung erforderlich sind. Dazu gehören Angaben wie Menge, Einheit oder Bezeichnung einer Komponente. Für jede Komponente muss es ebenso wie für das herzustellende Material der Stückliste einen Materialstammsatz im SAP-System geben. In jeder Stückliste gibt es immer genau ein herzustellendes bzw. Output-Material und beliebig viele Komponenten bzw. Input-Materialien. Da jede Input-Komponente in einer anderen Stückliste wiederum als Output-Material hinterlegt sein kann, welches seinerseits Komponenten zur Herstellung benötigt, lassen sich mithilfe von Stücklisten mehrstufige Erzeugnisstrukturen bilden. Die im Rahmen der PP-Fallstudie abgebildete Erzeugnisstruktur zeigt Abb. 5.1. Die Zeichenkette ## dient der Unterscheidung mehrerer Benutzer und ist durch eine Benutzernummer zu ersetzen, die von einem Dozenten zugewiesen werden muss. Diese Unterscheidung ist erforderlich, da jeder Benutzer mit eigenen Stamm- und Bewegungsdaten arbeiten soll. Insgesamt müssen also fünf Materialstammsätze und zwei Stücklisten (eine für UCC-MOTORRAD-## und eine für UCC-MOTOR-##) angelegt werden.

Während Stücklisten also die mengenmäßigen Zusammenhänge eines Fertigungssystems wiedergeben, sind die zeitlichen Informationen in den sog. *Arbeitsplänen* hinterlegt. Arbeitspläne beinhalten demzufolge die Reihenfolge der durchzuführenden Arbeitsvorgänge für die Herstellung eines Materials. Die wesentlichen Steuerungsparameter aus Sicht der Logistik sind Planzeiten für die Dauer der Arbeitsvorgänge sowie die benötigten Ressourcen wie etwa Maschinen oder Personal.

Da die PP-Fallstudie jedoch nur ein Szenario in einem einzelnen Werk (Werk 1000 in Hamburg) abbildet und im Rahmen des vorliegenden Buchs ein Problem für ein Supply Chain Management modelliert werden soll, müssen Erweiterungen vorgenommen werden, die die Betrachtung eines Supply Network erlauben. Daher wird die Produktion um zwei weitere Produktionsstandorte bzw. Werke in Berlin (Werk 1100) und Dresden (Werk 1200) ergänzt. Während im Werk 1000 sämtliche Fertigungsstufen vorhanden sind, findet in den Werken 1100 und 1200 nur eine Endmontage des Produkts UCC-MOTORRAD-## aus den Komponenten UCC-RAHMEN-## und UCC-MOTOR-## statt. Dabei muss das Werk 1000 die Vormontage der Komponente UCC-MOTOR-## durchführen, die dann zu den Werken 1100 und 1200 transportiert wird. Die externe Beschaffung der Komponente UCC-RAHMEN-## wird von allen drei Werken eigenständig vorgenommen. Insgesamt wird also ein einfaches Supply Network bestehend aus drei Lokationen gebildet. Die Materialstammdaten der in der PP-Fallstudie verwendeten Materialien müssen entsprechend erweitert werden, damit eine Verwendung in den anderen Lokationen möglich ist.

Wenn alle Stammdaten zur Verfügung stehen, wird in SAP APO zunächst eine Absatzprognose im Modul DP durchgeführt. Durch Freigabe der Absatzplanung an SNP werden offene Planprimärbedarfe erzeugt, die mithilfe eines SNP-Planungslaufs und die Erzeugung von SNP-Planaufträgen gedeckt werden. Die SNP-Planaufträge werden anschließend innerhalb des PP/DS-Produktionshorizonts in PP/DS-Planaufträge umgesetzt. Ein PP/DS-Planungslauf beseitigt danach ggf. vorhandene Unzulässigkeiten (z. B. Überlasten) im Produktionsplan. Für die vom Werk 1000 in die Werke 1100 und 1200 umzulagernde Komponente UCC-MOTOR-## werden durch die SNP-Planung Umlagerungsbestellungen erzeugt, auf deren Basis Transporte gebildet werden müssen.

## 5.2   Hinweise für Dozenten

Für die Bearbeitung der Fallstudie sollten bei den Teilnehmern grundlegende Kenntnisse bzgl. der Bedienung von SAP Systemen vorhanden sein. Dazu gehören insbesondere das Verständnis des Transaktionskonzepts und die Navigation in einem SAP System. Es bietet sich an, diese Kenntnisse im Rahmen einfacher Vorübungen zu trainieren. Ein Dozent sollte sich vor Durchführung der Fallstudie mit den anzuwendenden Transaktionen und Abläufen vertraut machen.

Die Fallstudie kann nur in einem SAP IDES Systemverbund (SAP ERP und SAP SCM) durchgeführt werden. Es könnte didaktisch sinnvoll sein, die Fallstudie dieses Lehrbuchs im Anschluss an die bereits erwähnte PP-Fallstudie durchzuführen. Dadurch werden die Kenntnisse der Studierenden ausgehend von der Produktionsplanung in SAP ERP in den Bereichen Logistik und Supply Chain Management in SAP SCM erweitert.

Für jeden Teilnehmer muss ein Benutzerstamm angelegt werden. Wenn Sie den Teilnehmern das Profil *SAP_ALL* zuordnen, ist sichergestellt, dass keine Berechtigungsprobleme auftreten. In SAP IDES Systemen steht bei Bedarf für die Massenpflege von Benutzerstammsätzen die Transaktion ZUSR zur Verfügung. Jeder Benutzer sollte eine zweistellige Nummer erhalten. In den folgenden Bearbeitungsschritten ist das Kürzel ## jeweils durch diese zweistellige Nummer zu ersetzen. Dadurch können alle erzeugten Daten eindeutig den einzelnen Teilnehmern zugeordnet werden.

Wenn Benutzer in einem SAP System gleichzeitig dieselben Daten bearbeiten möchten, kommt es zu einer Sperrung. D. h. einer der Benutzer kann nicht auf die gewünschten Daten zugreifen und erhält eine entsprechende Fehlermeldung. Da auf eine Trennung der Daten geachtet wurde, sollten solche Sperrungen nicht vorkommen. Falls es dennoch auftreten sollte, dann ist davon auszugehen, dass ein Teilnehmer mit den Daten seines Nachbarn arbeitet. Darüber hinaus ist es wichtig, dass die Reihenfolge der Bearbeitung eingehalten wird und keine Bearbeitungsschritte ausgelassen werden.

Die Fallstudie wurde auf Basis eines SAP ERP Systems der Version 6.0 und anhand eines SAP SCM Systems der Version 7.0 erstellt. Sollten Sie abweichende Transaktionsabläufe feststellen, so kann dies daran liegen, dass Sie mit einer anderen Version oder mit einem anderen Supportstand arbeiten.

## 5.3  Anlegen der Stammdaten

In den folgenden beiden Kapiteln werden zwei alternative Vorgehensweisen für das Anlegen der Stammdaten beschrieben. In Alternative eins (Abschn. 5.3.1) wird der Fall beschrieben, der häufiger in der betrieblichen Praxis vorkommen dürfte. Die Stammdaten werden hierbei zunächst in SAP ERP angelegt und dann mithilfe von Integrationsmodellen über das CIF an SAP APO bzw. SAP SCM übertragen. Voraussetzung ist, dass ein entsprechender Systemverbund aus zwei IDES-Mandanten in SAP ERP und SAP SCM zur Verfügung steht. Für den Fall, dass nur ein IDES-Mandant in SAP SCM zur Verfügung steht oder dass nur Übungen in SAP APO durchgeführt werden sollen, wird Alternative zwei in Abschn. 5.3.2 beschrieben. Dabei wird auch das Anlegen von Produktionsprozessmodellen dargestellt, die in Alternative eins nicht zur Anwendung kommen.

Vor Beginn der Bearbeitung ist es empfehlenswert, wenn man sich im Navigationsbaum ergänzend zu den beschreibenden Bezeichnungen der Transaktionen auch die Transaktionscodes anzeigen lässt. Dies ist möglich, indem man in der Menüleiste *Zusätze → Ein-*

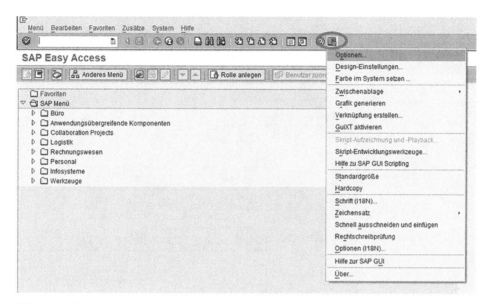

**Abb. 5.2** Lokales Layout anpassen

*stellungen* aufruft und dort den Haken bei *Technische Namen anzeigen* setzt. Anschließend muss mit *ENTER* bestätigt werden.

Außerdem sollte man sich in den Drop-Down-Listen in Auswahlfeldern die Tabellenschlüssel anzeigen lassen. Diese Einstellung kann vorgenommen werden, indem man auf die Drucktaste *Lokales Layout anpassen* ganz rechts in der Systemfunktionsleiste klickt und dann in dem sich öffnenden Menü *Optionen* auswählt (siehe Abb. 5.2). Wechseln Sie in dem sich öffnenden Bild zur Registerkarte *Experte* und setzen Sie den Haken bei *Schlüssel in allen Dropdown-Listen anzeigen*.

### 5.3.1 Alternative 1: Anlegen der Stammdaten in SAP ERP

Sofern die PP-Fallstudie bereits von Ihnen bearbeitet wurde, haben Sie schon einen Teil der erforderlichen Stammdaten angelegt. In diesem Fall können Sie in Abschn. 5.3.1.7 fortfahren. Beachten Sie dabei lediglich, dass Sie im Materialstamm UCC-MOTOR-## ein Bruttogewicht von 40 kg hinterlegen! Insbesondere für die später anzulegenden Transporte (siehe Abschn. 9.2) wird diese Gewichtsangabe benötigt.

Andernfalls beginnen Sie mit Abschn. 5.3.1.1. Die Erklärungen in Abschn. 5.3.1.1 bis 5.3.1.6 orientieren sich eng an der PP-Fallstudie und erfolgen mit freundlicher Genehmigung des SAP-Hochschulkompetenzzentrums der Universität Magdeburg.

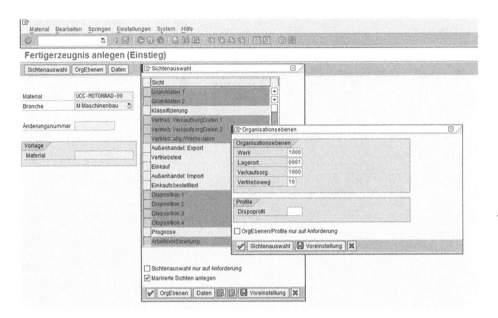

**Abb. 5.3**  Sichtenauswahl und Organisationseinheiten für den Materialstamm

### 5.3.1.1  Anlegen des Materialstamms für das Motorrad im Werk 1000

Zum Anlegen des Materialstammsatzes für das Fertigprodukt UCC-MOTORRAD-##
wählen Sie im Navigationsbaum von SAP ERP *Logistik → Materialwirtschaft → Materialstamm → Material → Anlegen speziell → Fertigerzeugnis* (Transaktionscode: MMF1, siehe
Abb. 5.3). Als Material(nummer) geben Sie nun *UCC-MOTORRAD-##* ein, wobei Sie ##
durch Ihre Benutzernummer ersetzen. Als Branche wählen Sie im betreffenden Auswahlfeld [Maschinenbau]. Es soll kein Vorlagematerial benutzt werden; die Daten werden kom-
plett manuell erfasst. Bestätigen Sie mit *ENTER*.

Das System bietet Ihnen eine Auswahl aller relevanten Sichten an. Markieren Sie hier
durch Klicken auf das kleine Quadrat vor jeder Zeile die Sichten *Grunddaten 1* und *2*, alle
drei *Vertriebssichten*, alle vier *Dispositionssichten*, *Arbeitsvorbereitung*, *Buchhaltung 1* und
*2* und *Kalkulation 1* und *2*. Weiterhin selektieren Sie *Markierte Sichten anlegen* und fahren
mit *ENTER* fort.

Im nächsten Schritt muss dem System mitgeteilt werden, für welche Organisationseinheiten das neue Material angelegt werden soll. Geben Sie folgende Organisationseinheiten
ein und bestätigen Sie mit *ENTER*:

- Werk: 1000
- Lagerort: 0001
- Verkaufsorg.: 1000
- Vertriebsweg: 10

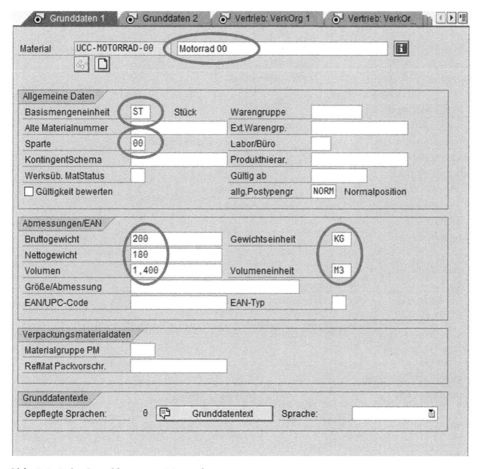

**Abb. 5.4**  Sicht *Grunddaten 1* im Materialstamm

In der Sicht *Grunddaten 1* (siehe Abb. 5.4) ist als Kurzbezeichnung *Motorrad ##* einzugeben. Um in die jeweils nächste Sicht wechseln zu können, müssen Sie zunächst sämtliche Mussfelder füllen. Benutzen Sie hierzu im jeweiligen Feld den Drop-Down-Knopf (F4).

Ein solches Mussfeld ist in der Sicht *Grunddaten 1* das Feld *Basismengeneinheit*. Die Basismengeneinheit soll *Stück* [ST] sein. Weiterhin soll das Material *spartenübergreifend* [00] verwendet werden. Das Motorrad wiegt brutto 200 kg, netto 180 kg; das Volumen beträgt 1,4 Kubikmeter [M3]. Durch Betätigen der *ENTER*-Taste springen Sie automatisch zur nächsten Sicht, die Sie oben markiert haben. Überspringen Sie die Sicht *Grunddaten 2* mit *ENTER*.

In der Sicht *Vertrieb: VerkOrg1* (siehe Abb. 5.5) soll als *Auslieferungswerk* [1000] angegeben werden. Ferner ist das Material *voll steuerpflichtig* [1] (das Feld Steuerklassifikation befindet sich gut versteckt in der Feldgruppe *Steuerdaten*). Wechseln Sie nun (zweimal

**Abb. 5.5**  Sicht *Vertrieb: VerkOrg 1* im Materialstamm

*ENTER*-Taste) zur Sicht *Vertrieb: allg./Werk* (siehe Abb. 5.6). Das Motorrad wird *lose auf LKW* [0005] verzurrt transportiert und *manuell* [0003] verladen.

In der Sicht *Disposition 1* (siehe Abb. 5.7) soll das Dispomerkmal *plangesteuert* [PD] eingetragen werden; der Disponent ist [001]. Zugrunde liegt die *exakte Losgrößenberechnung* [EX]. Geben Sie in der Sicht *Disposition 2* (siehe Abb. 5.8) als Beschaffungsart *Eigenfertigung* [E] und als Produktionslagerort [0001] an; die Eigenfertigungszeit beträgt *10 Tage*, der Horizontschlüssel ist [001]. In der Sicht *Disposition 3* (siehe Abb. 5.9) hinterlegen Sie eine Gesamtwiederbeschaffungszeit von *15 Tagen*. Übergehen Sie die folgenden zwei Sichten mit *ENTER*.

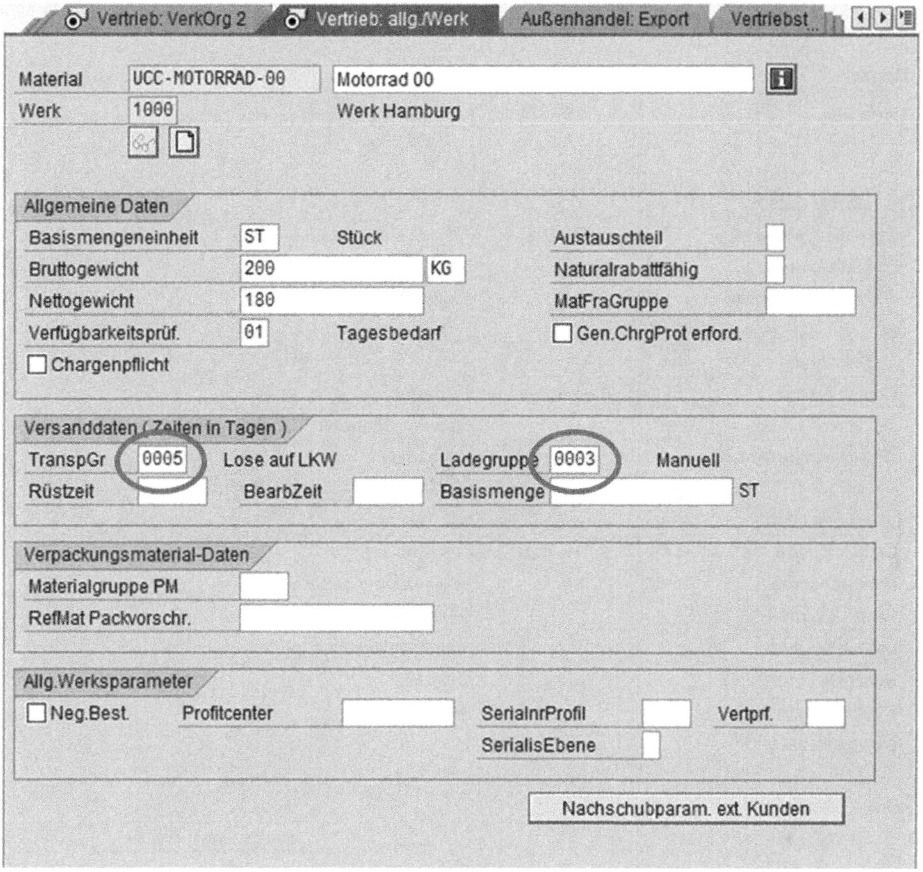

**Abb. 5.6** Sicht *Vertrieb: allg./Werk* im Materialstamm

Pflegen Sie in der Sicht *Buchhaltung 1* (siehe Abb. 5.10) die Bewertungsklasse [7920] *Fertigerzeugnisse*. Das Material soll *standardpreisgesteuert* [S] sein. Als Standardpreis ist *1500* als vorläufiger Planwert anzugeben. In der Sicht *Kalkulation 1* (siehe Abb. 5.11) setzen Sie bitte einen Haken bei *Herkunft Material*. Schauen Sie sich noch die Felder in der letzten Sicht an und sichern Sie dann das neue Material (*Material → Sichern*, Tastenkombination *Strg + S* oder Klick auf den entsprechenden Druckknopf in der Systemfunktionsleiste). Das System bestätigt Ihnen links unten, dass das Material angelegt wird. Navigieren Sie anschließend zurück zum Einstiegsmenü.

Sie haben nun die Möglichkeit, sich Ihr neues Material mit der Transaktion *Logistik → Materialwirtschaft → Materialstamm → Material → Anzeigen → Anzeigen akt. Stand* (Transaktionscode MM03) anzeigen zu lassen. Falls Sie Fehler der Eingabe beheben wollen, können Sie dies mit der Transaktion MM02 (… → *Material → Ändern → Sofort*) tun. Wenn Sie

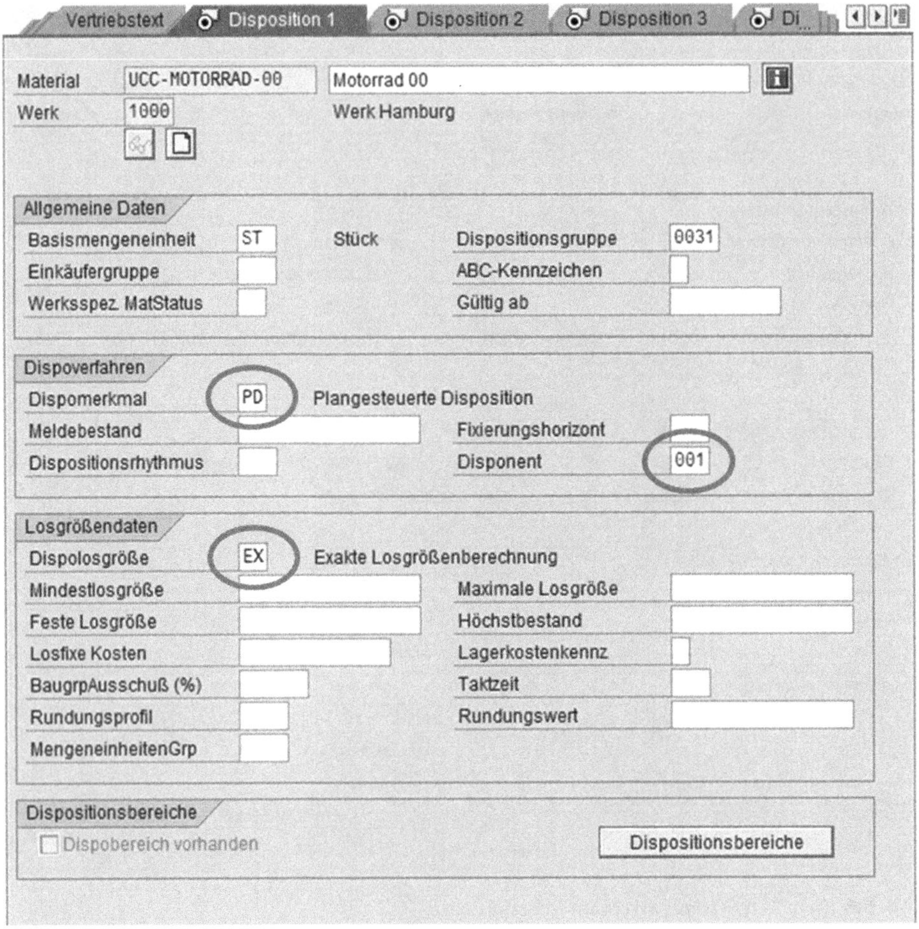

**Abb. 5.7** Sicht *Disposition 1* im Materialstamm

einige Materialsichten beim Anlegen vergessen haben, müssen Sie diese mit der Transaktion MM01 (… *Material* → *Anlegen allgemein* → *Sofort*) nachpflegen.

### 5.3.1.2 Anlegen des Materialstamms für den Motor im Werk 1000

Navigieren Sie im Einstiegsmenü in SAP ERP erneut zum Knoten *Materialstamm* und wählen Sie nun *Material* → *Anlegen speziell* → *Halbfabrikat* (Transaktion: MMB1). Die Materialnummer soll *UCC-MOTOR-##* lauten, wobei ## durch Ihre Benutzernummer zu ersetzen ist. Die Branche ist auch hier [Maschinenbau]. Als Vorlage dient das Material [1300-110] *HD MOTOR 1340/35 KW*. Die zu selektierenden Sichten sind *Grunddaten 1* und *2, Einkauf, Disposition 1* bis *4, Arbeitsvorbereitung, Buchhaltung 1* und *Kalkulation 1*. Überprüfen Sie, ob *Markierte Sichten anlegen* selektiert ist und bestätigen Sie mit *ENTER*.

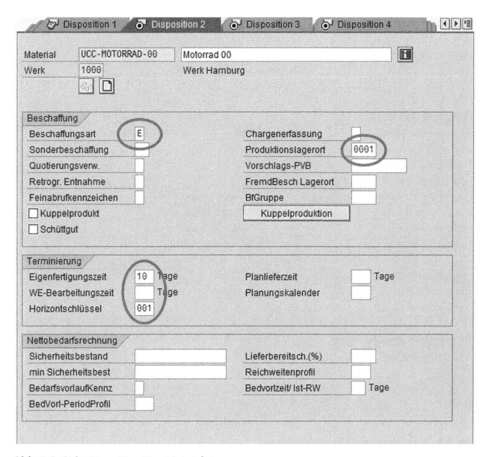

**Abb. 5.8** Sicht *Disposition 2* im Materialstamm

Geben Sie im folgenden Fenster *Organisationsebenen* das Werk Hamburg [1000] und das Materiallager [0001] **unbedingt** auch in den Vorlagefeldern (rechts!) ein (siehe Abb. 5.12). Bestätigen Sie mit *ENTER*.

Ersetzen Sie den Materialkurztext durch *Motor ##*. Weiterhin ordnen Sie den Motor der Sparte [00] *spartenübergreifend* zu und tragen als Bruttogewicht 40 kg ein. Schauen Sie sich die übrigen zu kopierenden Sichten durch Drücken von *ENTER* an. Übergehen Sie eventuelle Warnhinweise dabei mit *ENTER*. Wählen Sie abschließend *Sichern*.

### 5.3.1.3    Anlegen des Materialstamms für den Rahmen im Werk 1000

Da es sich bei dem Rahmen ebenfalls um ein Halbfabrikat handelt, können Sie in derselben Transaktion (MMB1) fortfahren. Die neue Materialnummer soll *UCC-RAHMEN-##* lauten; die Branche ist erneut [Maschinenbau]. Als Vorlagematerial dient diesmal der Rahmen [1300-230]. Die zu selektierenden Sichten sind *Grunddaten 1* und *2*, *Einkauf*, *Disposition 1* bis *4*, *Buchhaltung 1* und *Kalkulation 1*. Geben Sie im folgenden Fenster erneut das Werk [1000] und den Lagerort [0001] **unbedingt** auch in den Vorlagefeldern (rechts!) ein.

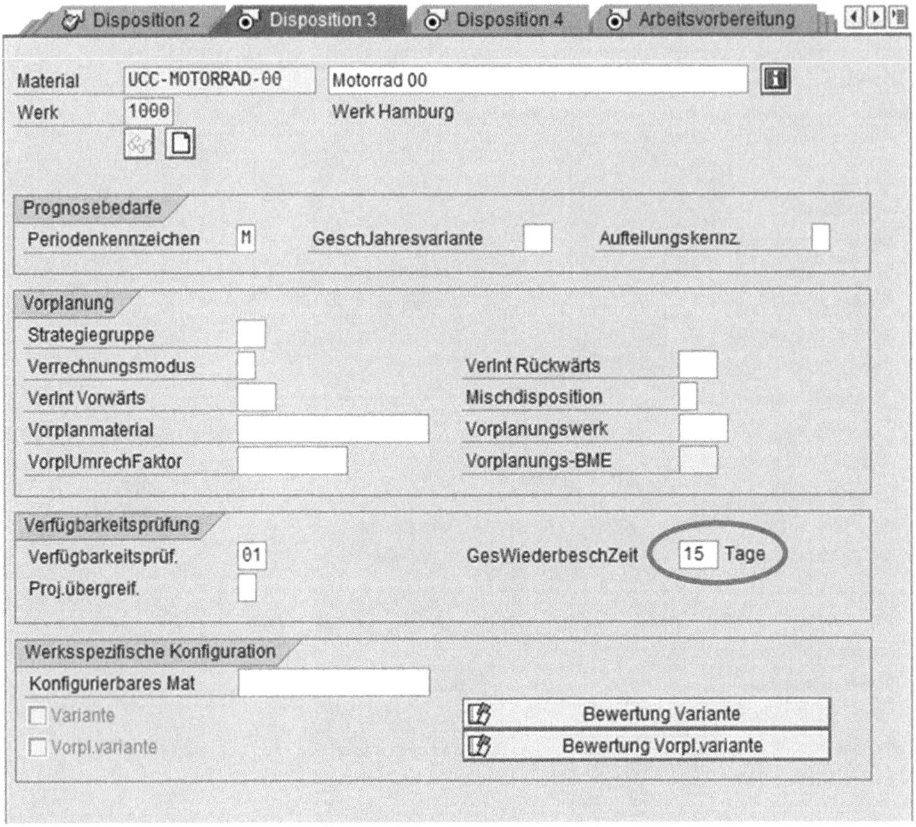

**Abb. 5.9** Sicht *Disposition 3* im Materialstamm

Als einzige Abweichungen ändern Sie den Materialkurztext auf *Rahmen ##* und wählen die Sparte [00].

Durch *ENTER* springen Sie bis zur Sicht *Buchhaltung 1* (Systemmeldungen übergehen Sie wieder mit *ENTER*). Dort tragen Sie im Feld *Gleitender Preis* den Wert 777,16 ein und sichern anschließend.

### 5.3.1.4  Anlegen der Materialstämme für den Motorblock und die Nockenwelle im Werk 1000

Als nächstes werden die Stammsätze für die Rohstoffe gepflegt, die für die Produktion des Motors benötigt werden. Da im IDES-Mandanten für den Motorblock und die Nockenwelle noch keine Stammdaten existieren, müssen diese neu angelegt werden. Dazu dient die Transaktion *Logistik → Materialwirtschaft → Materialstamm → Material → Anlegen speziell → Rohstoff* (MMR1).

Die Materialnummer des Motorblocks soll *UCC-BLOCK-##* lauten. Wie alle anderen Komponenten gehört er zur Branche [Maschinenbau]. Löschen Sie das eventuell einge-

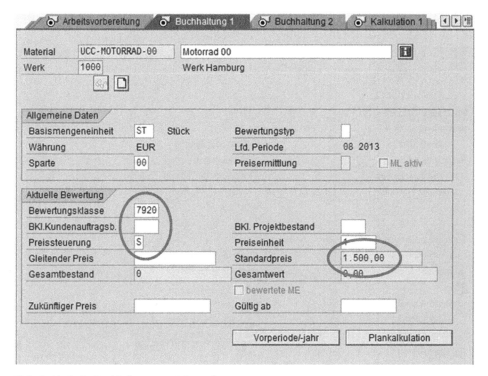

**Abb. 5.10** Sicht *Buchhaltung 1* im Materialstamm

tragene Vorlagematerial aus dem entsprechenden Feld. Selektieren Sie die Sichten *Grunddaten 1* und *2, Einkauf, Disposition 1* bis *4, Buchhaltung 1* und *Kalkulation 1*. Im Folgebild geben Sie als Organisationsebenen das Werk Hamburg [1000] und das zugehörige Materiallager [0001] an.

In der Sicht *Grunddaten 1* geben Sie den Kurztext *Motorblock ##* ein. Außerdem wird das Material in Stück angegeben und gehört der Warengruppe *Metallverarbeitung* [001] an. Des Weiteren ist der Motorblock spartenübergreifend verfügbar. Überspringen Sie die nächste Sicht *Grunddaten 2* mit *ENTER*. In der Einkaufssicht pflegen Sie die Einkäufergruppe von Herrn *Dietl* [001].

Bei *Disposition 1* wählen Sie das Dispomerkmal [PD] *Plangesteuerte Disposition*, den Disponenten [001] und *exakte Losgrößenberechnung*. In der nächsten Sicht (*Disposition 2*) ist das Materiallager [0001] als Produktionslagerort *und* Fremdbeschaffungslagerort zu pflegen. Des Weiteren geben Sie an, dass der Motorblock bei der Produktion *grundsätzlich retrograd* entnommen wird. Dies bewirkt, dass eine zugehörige Warenbewegung automatisch gebucht wird, wenn eine Rückmeldung zu einem in Bearbeitung befindlichen Fertigungsauftrag des Materials erfasst wird. Die Planlieferzeit beträgt 2 Tage. Es gibt keine Pufferzeiten (Horizont [000]). Geben Sie in der *Dispo 3*-Sicht an, dass die Verfügbarkeitsprüfung auf Basis des *Tagesbedarfes* [01] durchgeführt werden soll. Überspringen Sie die nächste Sicht.

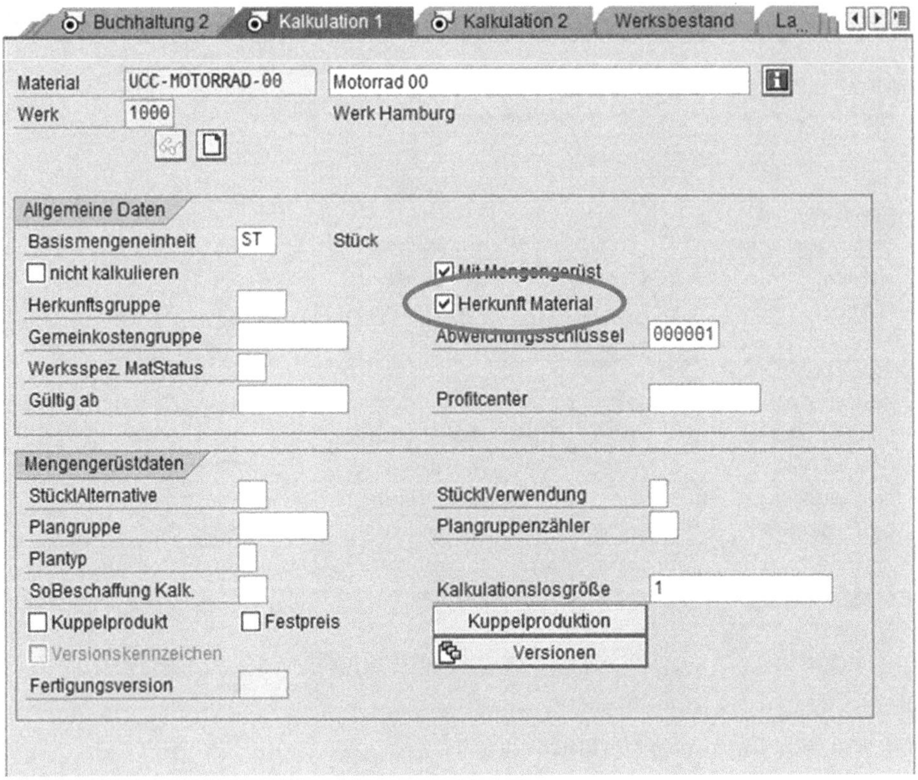

**Abb. 5.11**  Sicht *Kalkulation 1* im Materialstamm

**Abb. 5.12**  Anlegen Materialstamm mit Vorlage:
Organisationsebenen

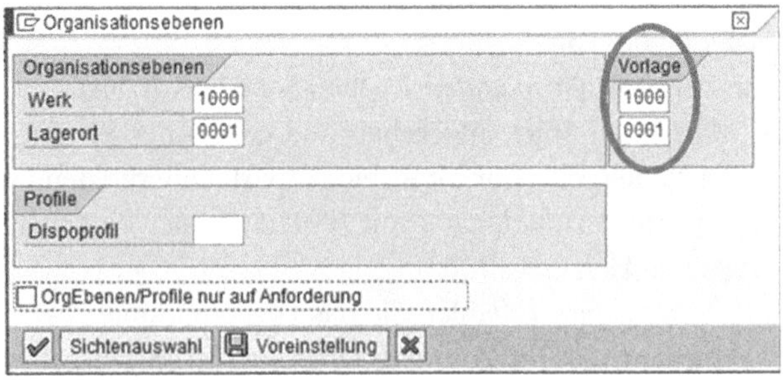

In *Buchhaltung 1* wählen Sie die Bewertungsklasse *Rohstoffe 1* [3000] und bestimmen
einen gleitenden Durchschnittspreis [V] von 349,50. In der Sicht *Kalkulation 1* selektieren
Sie wiederum den Haken *Herkunft Material*. Sichern Sie den Stammsatz des Motorblocks
anschließend. Damit sind alle notwendigen Stammdaten des ersten Rohstoffs gepflegt.
Verfahren Sie für den zweiten Rohstoff (Nockenwelle) mit den folgenden Eingaben analog:

**Transaktion MMR1**

| | |
|---|---|
| Material: | UCC-WELLE-## |
| Branche: | Maschinenbau |
| Sichten: | *Grunddaten 1 und 2* |
| | *Einkauf* |
| | *Disposition 1 bis 4* |
| | *Buchhaltung 1* |
| | *Kalkulation 1* |
| Werk: | Hamburg [1000] |
| Lagerort: | Materiallager [0001] |

Grunddaten 1

| | |
|---|---|
| Kurzbezeichnung: | Nockenwelle ## |
| Basismengeneinheit: | [ST] Stück |
| Warengruppe: | [001] Metallverarbeitung |
| Sparte: | [00] Spartenübergreifend |

Einkauf

| | |
|---|---|
| Einkäufergruppe: | [001] Dietl, B. |

Disposition 1

| | |
|---|---|
| Dispomerkmal: | [PD] Plangesteuerte Disposition |
| Disponent: | [001] DISPONENT 001 |
| Dispolosgröße: | [EX] Exakte Losgrößenberechnung |

Disposition 2

| | |
|---|---|
| Produktionslagerort: | [0001] Materiallager |
| FremdBeschLagerort: | [0001] Materiallager |
| Retrogr. Entnahme: | [1] Grundsätzlich retrograd entnehmen |
| Planlieferzeit: | 2 Tage |
| Horizontschlüssel: | [000] |

Disposition 3

| | |
|---|---|
| Verfügbarkeitsprüf.: | [01] Tagesbedarf |

Buchhaltung 1

| | |
|---|---|
| Bewertungsklasse: | [3000] Rohstoffe 1 |
| Preissteuerung: | [V] Gleitender Durchschnittspreis |
| Gleitender Preis: | 89,95 |

Kalkulation 1

Haken bei *Herkunft Material* setzen.

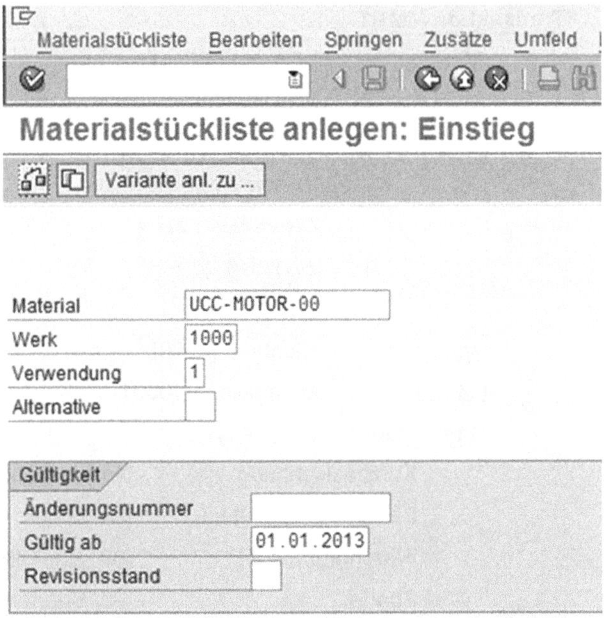

**Abb. 5.13** Einstieg *Stückliste*
*anlegen*

Sichern Sie den Materialstammsatz und kehren Sie anschließend zum Einstiegsmenü zurück.

### 5.3.1.5   Anlegen der Stücklisten für den Motor und das Motorrad
###            im Werk 1000

Wählen Sie im SAP Easy Access Menü den Pfad *Logistik → Produktion → Stammdaten →*
*Stücklisten → Stückliste → Materialstückliste → Anlegen* (Transaktion: CS01, siehe Abb. 5.13).
Die Stückliste soll für den Motor UCC-MOTOR-## (nicht UCC-WELLE-##!) im Werk
[1000] zur Verwendung in der Fertigung [1] angelegt werden. Sie ist ab *1. Januar des ak-*
*tuellen Geschäftsjahres* gültig. Drücken Sie *ENTER*. Als erste Komponente der Stückliste
(Position 0010) tragen Sie in der Spalte *Positionstyp* (PTp) [L] für *Lagerposition* und die
Materialnummer Ihres Motorblocks (UCC-BLOCK-##) ein. Es wird 1 Stück benötigt.
Pflegen Sie in der zweiten Zeile (0020) analog Ihre Nockenwelle und sichern Sie anschließend (siehe Abb. 5.14).

Analog legen Sie die Stückliste für das Motorrad UCC-MOTORRAD-## zur Verwen-
dung in der Fertigung an. Tragen Sie Ihren Motor (UCC-MOTOR-##) und Ihren Rahmen
(UCC-RAHMEN-##) als Komponenten zu je 1 Stück ein. Beide Positionen sind wiederum
*Lagerpositionen*. Sichern Sie die Stückliste.

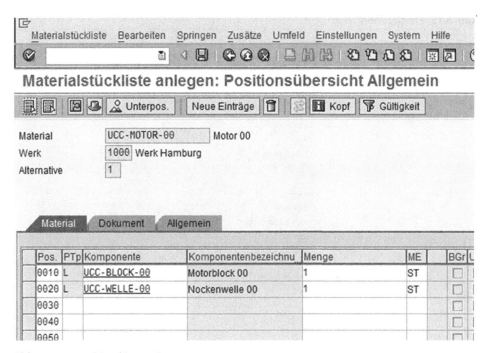

**Abb. 5.14** Detail Stückliste anlegen

Um sich vom Erfolg der Stücklistenerstellung zu überzeugen, wählen Sie im Einstiegsmenü den Pfad *Logistik → Produktion → Stammdaten → Stücklisten → Auswertungen → Stücklistenauflösung → Materialstückliste → Struktur mehrstufig* (Transaktion: CS12). Geben Sie dann das Kopfmaterial der Stückliste (UCC-MOTORRAD-##), das Werk [1000] und als Anwendung *Fertigung allgemein* [PP01] ein. Wählen Sie nun *Bearbeiten → Sicht* (alternativ F5). Selektieren Sie in der Feldgruppe *Darstellung* den Haken bei *Variable Liste* und klicken Sie auf *Ausführen* (F8). Sie sehen die Stücklistenstruktur in Textform. Eine anschauliche Darstellung erhalten Sie über den Menüeintrag *Springen → Grafik* (F5). Die Darstellung sollte nun der Erzeugnisstruktur in Abb. 5.1 entsprechen.

Mit der Transaktion CS03 können Sie sich Ihre Stücklistenstammdaten erneut anzeigen lassen und gegebenenfalls mit CS02 ändern.

### 5.3.1.6 Anlegen der Arbeitspläne für den Motor und das Motorrad im Werk 1000

Zunächst soll der Arbeitsplan für den Motor angelegt werden. Die notwendige Transaktion erreichen Sie im Navigationsbaum über den Pfad *Logistik → Produktion → Stammdaten → Arbeitspläne → Arbeitspläne → Normalarbeitspläne → Anlegen* (Transaktion: CA01, siehe Abb. 5.15). Geben Sie Ihr Material UCC-MOTOR-## und das Werk in Hamburg an.

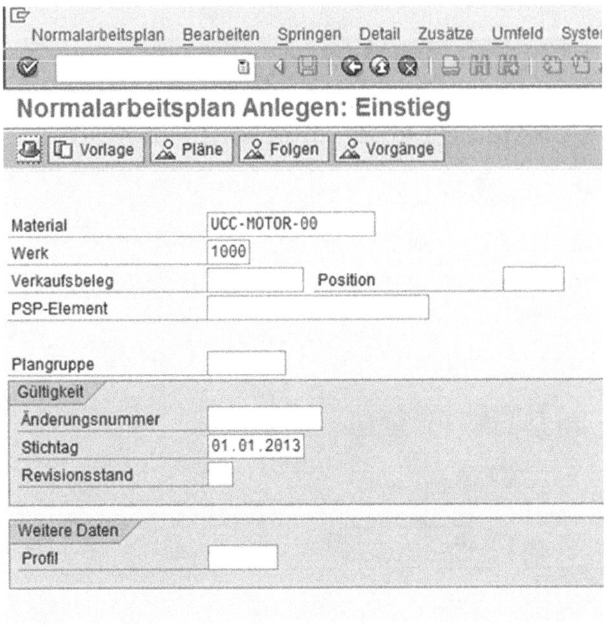

**Abb. 5.15** Einstieg *Arbeitsplan anlegen*

Als Stichtag ist der 1. Januar des aktuellen Geschäftsjahres einzutragen. Danach bestätigen Sie mit *ENTER*.

Der Arbeitsplan wird für die *Fertigung* [1] verwendet und erhält den Status *Freigegeben allgemein* [4] (siehe Abb. 5.16). Klicken Sie anschließend auf den Druckknopf *Vorgänge* (alternativ F7). Sie gelangen in eine noch leere Sicht zum Anlegen des Arbeitsplans. Dem Vorgang 0010 ist der Arbeitsplatz [1410] *Montage III* zuzuordnen und als Steuerschlüssel [PP01] *Eigenfertigung* anzugeben (siehe Abb. 5.17 und 5.18).

Tragen Sie als Vorlagenschlüssel [P000001] *Bereitstellen Material* ein und fahren Sie mit *ENTER* fort. Klicken Sie nun doppelt auf das Feld *Beschreibung* in der bearbeiteten Zeile. Im dann erscheinenden Bild *Vorgangsdetail* (siehe Abb. 5.19) geben Sie für die Rüstzeit einen Wert von *8 min* an. Überschreiben Sie gegebenenfalls den Vorgabewert für die Leistungsart mit [1422] *Rüststunden*. Tragen Sie dann eine Personalzeit von *15 min* (Leistungsart [1421]) ein. Kehren Sie zurück zur Vorgangsübersicht (Druckknopf *Zurück* auf der Systemfunktionsleiste).

Dem Vorgang 0020 ist ebenfalls der Arbeitsplatz [1410] *Montage III* zuzuordnen und als Steuerschlüssel [PP01] *Eigenfertigung* anzugeben. Da für diesen Vorgang keine Vorlage existiert, bleibt das Feld *Vorlagenschlüssel* frei. Dafür tragen Sie *Montage Motor* in der Spalte *Beschreibung* ein. Klicken Sie dann wiederum doppelt auf die gerade bearbeitete Zeile. Im nun erscheinenden Bild *Vorgangsdetail* geben Sie als Vorgabewert für die Maschinenzeit (Leistungsart [1420]) *120 min* und für die Personalzeit (Leistungsart [1421]) *135 min* an. Kehren Sie dann zurück zur Vorgangsübersicht.

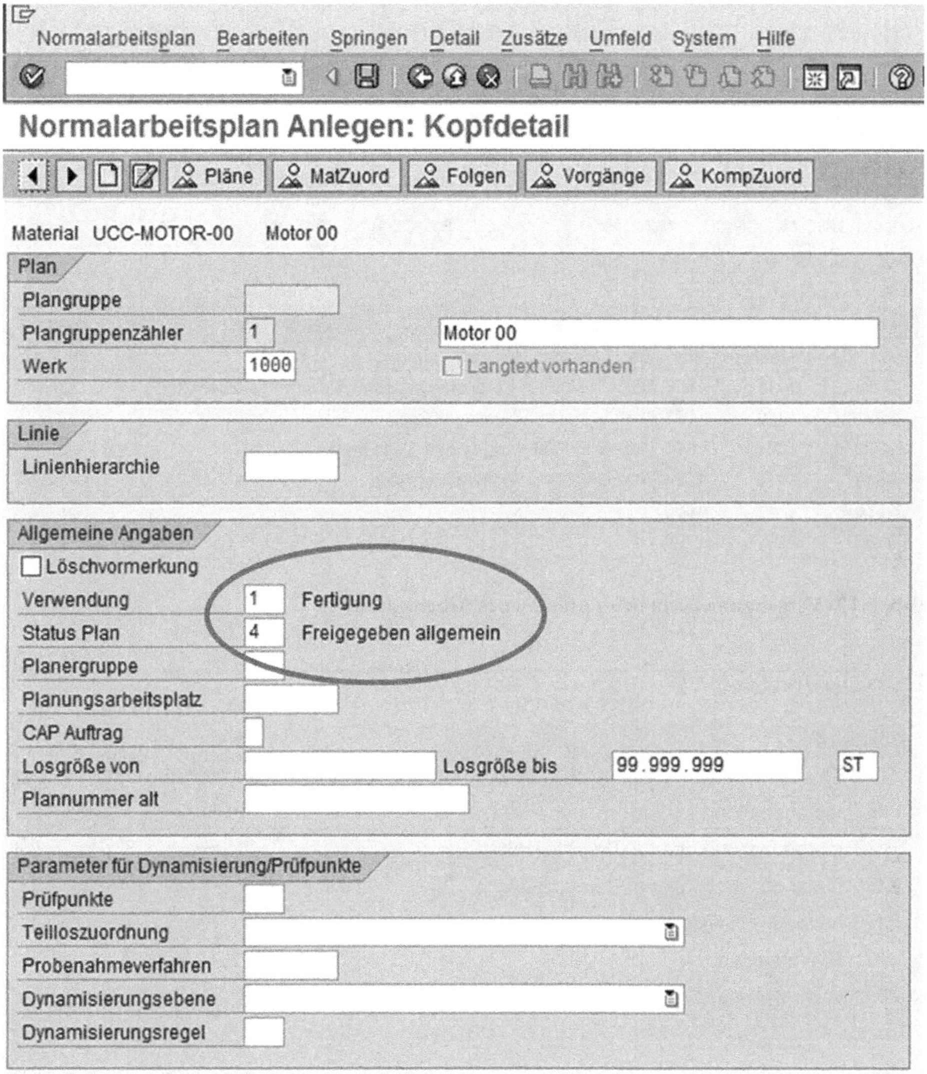
Normalarbeitsplan Bearbeiten Springen Detail Zusätze Umfeld System Hilfe
Normalarbeitsplan Anlegen: Kopfdetail
Pläne MatZuord Folgen Vorgänge KompZuord
Material UCC-MOTOR-00 Motor 00
Plan
Plangruppe
Plangruppenzähler 1
Motor 00
Werk 1000
Langtext vorhanden
Linie
Linienhierarchie
Allgemeine Angaben
Löschvormerkung
Verwendung 1 Fertigung
Status Plan 4 Freigegeben allgemein
Planergruppe
Planungsarbeitsplatz
CAP Auftrag
Losgröße von
Losgröße bis 99.999.999 ST
Plannummer alt
Parameter für Dynamisierung/Prüfpunkte
Prüfpunkte
Teilloszuordnung
Probenahmeverfahren
Dynamisierungsebene
Dynamisierungsregel

**Abb. 5.16** Detail Arbeitsplan anlegen

Vorgang 0030 wird am Arbeitsplatz [1420] *Montage IV* bearbeitet. Als Steuerschlüssel ist erneut [PP01] *Eigenfertigung* anzugeben. Finden Sie mit der F4-Wertehilfe den Vorlagenschlüssel für *Lagerspiel Welle prüfen*. Wählen Sie danach *ENTER*. Navigieren Sie durch Doppelklick auf das Feld *Beschreibung* erneut in die Vorgangsdetailsicht. Hinterlegen Sie hier eine Rüstzeit von *10 min* (Leistungsart [1422]) und eine Personalzeit von *15 min* (Leistungsart [1421]). Kehren Sie zurück zur Vorgangsübersicht.

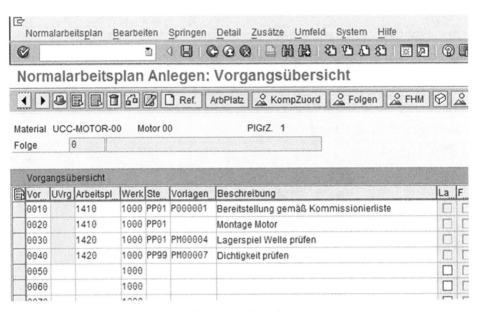

**Abb. 5.17**  Vorgangsübersicht beim Anlegen des Arbeitsplans

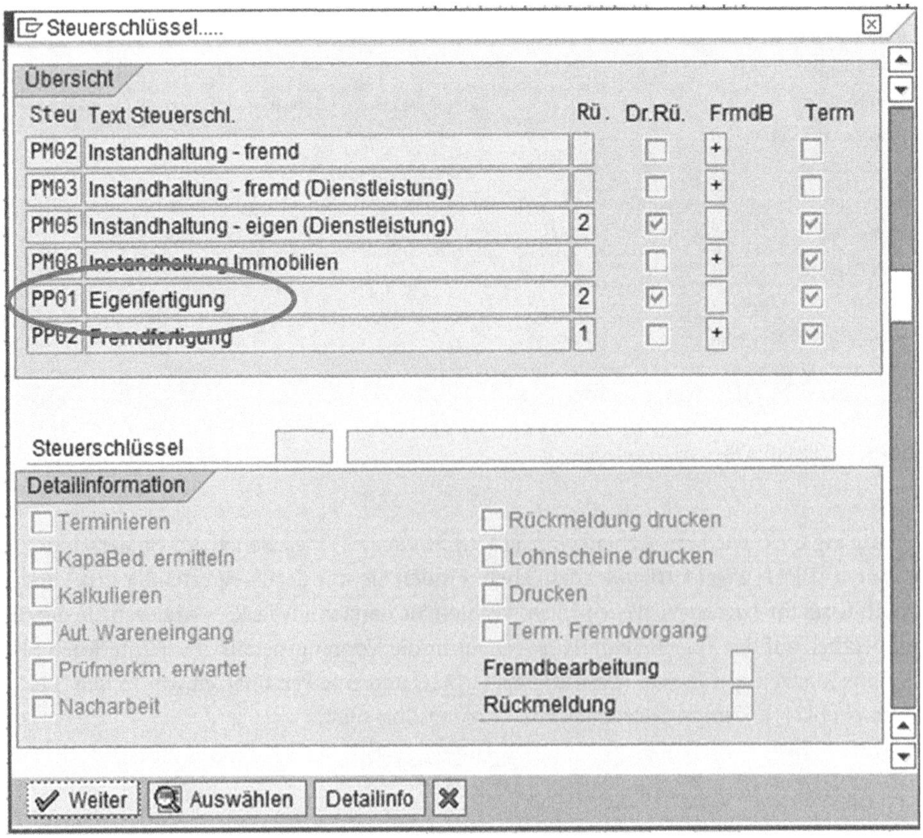

**Abb. 5.18**  Auswahl eines Steuerschlüssels für den Arbeitsplan

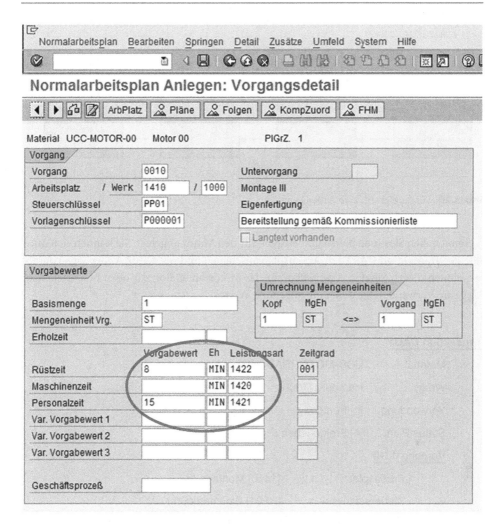

**Abb. 5.19** Vorgangsdetails im Arbeitsplan

Vorgang 0040 beansprucht Arbeitsplatz [1420] *Montage IV*. Als Steuerschlüssel ist hier [PP99] *Eigenfertigung Meilenstein mit WE* anzugeben. Dadurch ist der Vorgang als Meilenstein gekennzeichnet und bewirkt nach der Produktion eine automatische Wareneingangsbuchung ins Lager. Als Vorlagenschlüssel tragen Sie [PM00007] *Dichtigkeit prüfen* ein. Wählen Sie ENTER. Doppelklicken Sie die Zeile und hinterlegen Sie eine Personalzeit von *10 min*. Kehren Sie danach zurück zur Vorgangsübersicht.

Abschließend können Sie durch Betätigen des Druckknopfs *Vorgangsgrafik* (rechts auf der Anwendungsfunktionsleiste) eine grafische Darstellung Ihres Arbeitsplanes anzeigen lassen (siehe Abb. 5.20). Kehren Sie zurück in die Vorgangsübersicht und sichern Sie anschließend Ihren Arbeitsplan.

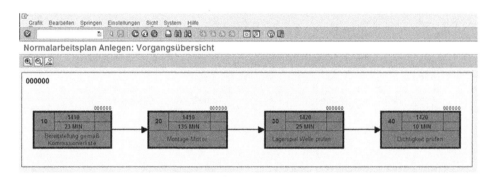

**Abb. 5.20** Vorgangsgrafik zum Arbeitsplan

Somit haben Sie einen Normalarbeitsplan für den Motor angelegt. Sie können sich mithilfe der Transaktion CA03 den Arbeitsplan anschauen und mit CA02 Änderungen daran vornehmen. Legen Sie den Arbeitsplan für das Motorrad analog zur oben beschriebenen Pflege an. Verwenden Sie dabei die folgenden Werte:

**Transaktion CAO1**

Material:        UCC-MOTORRAD-##

Werk:           Hamburg [1000]

Verwendung:     [1] Fertigung

Status Plan:    [4] Freigegeben allgemein

Vorgang 0010

    Arbeitsplatz:           [1410] Montage III

    Steuerschlüssel:        [PP01] Eigenfertigung

    Vorlagenschlüssel:      [P000001] Bereitstellung Material

    Rüstzeit:               [1422] 18 Minuten

    Personalzeit:           [1421] 25 Minuten

Vorgang 0020

    Arbeitsplatz:           [1420] Montage IV

    Steuerschlüssel:        [PP99] Eigenfertigung Meilenstein mit WE

    Vorlagenschlüssel:      Montage Motorrad

    Rüstzeit:               [1422] 10 Minuten

    Maschinenzeit:          [1420] 155 Minuten

    Personalzeit:           [1421] 205 Minuten

**Abb. 5.21** Einstieg Materialstamm im Werk 1100 anlegen

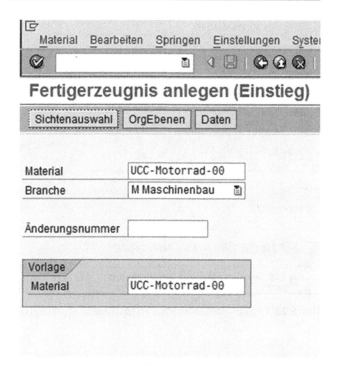

Sichern Sie den Arbeitsplan und kehren Sie anschließend zum Einstiegsmenü zurück. An dieser Stelle werden in der PP-Fallstudie der SAP-Hochschulkompetenzzentren eine Preiskalkulation sowie Preisfortschreibung für das Material UCC-MOTORRAD-## durchgeführt und anschließend ein Fertigungsauftrag mit entsprechenden Warenbewegungen angelegt sowie endrückgemeldet. Diese Bearbeitungsschritte sind für die folgenden Übungen in diesem Buch nicht relevant und werden daher nicht wiedergegeben.

### 5.3.1.7 Anlegen der Materialstämme für die Werke 1100 und 1200

Wie schon in Abschn. 5.1 beschrieben wurde, soll ein Supply Network aus den Werken 1000, 1100 und 1200 konfiguriert werden. Das Material UCC-MOTOR-## soll nur im Werk 1000 hergestellt und dann an die Werke 1100 sowie 1200 geliefert werden, wo lediglich das Endprodukt UCC-MOTORRAD-## montiert wird. Somit werden in den Werken 1100 und 1200 die Materialstämme UCC-MOTORRAD-##, UCC-MOTOR-## und UCC-RAHMEN-## benötigt.

Zum Anlegen des Materialstammsatzes für das Fertigprodukt UCC-MOTORRAD-## im Werk 1100 wählen Sie im Navigationsbaum von SAP ERP erneut *Logistik → Materialwirtschaft → Materialstamm → Material → Anlegen speziell → Fertigerzeugnis* (Transaktionscode: MMF1, siehe Abb. 5.21). Als Material(nummer) geben Sie wiederum *UCC-MOTORRAD-##* ein, wobei Sie ## durch Ihre Benutzernummer ersetzen. Als Branche wählen Sie im betreffenden Auswahlfeld [Maschinenbau]. Als Vorlage dient nun das Material UCC-MOTORRAD-## aus dem Werk 1000. Die Referenz auf Werk 1000 kann hier jedoch noch

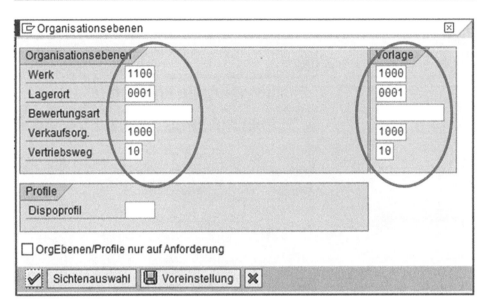

**Abb. 5.22** Organisationsebenen für Materialstamm im Werk 1100

nicht eingegeben werden. Wählen Sie zunächst *ENTER* und selektieren sie die Sichten *Grunddaten 1* und *2*, alle drei *Vertriebssichten*, alle vier *Dispositionssichten*, *Arbeitsvorbe-reitung*, *Buchhaltung 1* und *2* und *Kalkulation 1* und *2*. Weiterhin selektieren Sie *Markierte Sichten anlegen* und fahren mit *ENTER* fort.

Geben Sie im folgenden Fenster *Organisationsebenen* (siehe Abb. 5.22) auf der linken Seite das Werk Berlin [1100], das Materiallager [0001], die Verkaufsorganisation 1000 und den Vertriebsweg 10 ein. Geben Sie **unbedingt** in den Vorlagefeldern (rechts!) das Werk Hamburg [1000], das Materiallager [0001], die Verkaufsorganisation 1000 und den Ver-triebsweg 10 ein. Bestätigen Sie mit *ENTER*.

In der Sicht *Vertrieb: VerkOrg 1* muss Werk 1100 als Auslieferungswerk eingegeben wer-den (siehe Abb. 5.23). Bestätigen Sie alle weiteren Sichten mit *ENTER* und sichern Sie den Materialstamm.

**Gehen Sie für das Material UCC-MOTORRAD-## im Werk Dresden [1200] analog vor. Setzen Sie jedoch in der Sicht *Vertrieb: VerkOrg 1* das Werk 1200 als Auslieferungs-werk.**

Navigieren Sie jetzt zum Anlegen des Materials UCC-MOTOR-## im Einstiegsmenü erneut zum Knoten *Materialstamm* und wählen nun *Material → Anlegen speziell → Halb-fabrikat* (Transaktion: MMB1). Geben Sie als Materialnummer *UCC-MOTOR-##* ein. Die Branche ist auch hier [Maschinenbau]. Als Vorlage dient das Material UCC-MOTOR-## selbst. Die zu selektierenden Sichten sind *Grunddaten 1* und *2*, *Einkauf*, *Disposition 1* bis *4*,

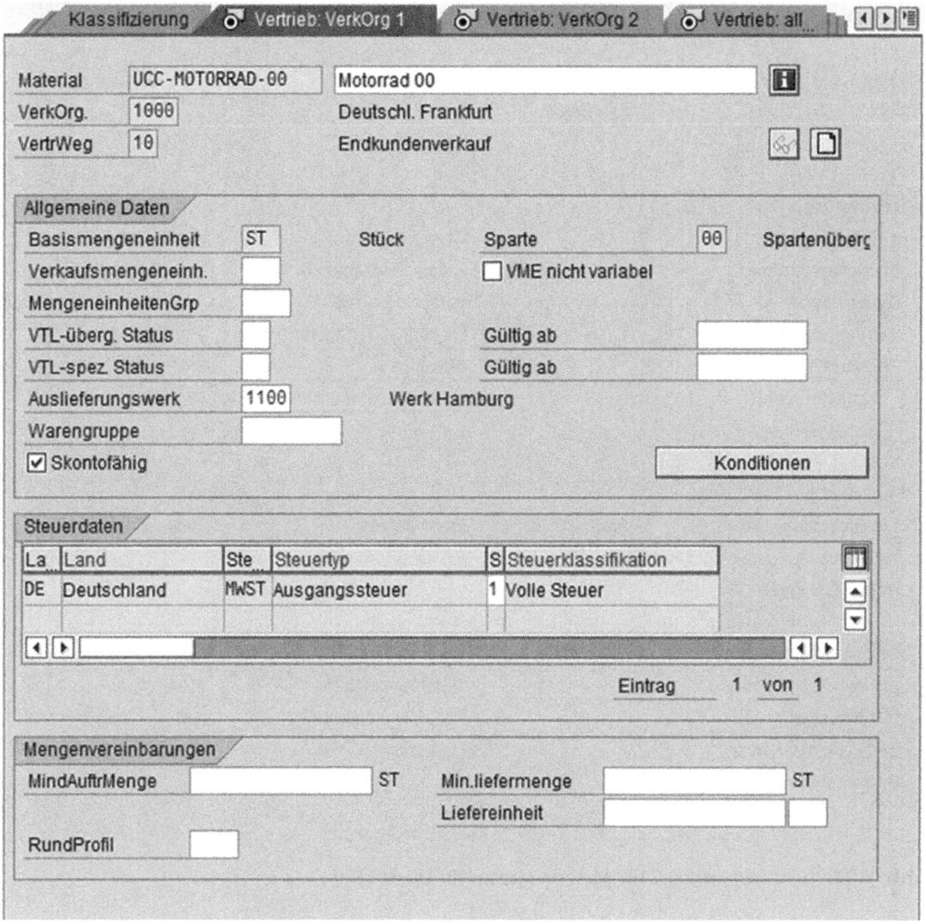

**Abb. 5.23** Sicht *Vertrieb: VerkOrg 1* für Materialstamm im Werk 1100

*Arbeitsvorbereitung, Buchhaltung 1* und *Kalkulation 1.* Überprüfen Sie, ob *Markierte Sichten anlegen* selektiert ist und bestätigen Sie mit *ENTER.*

Geben Sie im folgenden Fenster *Organisationsebenen* auf der linken Seite das Werk Berlin [1100] und das Materiallager [0001] ein. Außerdem geben Sie **unbedingt** in den Vorlagefeldern (rechts!) das Werk Hamburg [1000] und das Materiallager [0001] ein. Bestätigen Sie mit *ENTER.*

Springen Sie mit *ENTER* bis zur Sicht *Disposition 2* und setzen Sie hier die Beschaffungsart auf [F] *Fremdbeschaffung* sowie die Sonderbeschaffungsart auf [40] *Umlagerung (Beschaffung aus Werk 1000;* siehe Abb. 5.24). Tragen Sie außerdem für die Planlieferzeit 1 ein. Sehen Sie sich die anderen Sichten an und sichern Sie den Materialstamm.

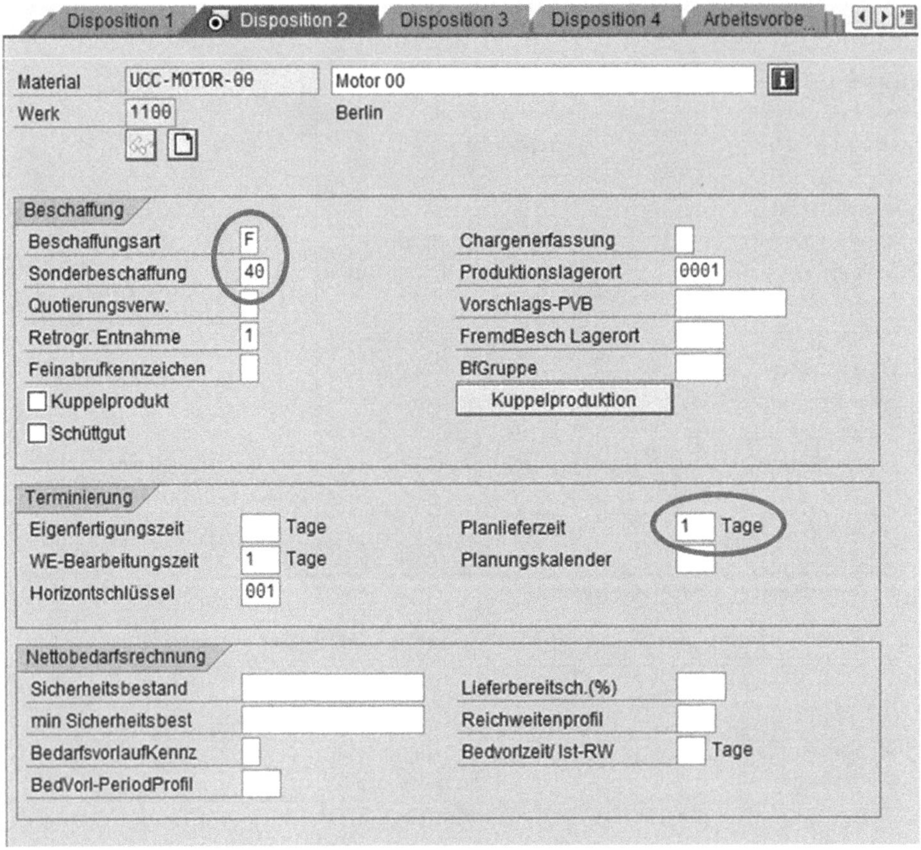

**Abb. 5.24** Sicht *Disposition 2* für Materialstamm im Werk 1100

**Verfahren Sie für das Material UCC-MOTOR-## im Werk Dresden [1200] analog.**

Anschließend muss noch das Material UCC-RAHMEN-## in den Werken 1100 und 1200 angelegt werden. Da es sich bei dem Rahmen ebenfalls um ein Halbfabrikat handelt, können Sie in derselben Transaktion (MMB1) fortfahren. Die Branche ist erneut [Maschinenbau]. Als Vorlagematerial dient wiederum das Material selbst (also UCC-RAHMEN-##). Die zu selektierenden Sichten sind *Grunddaten 1* und *2*, *Einkauf*, *Disposition 1* bis *4*, *Buchhaltung 1* und *Kalkulation 1*. Geben Sie im folgenden Fenster *Organisationsebenen* auf der linken Seite erneut das Werk Berlin [1100] und das Materiallager [0001] ein. Außerdem geben Sie **unbedingt** in den Vorlagefeldern (rechts!) das Werk Hamburg [1000] und das Materiallager [0001] ein. Bestätigen Sie mit *ENTER*.

Springen Sie mit *ENTER* durch die Sichten. Falls Sie in der Sicht *Kalkulation 1* eine Fehlermeldung zur Gemeinkostengruppe erhalten, wählen Sie eine beliebige andere der in diesem Feld angebotenen Gemeinkostengruppen. Da die Kostenrechnung für SAP APO keine Rolle spielt, ist die Einstellung für die Übungen in diesem Buch irrelevant (Abb. 5.25).

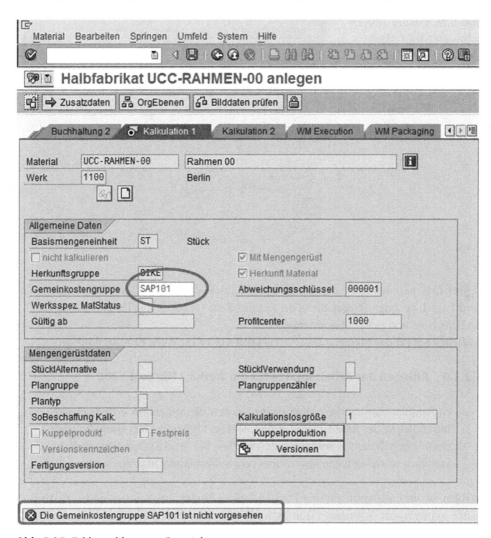

**Abb. 5.25**  Fehlermeldung zur Gemeinkostengruppe

**Verfahren Sie für das Material UCC-RAHMEN-## im Werk Dresden [1200] analog.**

### 5.3.1.8  Anlegen der Stücklisten für die Werke 1100 und 1200

Analog zur Vorgehensweise in Abschn. 5.3.1.5 werden in diesem Schritt Stücklisten für das Material UCC-MOTORRAD-## in den Werken 1100 und 1200 angelegt. Wählen Sie im Einstiegsmenü den Pfad *Logistik → Produktion → Stammdaten → Stücklisten → Stückliste → Materialstückliste → Anlegen* (Transaktion: CS01). Die Stückliste soll für das Motorrad UCC-MOTORRAD-## im Werk [1100] zur Verwendung in der Fertigung [1] angelegt werden. Sie ist ab *1. Januar des aktuellen Geschäftsjahres* gültig. Drücken Sie *ENTER*. Als erste Komponente der Stückliste (Position 0010) tragen Sie in der Spalte *Positionstyp* (PTp)

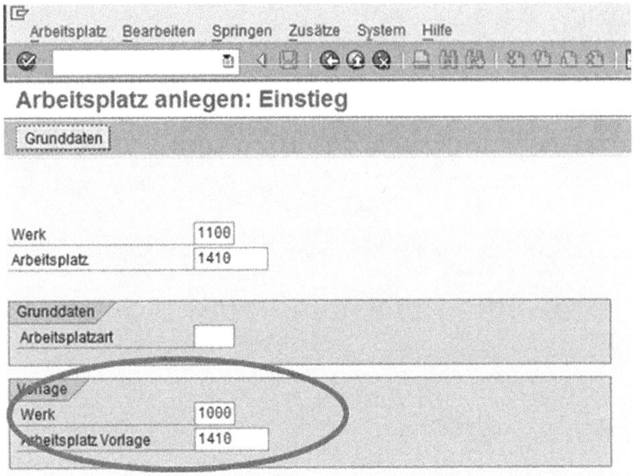

**Abb. 5.26** Einstieg Anlegen Arbeitsplatz mit Vorlage

[L] für *Lagerposition* und die Materialnummer Ihres Motors (UCC-MOTOR-##) ein. Es wird 1 Stück benötigt. Pflegen Sie in der zweiten Zeile (0020) analog Ihren Rahmen UCC-RAHMEN-## und sichern Sie anschließend.

**Gehen Sie für das Material UCC-MOTORRAD-## im Werk 1200 analog vor.**

### 5.3.1.9 Anlegen der Arbeitsplätze für die Werke 1100 und 1200

▸ Im Rahmen von Lehrveranstaltungen müssen die folgenden Arbeitsschritte zum Anlegen der Arbeitsplätze in den Werken 1100 und 1200 **einmalig** vom zuständigen Dozenten vorgenommen werden! Die Arbeitsplätze können nicht mehrfach von allen Teilnehmern einer Lehrveranstaltung angelegt werden.

Wählen Sie im Einstiegsmenü den Pfad *Logistik → Produktion → Stammdaten → Arbeitsplätze → Arbeitsplatz → Anlegen* (Transaktion: CR01, siehe Abb. 5.26). Tragen Sie das Werk Berlin [1100] und den Arbeitsplatz 1410 ein. In der Feldgruppe *Vorlage* tragen Sie das Werk Hamburg [1000] und den Arbeitsplatz 1410 ein. Bestätigen Sie mit *ENTER*. Im Bild *Vorlage kopieren* (siehe Abb. 5.27) setzen Sie nun einen Haken vor alle angebotenen Möglichkeiten zur Teilauswahl und betätigen den Druckknopf *Kopieren*. Im dann erscheinenden Bild müssen Sie lediglich sichern, um den Kopiervorgang abzuschließen.

**Gehen Sie zum Kopieren von Arbeitsplatz 1410 von Werk 1000 nach Werk 1200 analog vor.**

Sofern Sie in der Registerkarte *Grunddaten* eine Fehlermeldung zum Verantwortlichen des Arbeitsplatzes erhalten (siehe Abb. 5.28), wählen Sie einen beliebigen anderen der in diesem Feld angebotenen Verantwortlichen. Auch diese Einstellung hat für SAP APO keine Relevanz.

**Kopieren Sie auch Arbeitsplatz 1420 vom Werk 1000 nach Werk 1100 sowie vom Werk 1000 nach Werk 1200.**

**Abb. 5.27** (Arbeitsplatz-) Vorlage kopieren

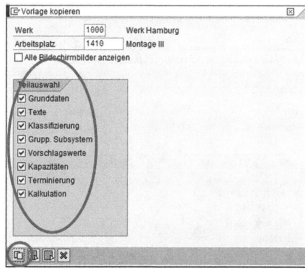

### 5.3.1.10 Anlegen der Arbeitspläne für die Werke 1100 und 1200

Auch zum Anlegen der Arbeitspläne für das Material UCC-MOTORRAD-## in den Werken 1100 und 1200 kann man auf Werk 1000 als Vorlage referenzieren. Wählen Sie den Pfad *Logistik → Produktion → Stammdaten → Arbeitspläne → Arbeitspläne → Normalarbeitspläne → Anlegen* (Transaktion: CA01). Geben Sie für das Material *UCC-MOTORRAD-##* und für das Werk *1100* ein (siehe Abb. 5.29). Betätigen Sie anschließend den Druckknopf *Vorlage* in der Anwendungsfunktionsleiste. Wählen Sie nun *Normalarbeitsplan* aus (siehe Abb. 5.30) und bestätigen Sie mit *ENTER*.

Im nächsten Bild müssen Sie die Vorlage selektieren. Geben Sie noch einmal das Material UCC-MOTORRAD-## und das Werk 1000 (auch bei *Kriterien für die Planauswahl!*) ein (siehe Abb. 5.31). Setzen Sie den Status des Arbeitsplans im nächsten Bild auf [4] *Freigegeben allgemein* (siehe Abb. 5.32), drücken Sie *ENTER* und sichern Sie.

**Gehen Sie zum Anlegen des Arbeitsplans für das Material UCC-MOTORRAD-## im Werk 1200 analog vor.**

### 5.3.1.11 Anlegen von Fertigungsversionen

Wie bereits in Abschn. 3.1 erwähnt wurde, werden in SAP APO Stücklisten und Arbeitspläne kombiniert, indem entweder Produktionsdatenstrukturen (PDS) oder alternativ Produktionsprozessmodelle (PPM) gebildet werden. Um für einen Materialstamm eine eindeutige Zuordnung einer Stückliste zu einem Arbeitsplan zu definieren, müssen sogenannte *Fertigungsversionen* gepflegt werden. Auf Basis einer Fertigungsversion kann anschließend in SAP APO ermittelt werden, welche Stückliste und welcher Arbeitsplan aus SAP ERP zu verwenden sind, um eine PDS oder einen PPM anzulegen.

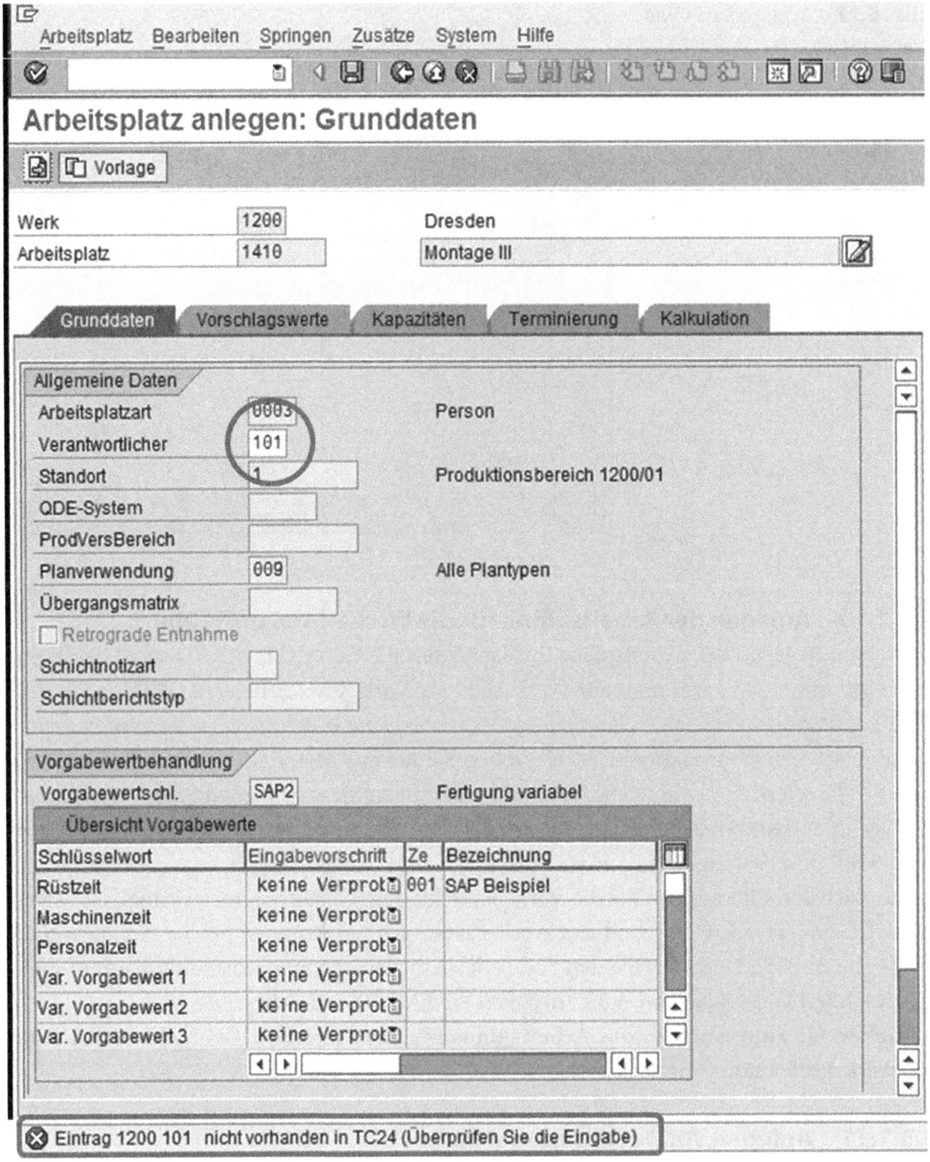

**Abb. 5.28**  Fehlermeldung zum Verantwortlichen eines Arbeitsplatzes

Rufen Sie über den Pfad *Logistik → Materialwirtschaft → Materialstamm → Material →*
*Ändern → Sofort* (Transaktion: MM02) erneut die Pflege der Materialstämme auf. Wählen
Sie zunächst den Materialstamm *UCC-MOTORRAD-##* im Werk 1000 in der Sicht *Dis-*
*position 4*. Betätigen Sie hier den Druckknopf *FertVersion* (siehe Abb. 5.33).

Vergeben Sie das Kürzel *UC##* für die Fertigungsversion und den beschreibenden Text
*FertVersion UCC-MOTORRAD-## Werk 1000* sowie für *Gültig ab* den 1. Januar des aktuel-

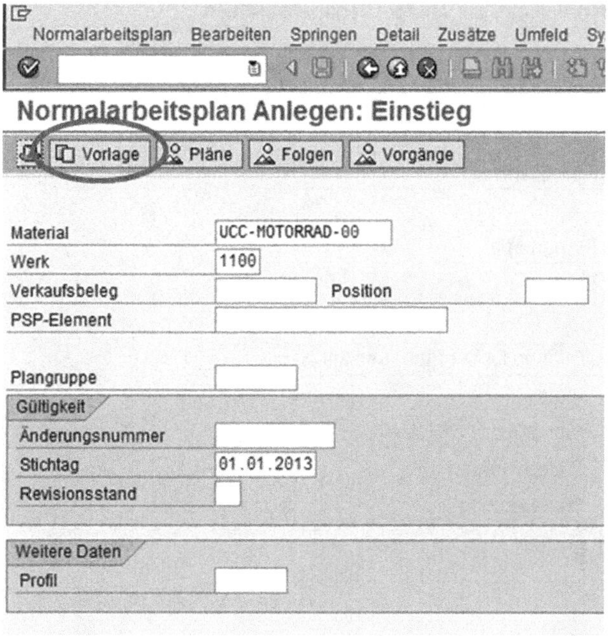

**Abb. 5.29** Einstieg Arbeitsplan
anlegen mit Vorlage

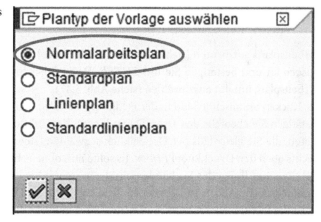

**Abb. 5.30** Auswahl der Art des
Arbeitsplans

len Jahres und für *Gültig bis* den 31.12.9999 (siehe Abb. 5.34). Betätigen Sie anschließend
den Druckknopf *Detail*.

Im Detailbild der Fertigungsversion (siehe Abb. 5.35) klicken Sie nun in der Feldgrup-
pe *Plandaten* in das Auswahlfeld des Plantyps für die Feinplanung und wählen hier [N]
*Normalarbeitsplan*. Klicken Sie dann in das Feld *Plangruppe* rechts daneben und betätigen
Sie den erscheinenden Drop-Down-Knopf, um das Selektionsbild für die Auswahl eines

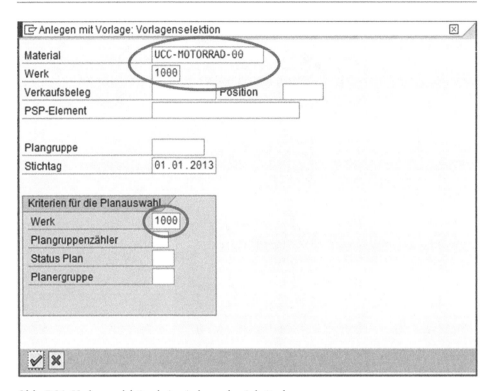

**Abb. 5.31** Vorlagenselektion beim Anlegen des Arbeitsplans

Arbeitsplans aufzurufen (siehe Abb. 5.36). Zeigen Sie hier die Registerkarte *über Material suchen* an und bestätigen Sie mit *ENTER*. Doppelklicken Sie nun auf den angebotenen Arbeitsplan, um ihn auszuwählen (siehe Abb. 5.37).

Klicken Sie anschließend in der Feldgruppe *Stückliste* in das Feld *StücklAlternative* und betätigen Sie ebenfalls den Drop-Down-Knopf. Es wird unmittelbar eine Stückliste angeboten, die Sie gleichfalls per Doppelklick auswählen (siehe Abb. 5.38). Betätigen Sie nun rechts oben den Druckknopf *Prüfen*. Es sollte nun ohne Fehlermeldungen ein Bild erscheinen, welches Ihnen das Vorhandensein der ausgewählten Stückliste und des Arbeitsplans bestätigt (siehe Abb. 5.39). Schließen Sie dieses Bild. Im Detailbild der Fertigungsversion wird die Richtigkeit der vorgenommenen Einstellungen durch zwei grüne Ampeln bestätigt. Wählen sie zweimal den Druckknopf *Weiter*, um zur Sicht *Disposition 4* im Materialstamm zurückzukehren. Sichern Sie den Materialstamm.

**Verfahren Sie für folgende Materialstämme und Werke analog, um alle erforderlichen Fertigungsversionen zu hinterlegen:**

- Material UCC-MOTORRAD-## im Werk 1100
- Material UCC-MOTORRAD-## im Werk 1200
- Material UCC-MOTOR-## im Werk 1000

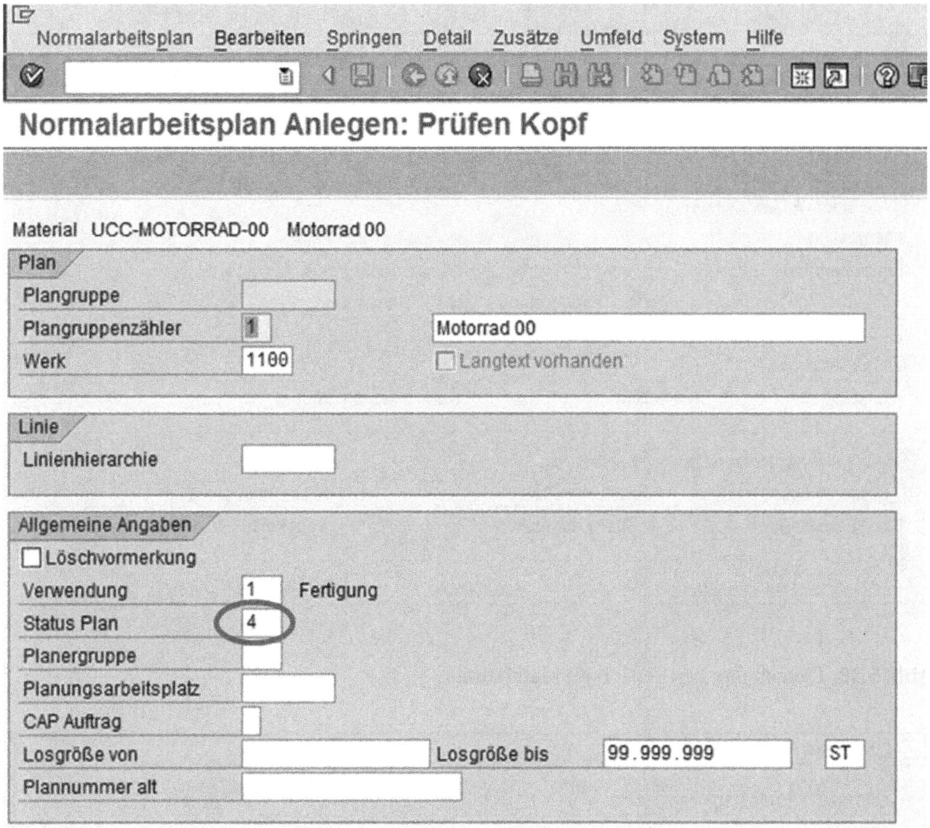

**Abb. 5.32**  Anlegen Arbeitsplan: Status setzen

### 5.3.1.12   Anlegen und Aktivieren des Integrationsmodells für die neuen Arbeitsplätze in den Werken 1100 und 1200

▶       Im Rahmen von Lehrveranstaltungen müssen die folgenden Arbeitsschritte zum Anlegen und Aktivieren eines Integrationsmodells für die Arbeitsplätze 1410 und 1420 in den Werken 1100 und 1200 **einmalig** vom zuständigen Dozenten vorgenommen werden! Dieses Integrationsmodell sollte nicht mehrfach von allen Teilnehmern einer Lehrveranstaltung angelegt werden.

Rufen Sie in SAP ERP die Transaktion CFM1 auf (Pfad *Logistik → Zentrale Funktionen → Supply-Chain-Planungsschnittstelle → Core Interface Advanced Planner and Optimizer → Integrationsmodell → Anlegen*, siehe Abb. 5.40). Nennen Sie das Modell und die APO An-

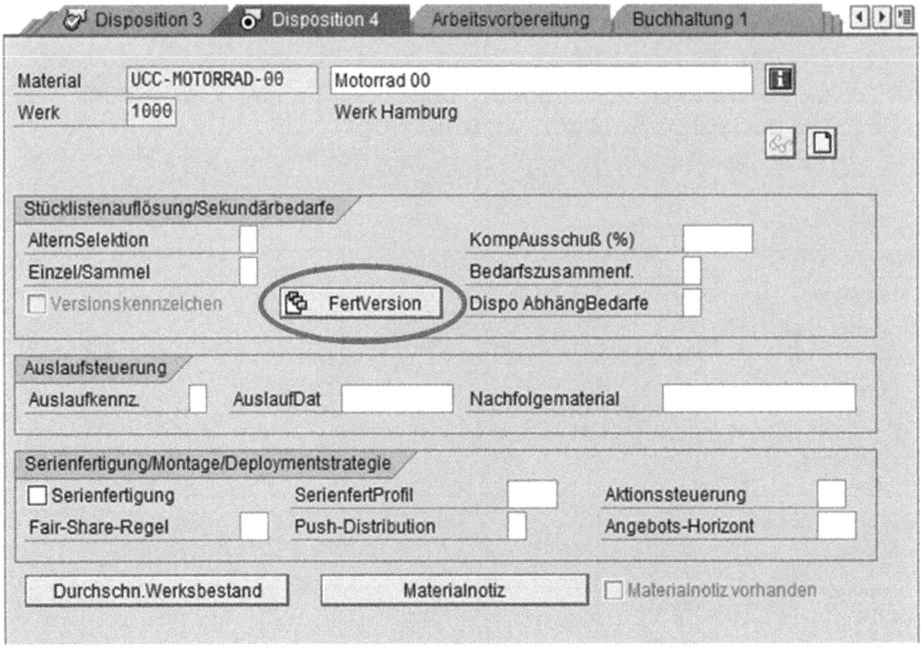

**Abb. 5.33** Druckknopf FertVersion im Materialstamm

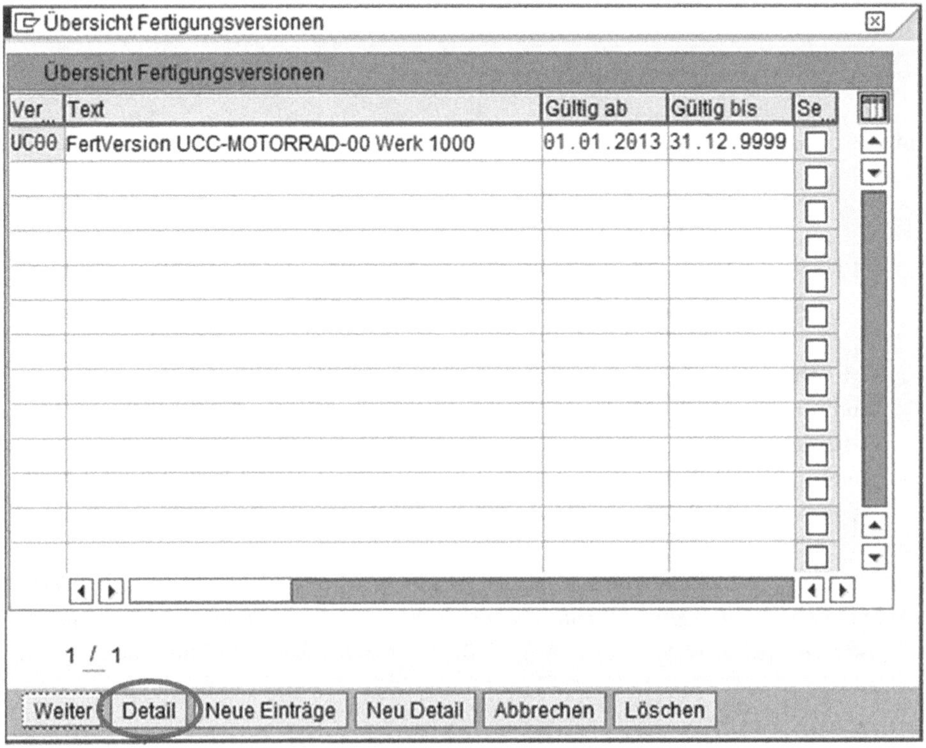

**Abb. 5.34** Benennung der anzulegenden Fertigungsversion

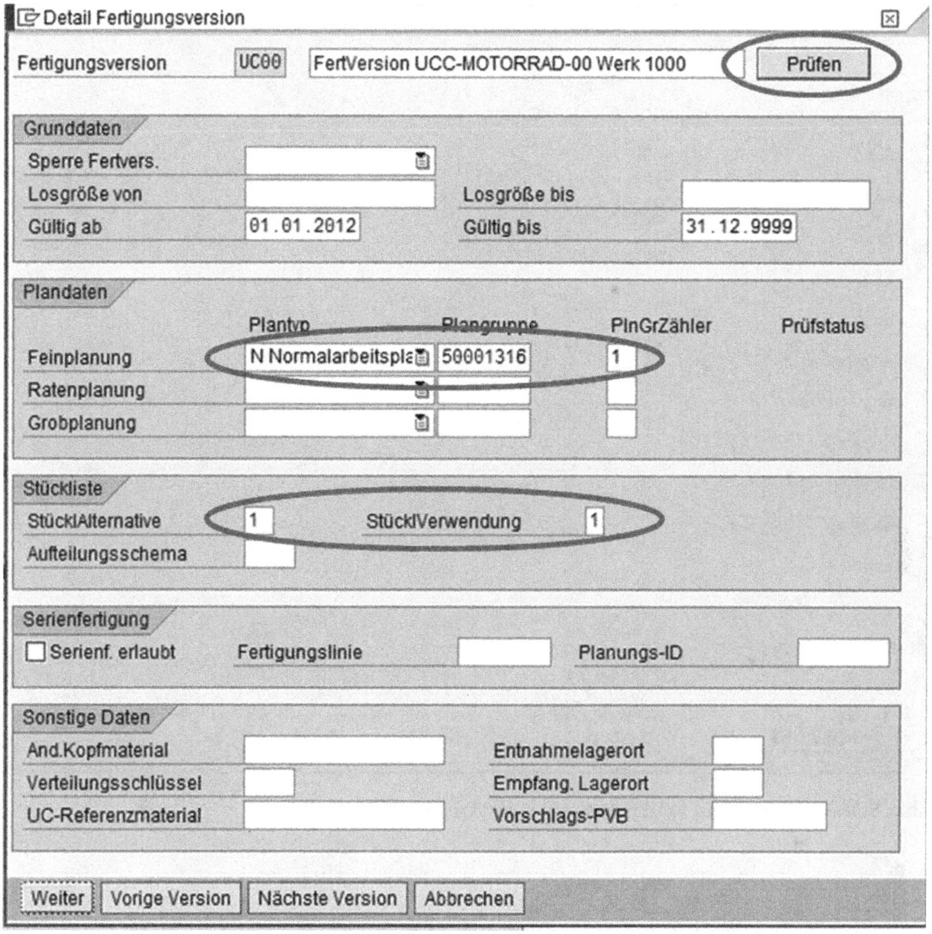

**Abb. 5.35**  Detailbild zur Fertigungsversion

wendung *UC##_ARBPL*. Selektieren Sie außerdem Ihr logisches (Ziel-) System. Das ist das SAP-SCM-System, in welches die Daten übertragen werden sollen.

Beim Anlegen von Integrationsmodellen für Arbeitsplätze ist zu beachten, dass die zugehörigen Kapazitäten nur übertragen werden, wenn auch die jeweiligen Werke im gleichen Modell enthalten sind. Setzen Sie daher in der Feldgruppe *Materialabhängige Objekte* einen Haken vor *Werke* und rufen Sie rechts in der Feldgruppe *Allgemeine Selektionsoptionen zu Materialien* die Mehrfachselektion für die Werke auf. Tragen Sie im Reiter *Einzelwerte selektieren* die Werke *1100* und *1200* ein (siehe Abb. 5.41). Bestätigen sie mit *ENTER* und wählen Sie *Ausführen*. Setzen Sie anschließend in der Feldgruppe *Materialunabhängige Objekte* einen Haken vor *Arbeitsplätze* und wählen Sie dann rechts daneben den Druckknopf *Weitere Einschränkungen*. Dadurch erscheint rechts die Feldgruppe *Ressourcen*, in

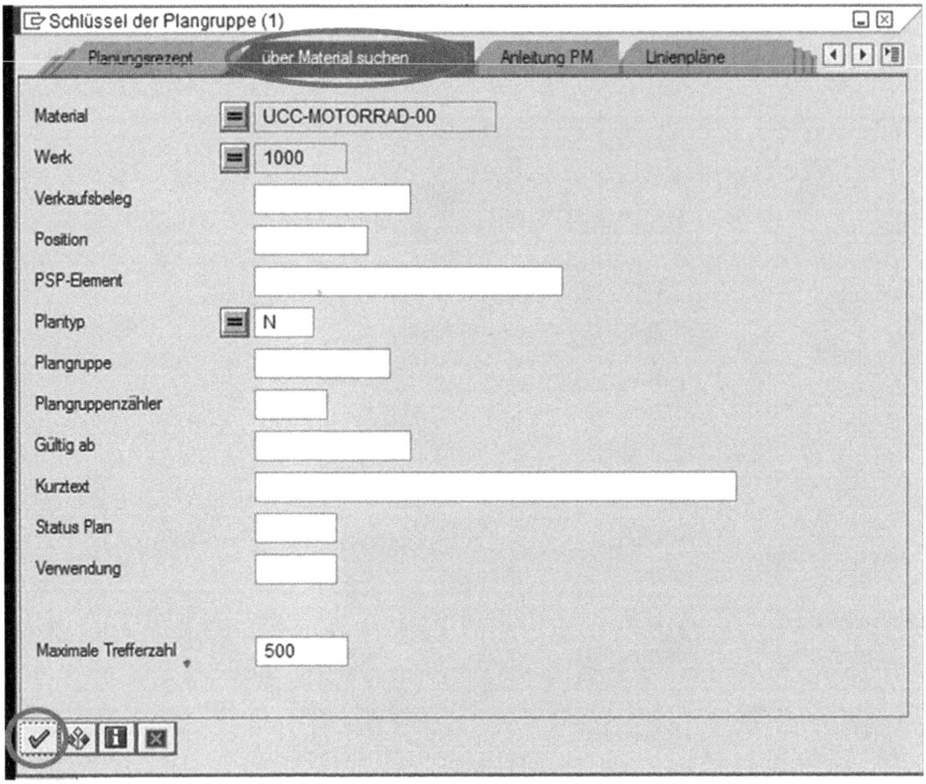

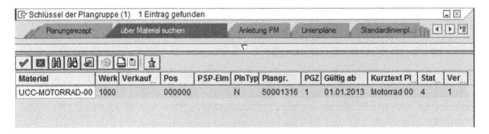

**Abb. 5.36**  Selektionsbild für die Auswahl eines Arbeitsplans

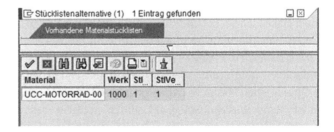

**Abb. 5.37**  Ergebnis der Selektion eines Arbeitsplans

**Abb. 5.38**  Auswahl einer
Stückliste

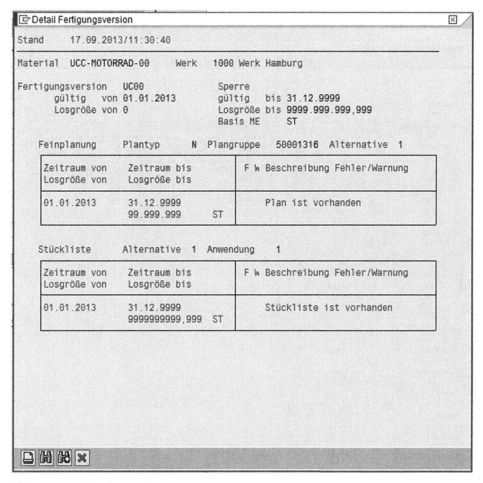

**Abb. 5.39**  Prüfung der Fertigungsversion

der Sie wiederum die Mehrfachselektion für Werke aufrufen und die Werke *1100* und *1200* eintragen (siehe Abb. 5.41). Tragen Sie außerdem in der Mehrfachselektion für die Arbeitsplätze die Einzelwerte *1410* und *1420* ein (siehe Abb. 5.42). Danach wählen sie *Ausführen*, um die Daten zu selektieren.

Es werden vier Ressourcen bzw. Arbeitsplätze (Arbeitsplätze 1410 und 1420 jeweils in den Werken 1100 und 1200) sowie die beiden Werke 1100 und 1200 selektiert (siehe Abb. 5.43). Sehen Sie sich ggf. die Details zu den selektierten Daten an, indem Sie eine Zeile markieren und den Druckknopf *Detail* betätigen. Wählen Sie dann *IM generieren*. Bestätigen sie die erscheinende Erfolgsmeldung mit *ENTER*.

Rufen Sie nun die Transaktion CFM2 auf (Pfad *Logistik → Zentrale Funktionen → Supply-Chain-Planungsschnittstelle → Core Interface Advanced Planner and Optimizer → Integrationsmodell → Aktivieren*), um das soeben generierte Modell zu aktivieren. Im Einstiegsbild sind das Modell UC##_ARBPL, das logische System und die APO Anwen-

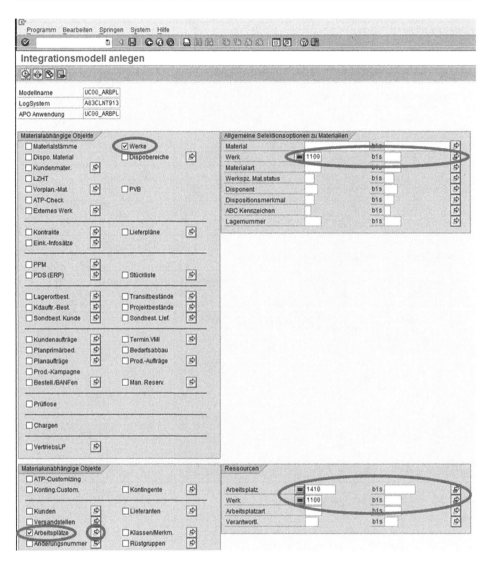

**Abb. 5.40**  Integrationsmodell für die Arbeitsplätze

**Abb. 5.41**  Integrationsmodell
für die Arbeitsplätze: Mehrfachselektion der Werke

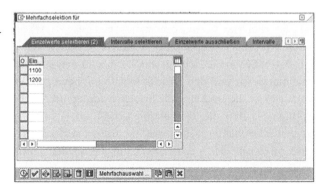

**Abb. 5.42** Integrationsmodell
für die Arbeitsplätze: Mehrfachselektion der Arbeitsplätze

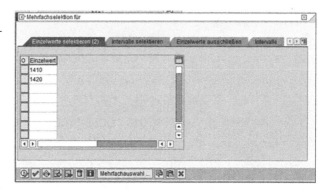

dung bereits eingetragen. Wählen Sie *Ausführen*. Doppelklicken Sie dann auf Ihr Modell,
um sich die Details anzeigen zu lassen. Sie sehen sowohl beim alten als auch beim neuen
Status ein rotes Kreuz, welches Ihnen anzeigt, dass das Modell noch nicht aktiv ist (siehe Abb. 5.44). Markieren Sie den Eintrag des generierten Modells und wählen Sie den
Druckknopf *Aktiv/Inaktiv*. Dadurch erhält der Eintrag *Status neu* ein grünes Kreuz (siehe Abb. 5.45). Um diesen neuen gewünschten Status herzustellen, betätigen Sie nun den
Druckknopf *Start*.

Die Aktivierung kann etwas Zeit in Anspruch nehmen. Links unten erhalten Sie Statusmeldungen über den Fortschritt der Aktivierung. Nach Abschluss der Aktivierung erhalten Sie in einer Meldung die Möglichkeit, ein Anwendungslog mit Protokolleinträgen
zur Aktivierung einzusehen. Wenn Sie das Anwendungslog nicht einsehen wollen, wählen
Sie hier *Nein*, wodurch Sie eine Erfolgsmeldung erhalten, die Sie mit *ENTER* bestätigen.
Dadurch wechselt der Eintrag bei *Alter Status* auf einen grünen Haken. Das Modell wurde
erfolgreich aktiviert.

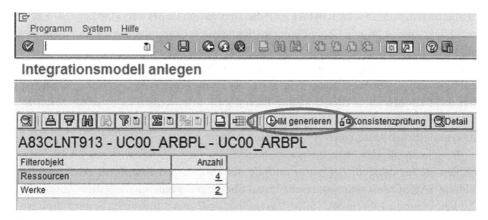

**Abb. 5.43** Integrationsmodell für die Arbeitsplätze: Selektionsergebnis

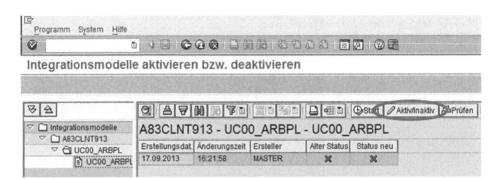

**Abb. 5.44** Integrationsmodell für die Arbeitsplätze: Detailbild zur Aktivierung (1)

**Abb. 5.45** Integrationsmodell für die Arbeitsplätze: Detailbild zur Aktivierung (2)

### 5.3.1.13  Anlegen und Aktivieren der weiteren Integrationsmodelle

Nachdem alle notwendigen Stammdaten in SAP ERP angelegt wurden, können Sie nun die Integrationsmodelle erzeugen, um Ihre Daten über das CIF an SAP SCM bzw. SAP APO zu übertragen. Rufen Sie dazu in SAP ERP die Transaktion CFM1 auf (Pfad *Logistik → Zentrale Funktionen → Supply-Chain-Planungsschnittstelle → Core Interface Advanced Planner and Optimizer → Integrationsmodell → Anlegen*, siehe Abb. 5.46).

Bei der Übertragung der Stammdaten an SAP APO muss auf eine korrekte Reihenfolge geachtet werden. Zunächst müssen die Materialstämme an SAP APO übertragen werden. Erst dann können alle weiteren Stammdaten übermittelt werden, da diese die Materialstämme als Basis benötigen. Das Anlegen von PDSen und PPMen ist erst möglich, wenn die erforderlichen Materialien zur Verfügung stehen.

Bezeichnen Sie das erste Integrationsmodell im Feld *Modellname* mit *UC##_MAT*. Wählen Sie für das Feld *LogSystem* mithilfe des Drop-Down-Knopfs im erscheinenden Bild das SAP-SCM-System, an das die Daten übertragen werden sollen (siehe Abb. 5.47). Die Verbindung zu Ihrem SAP-SCM-System muss ggf. erst durch einen Systemadministrator hergestellt werden. Vergeben Sie für die APO-Anwendung ebenfalls die Bezeichnung

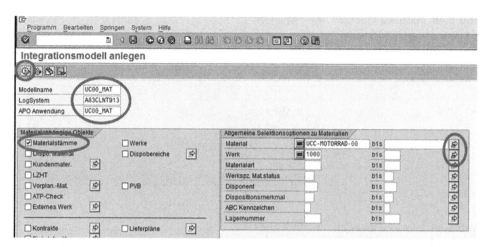

**Abb. 5.46**  Integrationsmodell für Materialstämme anlegen

**Abb. 5.47**  Auswahl des logischen Systems

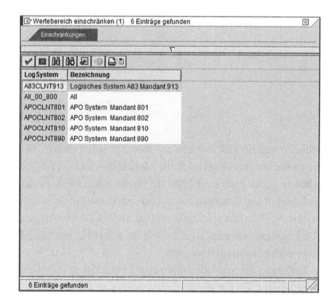

*UC##_MAT.* Mithilfe der APO-Anwendung können die Daten bei Bedarf zusätzlich geordnet und kategorisiert werden.

Setzen sie in der Feldgruppe *Materialabhängige Objekte* einen Haken vor *Materialstämme* (siehe Abb. 5.46). Betätigen sie nun rechts in der Feldgruppe *Allgemeine Selektionsoptionen zu Materialien* den Druckknopf *Mehrfachselektion* rechts neben den Auswahlfeldern für das Material. Es erscheint ein Bild zur Mehrfachselektion, in dem Sie auf dem Reiter *Einzelwerte selektieren* Ihre fünf Materialien UCC-MOTORRAD-##, UCC-MOTOR-##, UCC-RAHMEN-##, UCC-WELLE-## und UCC-BLOCK-## eintragen (siehe Abb. 5.48).

**Abb. 5.48** Materialien für das
Integrationsmodell selektieren

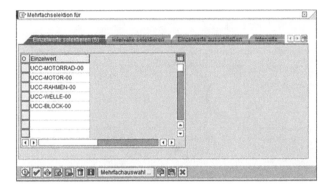

**Abb. 5.49** Werke für die Selektion der Materialien

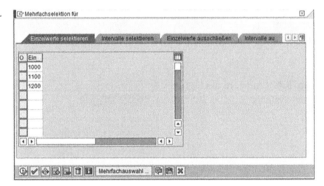

Mithilfe von *ENTER* können Sie Ihre Eingaben prüfen. Wählen Sie dann *Ausführen* (F8).
Rufen Sie anschließend auch die Mehrfachselektion für Werke auf und tragen Sie die Einzelwerte *1000*, *1100* und *1200* ein (siehe Abb. 5.49). Betätigen Sie dann ebenfalls *ENTER*
und *Ausführen*. Beachten Sie, dass durch diese Einstellungen die vorgegebenen Materialien
in den drei Werken selektiert und an SAP SCM übertragen werden. Da Sie in einem SAP-
IDES-System arbeiten, sind die Werke selbst bereits in SAP SCM vorhanden und müssen
nicht mehr übertragen werden.

Betätigen Sie nun links oben den Druckknopf *Ausführen*, um die Generierung des Integrationsmodell für die Materialstämme zu starten. Sie erhalten nun zunächst ein Ergebnisbild für die Datenselektion (siehe Abb. 5.50). Das Modell wurde noch nicht generiert,
aber es wurden 11 Materialstämme selektiert. Sie können sich die einzelnen selektierten
Materialstämme anzeigen lassen, indem Sie die Ergebniszeile markieren und dann den
Druckknopf *Detail* betätigen (siehe Abb. 5.51). Prüfen Sie, ob alle Materialstämme korrekt
selektiert wurden und gehen Sie zurück zum Ergebnisbild der Datenselektion. Betätigen
Sie hier nun den Druckknopf *IM generieren*. Es erscheint eine Informationsmeldung, die
Sie mit *ENTER* bestätigen (siehe Abb. 5.52).

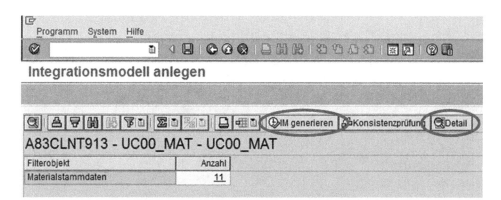

**Abb. 5.50**  Integrationsmodell für die Materialien: Selektionsergebnis

**Abb. 5.51**  Integrationsmodell
für die Materialien: Selektionsergebnis Detail

**Abb. 5.52**  Integrationsmodell für die Materialien:
Informationsmeldung

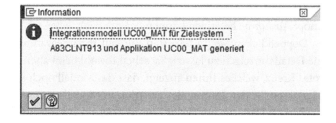

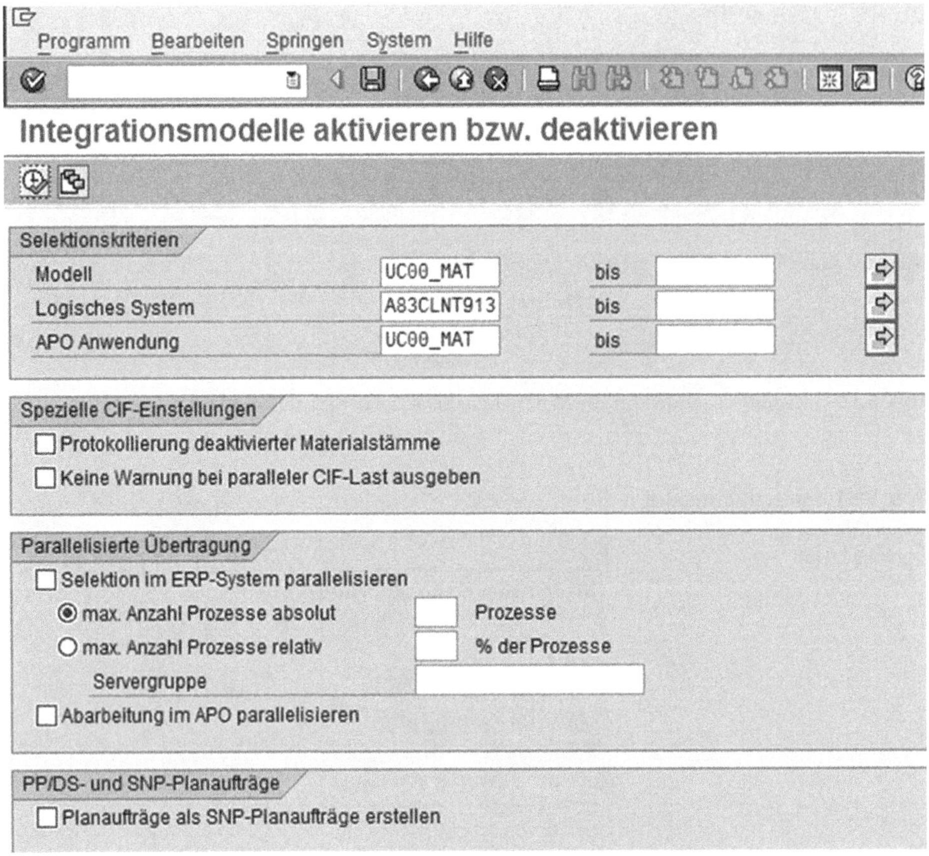

**Abb. 5.53** Integrationsmodell für die Materialien: Einstieg zur Aktivierung

Gehen Sie jetzt zurück zum Navigationsbaum und rufen Sie die Transaktion CFM2 auf (Pfad *Logistik → Zentrale Funktionen → Supply-Chain-Planungsschnittstelle → Core Interface Advanced Planner and Optimizer → Integrationsmodell → Aktivieren,* siehe Abb. 5.53). Das Integrationsmodell wurde generiert und muss nun noch aktiviert werden, um die Übertragung der Daten endgültig zu veranlassen. Die Angaben zu Ihrem Modell, zum logischen System und zur APO Anwendung sollten bereits eingetragen sein, so dass Sie den Druckknopf *Ausführen* betätigen können.

Doppelklicken Sie im nächsten Bild auf Ihr Integrationsmodell *UC##_MAT,* um sich die Details anzeigen zu lassen. Sie sehen sowohl beim alten als auch beim neuen Status ein rotes Kreuz, welches Ihnen anzeigt, dass das Modell noch nicht aktiv ist (siehe Abb. 5.54). Markieren Sie den Eintrag des generierten Modells und wählen Sie den Druckknopf *Aktiv/Inaktiv.* Dadurch erhält der Eintrag *Status neu* ein grünes Kreuz (siehe Abb. 5.55). Um diesen neuen gewünschten Status herzustellen, betätigen Sie nun den Druckknopf *Start.*

Die Aktivierung kann etwas Zeit in Anspruch nehmen. Links unten erhalten Sie Statusmeldungen über den Fortschritt der Aktivierung. Nach Abschluss der Aktivierung erhalten Sie in einer Meldung die Möglichkeit, ein Anwendungslog mit Protokolleinträgen zur

**Abb. 5.54** Integrationsmodell für die Materialien: Detailbild zur Aktivierung

**Abb. 5.55** Integrationsmodell für die Materialien: Neuer Status

**Abb. 5.56** Meldung zum Verzweigen in ein Anwendungslog

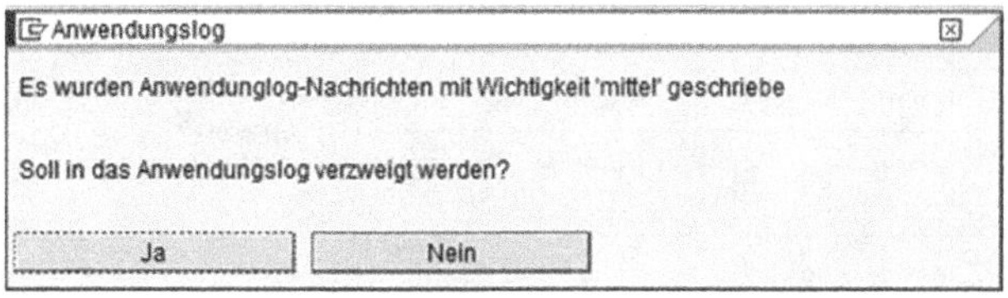

Aktivierung einzusehen (siehe Abb. 5.56). Wenn Sie das Anwendungslog nicht einsehen
wollen, wählen Sie hier *Nein*, wodurch Sie eine Erfolgsmeldung erhalten, die Sie mit *EN-
TER* bestätigen (siehe Abb. 5.57). Dadurch wechselt der Eintrag bei *Alter Status* auf ein
grünes Kreuz.

Verlassen Sie die Transaktion, indem Sie zurück zum Navigationsbaum wechseln.

Im nächsten Schritt generieren und aktivieren Sie das Integrationsmodell für die PDSen
im Bereich *Production Planning/Detailed Scheduling* (PP/DS) und die Bewegungsdaten.

**Abb. 5.57** Integrationsmodell
für die Materialien: Erfolgsmeldung für die Aktivierung

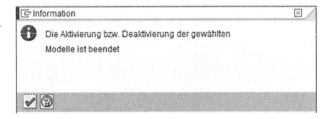

Rufen Sie erneut die Transaktion CFM1 auf (Pfad *Logistik → Zentrale Funktionen → Supply-Chain-Planungsschnittstelle → Core Interface Advanced Planner and Optimizer → Integrationsmodell → Anlegen*) und nennen Sie das Modell *UC##_BEWPP* (siehe Abb. 5.58).
Wählen Sie erneut Ihr logisches (Ziel-) System und bezeichnen Sie die APO Anwendung
mit *UC##_BEWPP*. Selektieren Sie in der Feldgruppe *Allgemeine Selektionsoptionen zu
Materialien* erneut über die Mehrfachselektion Ihre Materialien UCC-MOTORRAD-##,
UCC-MOTOR-##, UCC-RAHMEN-##, UCC-WELLE-## und UCC-BLOCK-## sowie
die Werke 1000, 1100 und 1200. Setzen Sie nun **keinen** Haken vor *Materialstämme*! Durch
diese Selektionskriterien soll sichergestellt werden, dass nur die PDSen und Bewegungs-

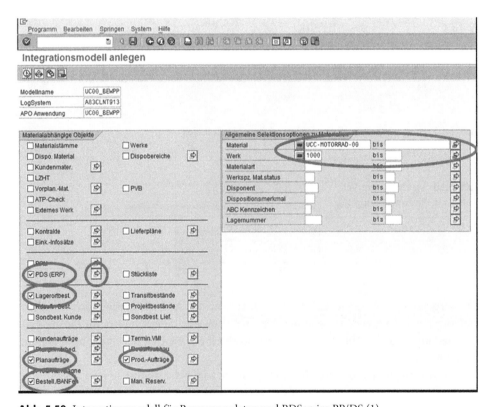

**Abb. 5.58** Integrationsmodell für Bewegungsdaten und PDSen im PP/DS (1)

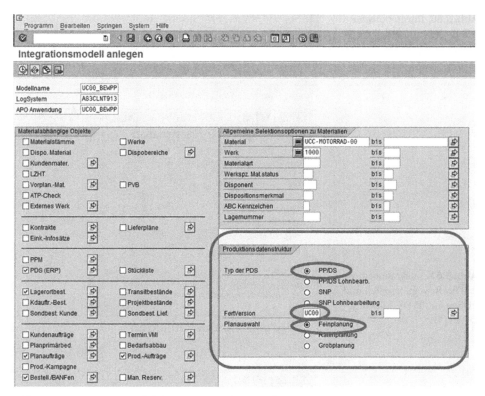

**Abb. 5.59** Integrationsmodell für Bewegungsdaten und PDSen im PP/DS (2)

daten zu den genannten Materialien und Werken ausgewählt werden. Die Materialstämme selbst haben Sie bereits mit dem vorhergehenden Integrationsmodell übertragen.

Setzen Sie in der Feldgruppe *Materialabhängige Objekte* Haken vor den Feldern *PDS (ERP)*, *Lagerortbest*, *Planaufträge*, *Bestell./BANFen* und *Prod.-Aufträge*. Betätigen Sie nun den Druckknopf *Weitere Einschränkungen* rechts neben dem Feld *PDS (ERP)*, wodurch rechts eine Feldgruppe *Produktionsdatenstruktur* erscheint (siehe Abb. 5.59). Setzen Sie hier die Auswahlknöpfe bei *PP/DS* sowie *Feinplanung* und tragen Sie bei *FertVersion* Ihre Fertigungsversion *UC##* ein. Wenn Sie alle Fertigungsversionen gleich benannt haben, reicht diese einzelne Angabe aus, um alle zu selektieren.

Wählen Sie nun *Ausführen* (F8), wodurch Sie das in Abb. 5.60 gezeigte Selektionsergebnis erhalten. Für alle Bewegungsdatenobjekte wurde jeweils 11 Kombinationen aus Materialien und Werken selektiert (siehe Abb. 5.61). Außerdem wurden vier Fertigungsversionen zum Anlegen von PDSen ausgewählt (siehe Abb. 5.62).

Generieren Sie auch dieses Modell, indem sie den Druckknopf *IM generieren* betätigen. Bestätigen Sie die Erfolgsmeldung mit *ENTER* und rufen Sie anschließend die Transaktion CFM2 auf (Pfad *Logistik → Zentrale Funktionen → Supply-Chain-Planungsschnittstelle → Core Interface Advanced Planner and Optimizer → Integrationsmodell → Aktivieren*). Die Angaben für Ihr Modell, zum logischen System und zur APO Anwendung sollten im

**Abb. 5.60** Integrationsmodell für Bewegungsdaten und PDSen im PP/DS: Selektion

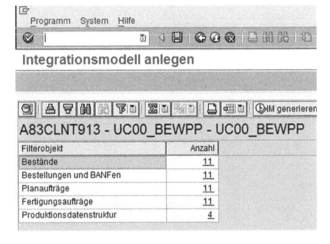

**Abb. 5.61** Integrationsmodell für Bewegungsdaten und PDSen im PP/DS: Selektion Detail (1)

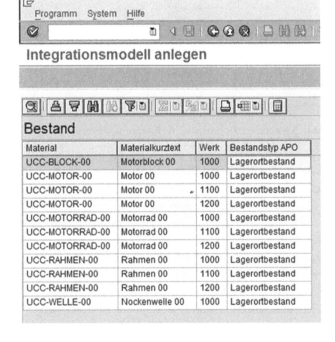

nächsten Bild wiederum vorhanden sein. Falls nicht, nehmen Sie die Einträge vor. Wählen Sie dann *Ausführen* und doppelklicken Sie im nächsten Bild auf Ihr Modell. Setzen Sie wiederum durch Betätigen des Druckknopfs *Aktiv/Inaktiv* einen grünen Haken bei *Status neu* und starten Sie die Aktivierung mithilfe des Druckknopfs *Start* (siehe Abb. 5.63). Bestätigen Sie die erscheinenden Meldungen wie weiter oben in diesem Abschnitt beschrieben und kehren Sie zum Einstiegsmenü zurück.

Bisher wurden nur PDSen für das Planungsmodul PP/DS erzeugt. Da jedoch auch PDSen für das Planungsmodul SNP benötigt werden, fehlt noch ein weiteres Integrationsmodell, um die Übertragung der Daten an SAP SCM abzuschließen.

**Abb. 5.62** Integrationsmo-
dell für Bewegungsdaten und
PDSen im PP/DS: Selektion
Detail (2)

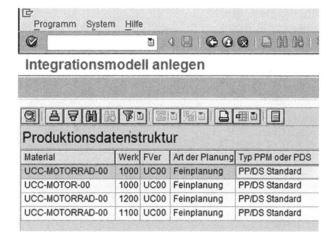

Rufen Sie erneut die Transaktion CFM1 auf (Pfad *Logistik → Zentrale Funktionen →*
*Supply-Chain-Planungsschnittstelle → Core Interface Advanced Planner and Optimizer →*
*Integrationsmodell → Anlegen*) und nennen Sie das Modell *UC##_SNP*. Wählen Sie erneut
Ihr logisches (Ziel-) System und bezeichnen Sie die APO Anwendung mit *UC##_SNP*.

Selektieren Sie in der Feldgruppe *Allgemeine Selektionsoptionen zu Materialien* erneut
über die Mehrfachselektion Ihre Materialien UCC-MOTORRAD-##, UCC-MOTOR-##,
UCC-RAHMEN-##, UCC-WELLE-## und UCC-BLOCK-## sowie die Werke 1000, 1100
und 1200. Setzen Sie **keinen** Haken vor *Materialstämme*!

Setzen Sie in der Feldgruppe *Materialabhängige Objekte* einen Haken vor *PDS (ERP)*.
Betätigen Sie nun den Druckknopf *Weitere Einschränkungen* rechts neben dem Feld *PDS*
*(ERP)*, wodurch rechts erneut die Feldgruppe *Produktionsdatenstruktur* erscheint. Setzen
Sie hier nun die Auswahlknöpfe bei *SNP* sowie *Feinplanung* und tragen Sie bei *FertVersion*
Ihre Fertigungsversion *UC##* ein. Wenn Sie alle Fertigungsversionen gleich benannt ha-
ben, reicht diese einzelne Angabe aus, um alle zu selektieren. Wählen Sie *Ausführen*.

Es werden vier Fertigungsversionen zum Anlegen von PDSen selektiert (UCC-MO-
TORRAD-## in den Werken 1000, 1100 und 1200 sowie UCC-MOTOR-## im Werk
1000). Generieren und aktivieren Sie das Modell wie zuvor beschrieben.

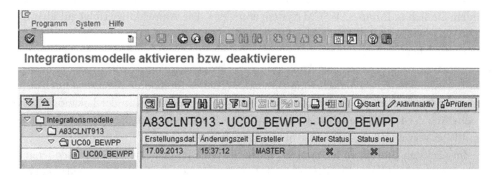

**Abb. 5.63** Integrationsmodell für Bewegungsdaten und PDSen im PP/DS: Aktivierung

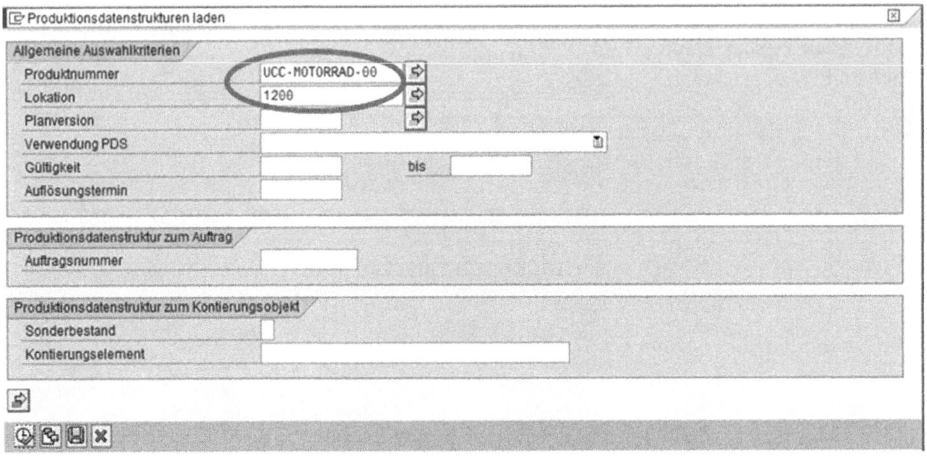

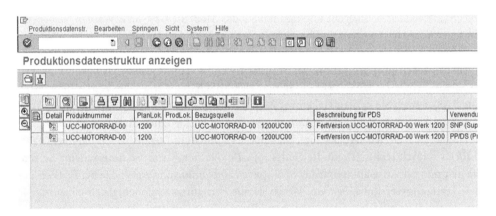

**Abb. 5.64**  Aufruf einer PDS zum Produkt UCC-MOTORRAD-##

**Abb. 5.65**  PDS zum Produkt UCC-MOTORRAD-##: Detail (1)

### 5.3.1.14   Kontrolle der Daten in SAP APO

Überzeugen Sie sich nun davon, dass Ihre Daten korrekt in SAP APO angekommen sind, indem Sie sich in Ihrem SAP-SCM-System anmelden. Die Anmeldung erfolgt auf identische Weise wie in SAP ERP. Beachten Sie, dass Ihre Daten für die Anmeldung ggf. von SAP ERP abweichen.

Rufen Sie nach erfolgreicher Anmeldung im Navigationsbaum die Transaktion *SCM-Basis → Stammdaten → Produktionsdatenstruktur (PDS) → Produktionsdatenstrukturen anzeigen* auf und selektieren Sie das Produkt UCC-MOTORRAD-## in der Lokation 1200 (siehe Abb. 5.64). Wie Sie sehen, werden in SAP APO abweichende Begriffe für *Material* und *Werk* verwendet. Bestätigen Sie mit *Ausführen*.

Im nächsten Bild sehen Sie zwei Ergebniszeilen, die jeweils eine PDS repräsentieren: eine für PP/DS und eine für SNP (siehe Abb. 5.65). Verzweigen Sie in die Details, indem Sie links auf das *Plus* klicken.

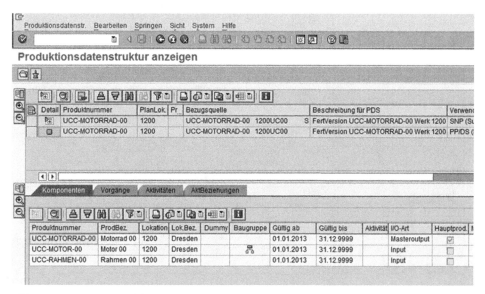

**Abb. 5.66** PDS zum Produkt UCC-MOTORRAD-##: Detail (2)

Zunächst werden Ihnen die Komponenten angezeigt, die Sie ursprünglich in die zugehörige Stückliste eingetragen hatten (siehe Abb. 5.66). Zeigen Sie die Registerkarte *Vorgänge* (rechts neben den Komponenten) an und rufen Sie die Details zum Vorgang *Montage Motorrad* auf, indem Sie ebenfalls auf das *Plus* klicken. Es erscheint eine neue Registerkarte *Aktivitäten*, zu der Sie nochmals weitere Details anzeigen lassen können. In der darunter erscheinenden Registerkarte *Modi* wird auch die Ressource W1420_1200_002 aufgeführt, die den Arbeitsplatz 1420 im Werk 1200 in SAP ERP repräsentiert (siehe Abb. 5.67).

Sehen Sie sich die PDSen für UCC-MOTORRAD-## auch in den Werken 1100 und 1000 sowie für UCC-MOTOR-## im Werk 1000 an. Wenn Ihre PDSen wie in Abb. 5.67 aussehen, können Sie davon ausgehen, dass auch alle anderen Daten Ihrer Integrationsmodelle ordnungsgemäß in SAP APO angekommen sind. Andernfalls hätten die PDSen nicht fehlerfrei angelegt werden können.

▶ Sofern Sie nach der Aktivierung der Integrationsmodelle für die PDSen Fehler in SAP APO feststellen, müssen Sie zunächst die Ursache des Fehlers in SAP ERP beseitigen. Mithilfe der Transaktion CURTO_CREATE (Pfad *Logistik → Zentrale Funktionen → Supply-Chain-Planungsschnittstelle → Core Interface Advanced Planner and Optimizer → Integrationsmodell → Änderungsübertragung → Produktionsdatenstruktur (PDS) → Produktionsdatenstruktur (PDS) übertragen*) können Sie anschließend eine komplette Neuübertragung der PDSen veranlassen. Eine Änderungsübertragung (im Navigationsbaum die Transaktion darunter) ist meistens nicht empfehlenswert.

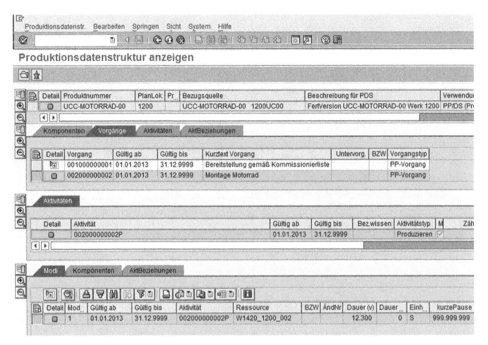

**Abb. 5.67**   PDS zum Produkt UCC-MOTORRAD-##: Detail (3)

## 5.3.2   Alternative 2: Anlegen der Stammdaten in SAP APO

In den folgenden Abschnitten wird die Vorgehensweise für den Fall dargestellt, dass die Fallstudie ausschließlich in SAP SCM bzw. SAP APO bearbeitet werden soll. SAP ERP ist bei dieser Alternative nicht erforderlich. Allerdings muss auch hier ein IDES-Mandant verwendet werden. Da die Transaktionscodes in SAP SCM meist deutlich länger sind als in SAP ERP, wird auf Ihre Angabe verzichtet. In SAP SCM bietet es sich dagegen an, Transaktionen über den Navigationsbaum aufzurufen.

### 5.3.2.1   Anlegen der Produktstämme

Nach der Anmeldung in SAP SCM wählen Sie zum Anlegen des Produktstammsatzes für das Fertigprodukt UCC-MOTORRAD-## im Navigationsbaum *Advanced Planning and Optimization* → *Stammdaten* → *Produkt* → *Produkt* (siehe Abb. 5.68). Als Produkt(nummer) geben Sie nun *UCC-MOTORRAD-##* ein, wobei Sie ## durch Ihre Benutzernummer ersetzen. Für die Lokation geben Sie das Werk *1000* ein und wählen dann *Anlegen*.

Geben Sie auf der Registerkarte *Verwaltung* im Feld *ProdBezeich.* die Produktbezeichnung *Motorrad ##* und im Feld *Basis-ME* die Basismengeneinheit *Stück* [ST] ein (siehe Abb. 5.69). Wechseln Sie zur Registerkarte *Eigenschaften* und geben Sie hier die Transport-

**Abb. 5.68** Einstiegsbild für die Pflege von Produktstammdaten

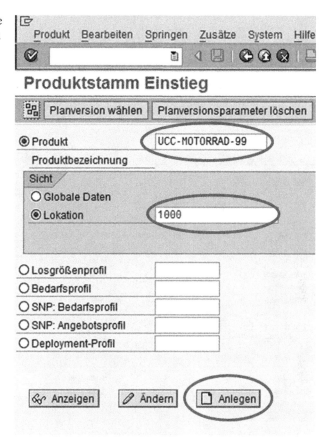

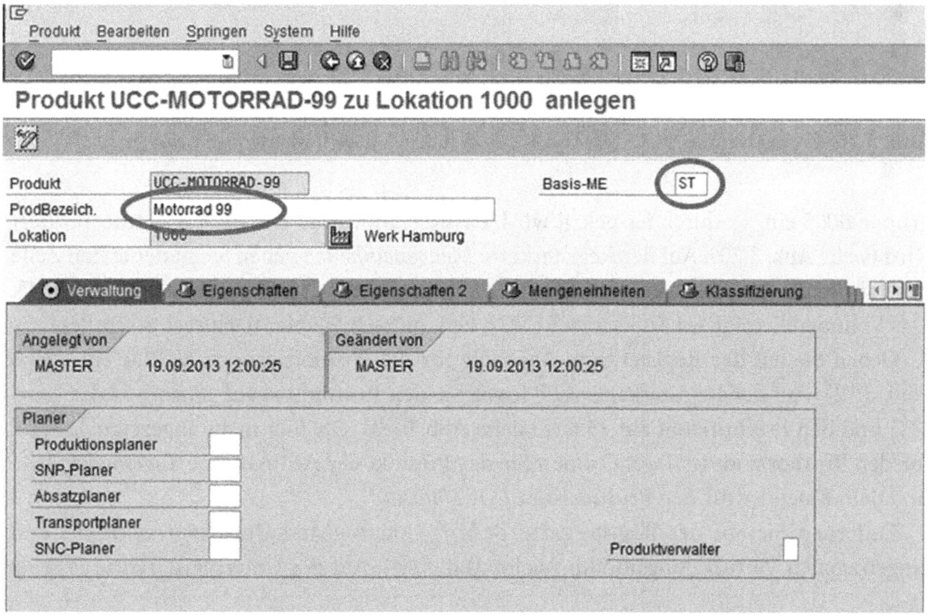

**Abb. 5.69** Produktstamm UCC-MOTORRAD-## anlegen: Registerkarte *Verwaltung*

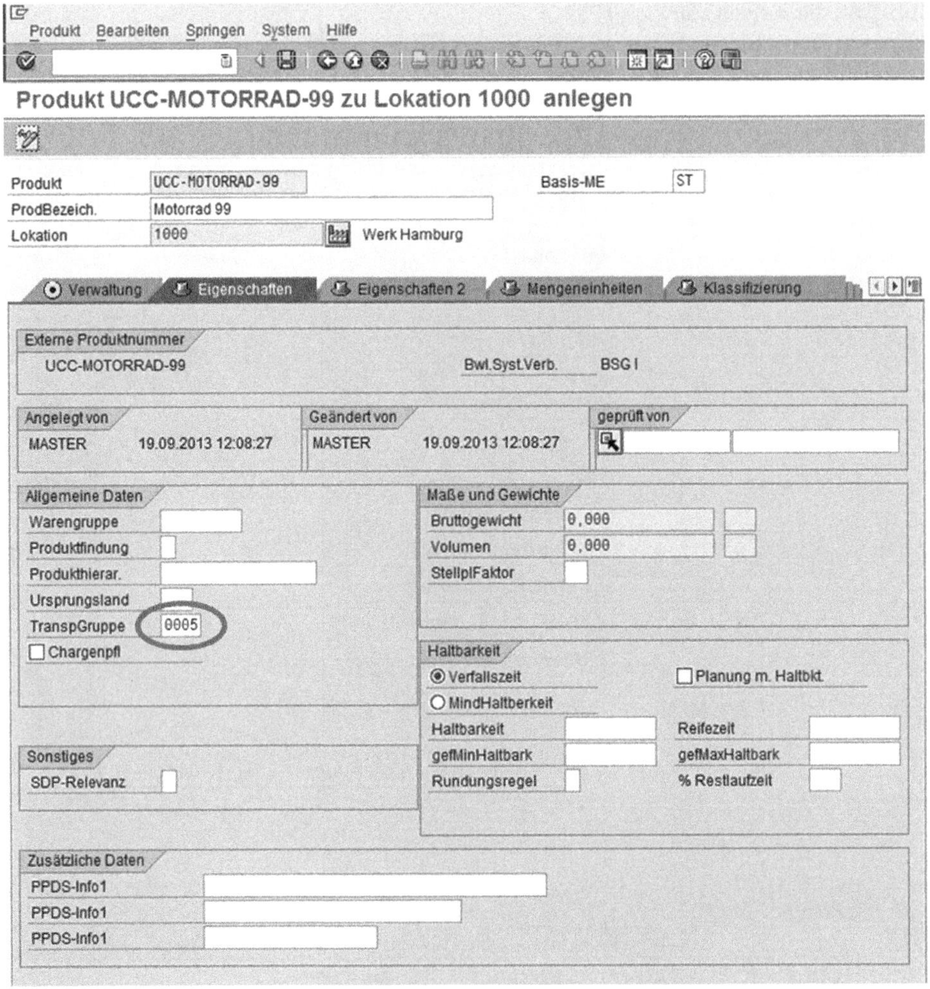

**Abb. 5.70**  Produktstamm UCC-MOTORRAD-## anlegen: Registerkarte *Eigenschaften*

gruppe *0005* ein, wodurch festgelegt wird, dass das Motorrad *lose auf LKW* transportiert wird (siehe Abb. 5.70). Auf der Registerkarte *Mengeneinheiten* geben Sie in der ersten Zeile der Tabelle an, dass das Motorrad brutto *200 kg* und netto *180 kg* wiegt (siehe Abb. 5.71). Das Volumen beträgt *1,4* Kubikmeter [M3]. Ggf. müssen Sie hier nach rechts scrollen.

Geben Sie auf der Registerkarte *Lagerung* für die Positionsgruppe *NORM* ein (siehe Abb. 5.72). Auf der Registerkarte *ATP* legen Sie den Prüfmodus auf *Auftrag/Lieferbedarf* [41] und den Prüfhorizont auf *15* fest (siehe Abb. 5.73). Die hier nicht angezeigte Einheit für den Prüfhorizont ist *Tage*. Ordnen Sie das Produkt der ATP-Gruppe *Tagesbedarf* [01] und dem Kalender für den Prüfhorizont *LOC1000* zu.

Entfernen Sie auf der Registerkarte *Bedarf*, Unterregisterkarte *Bedarfsstrategie*, den eingetragenen Verrechnungsmodus (siehe Abb. 5.74). Auf der Unterregisterkarte *Pegging*

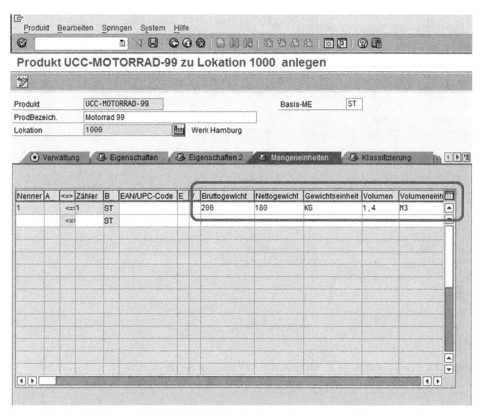

**Abb. 5.71**  Produktstamm UCC-MOTORRAD-## anlegen: Registerkarte *Mengeneinheiten*

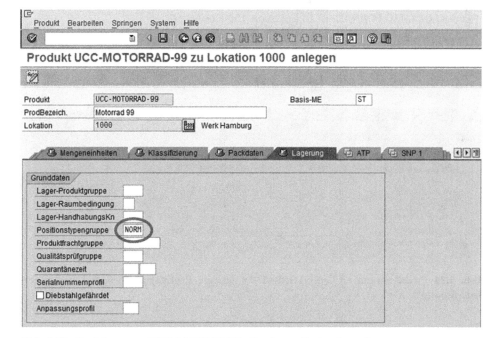

**Abb. 5.72**  Produktstamm UCC-MOTORRAD-## anlegen: Registerkarte *Lagerung*

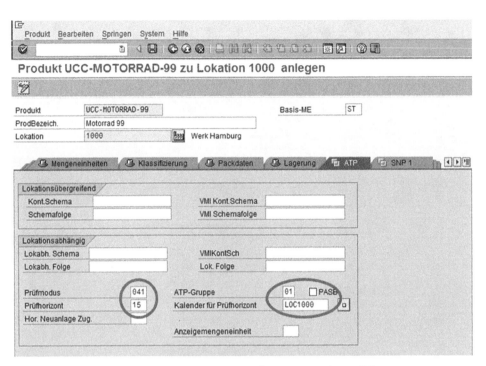

**Abb. 5.73** Produktstamm UCC-MOTORRAD-## anlegen: Registerkarte *ATP*

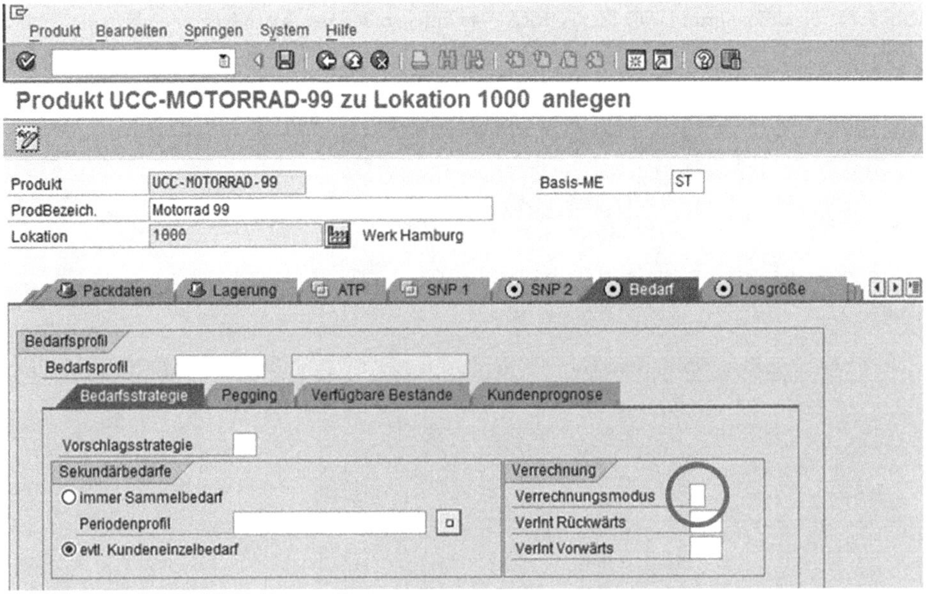

**Abb. 5.74** Produktstamm UCC-MOTORRAD-## anlegen: Registerkarte *Bedarf*, Unterregister *Bedarfsstrategie*

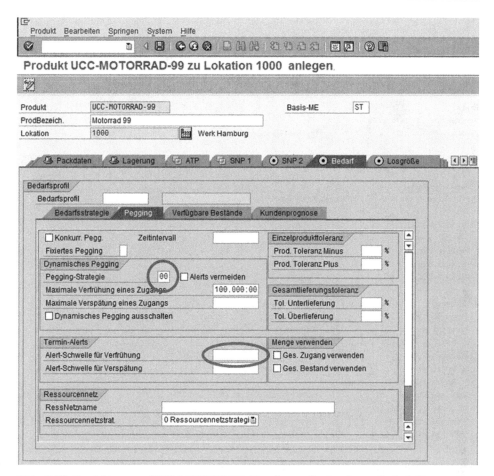

**Abb. 5.75** Produktstamm UCC-MOTORRAD-## anlegen: Registerkarte *Bedarf*, Unterregister *Pegging*

wählen Sie die Pegging-Strategie *Rechtzeitige Zugänge verwenden* [00] und entfernen die *Alert-Schwelle für Verfrühung* (siehe Abb. 5.75).

Auf der Registerkarte *PP/DS* setzen Sie die Planauflösung auf *Planauflösung des Produktionsprozessmodells* [2] und den Eröffnungshorizont auf *10* (siehe Abb. 5.76)

Auf der Registerkarte für Beschaffung wählen Sie bei der Beschaffungsart *Eigenfertigung* [E] (siehe Abb. 5.77).

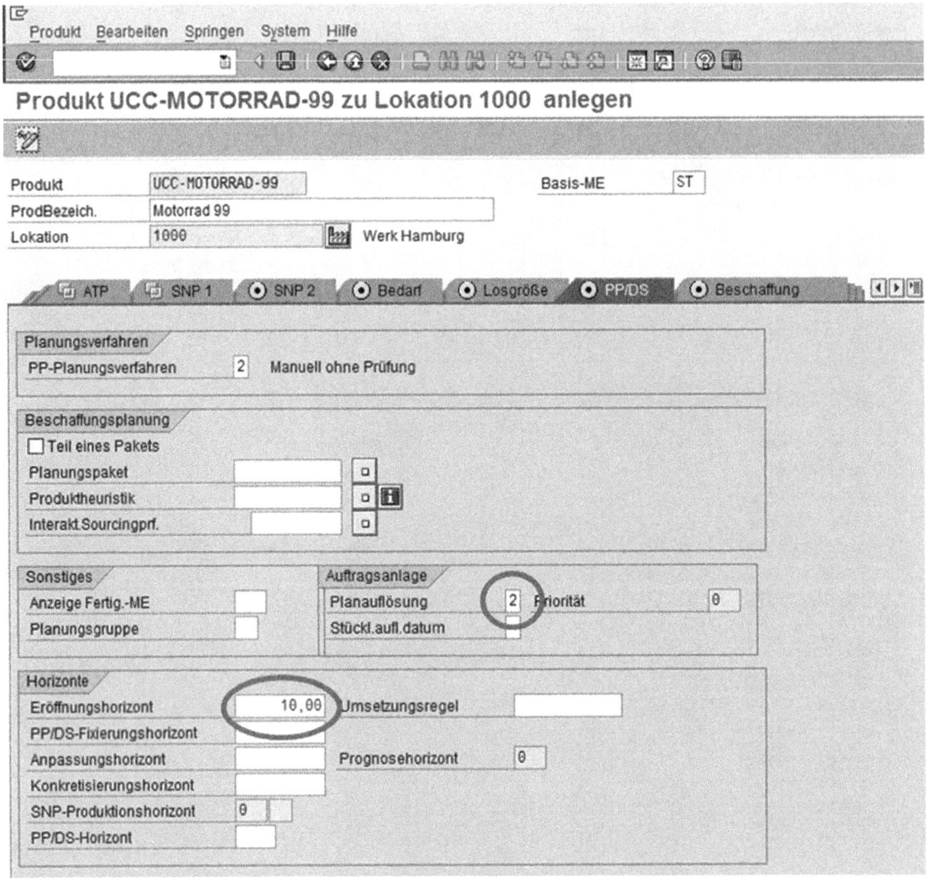

**Abb. 5.76** Produktstamm UCC-MOTORRAD-## anlegen: Registerkarte PP/DS

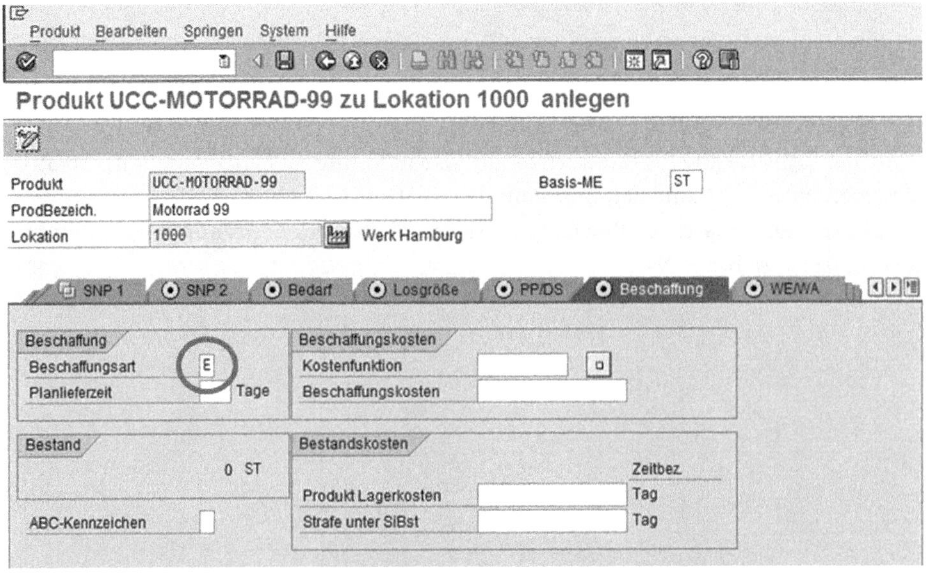

**Abb. 5.77** Produktstamm UCC-MOTORRAD-## anlegen: Registerkarte *Beschaffung*

**Abb. 5.78** Informationsmeldung beim Sichern des
Produktstamms

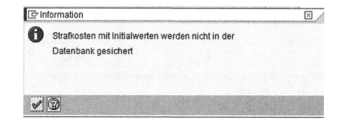

**Abb. 5.79** Produktstamm
UCC-MOTORRAD-##:
Modellzuordnung aufrufen

Sichern Sie nun den Produktstamm und bestätigen Sie eine ggf. erscheinende Informationsmeldung mit *ENTER* (siehe Abb. 5.78). Sie erhalten nun unten links unten die
Meldung, dass Ihr Produkt gesichert wurde.

Sie haben nun die Möglichkeit, sich Ihr neues Material mit der Transaktion *Advanced
Planning and Optimization → Stammdaten → Produkt → Produkt*, Druckknopf *Anzeigen*,
anzeigen zu lassen. Falls Sie Fehler der Eingabe beheben wollen, können Sie dies mit dem
Druckknopf *Ändern* tun.

Ordnen Sie nun das neue Produkt dem aktiven Modell 000 zu, indem Sie in der Transaktion *Advanced Planning and Optimization → Stammdaten → Produkt → Produkt* das Produkt *UCC-MOTORRAD-##* und die Lokation *1000* eingeben und den Druckknopf *Modell
zuordnen* betätigen (siehe Abb. 5.79).

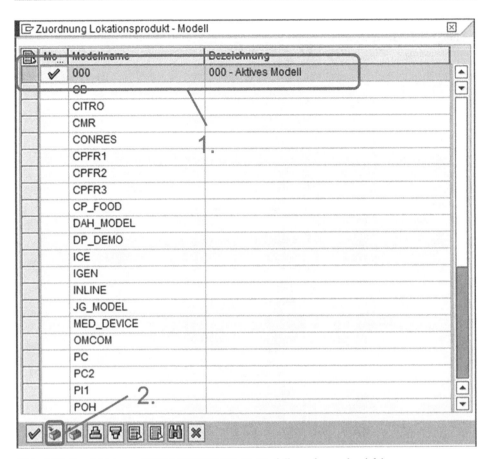

**Abb. 5.80** Produktstamm UCC-MOTORRAD-##: Modellzuordnung durchführen

Markieren Sie in dem erscheinenden Fenster die Zeile, die das aktive Modell *000* enthält (siehe Abb. 5.80, Nr. 1.), und wählen Sie den Druckknopf *Objekte dem Modell zuordnen* (siehe Abb. 5.80, Nr. 2.). Es erscheint ein grüner Haken vor dem markierten Modell. Bestätigen Sie das Fenster und die anschließend erscheinende Meldung mit *ENTER*.

Legen Sie nun auch das Produkt UCC-MOTORRAD-## in den Lokationen 1100 **und** 1200 an. Registerkarten, für die keine Eingaben aufgeführt sind, können Sie unverändert übernehmen (Abb. 5.81–5.84):

**Pfad** *Advanced Planning and Optimization→ Stammdaten→ Produkt→ Produkt*

Produkt:        UCC-MOTORRAD-##

Lokation:       Berlin [1100] bzw. Dresden [1200]

**Druckknopf** *Anlegen*

ATP

|  |  |
|---|---|
| Prüfmodus: | [041] Auftrag/Lieferbedarf |
| Prüfhorizont: | 15 (Tage) |
| ATP-Gruppe: | [01] Tagesbedarf |
| Kalender für Prüfhorizont: | [LOC1100] Kalender für Lokation 1100 (Werk) bzw. |
|  | [LOC1200] Kalender für Lokation 1200 (Werk) |

Bedarf–Pegging

|  |  |
|---|---|
| Pegging-Strategie: | [00] Rechtzeitige Zugänge verwenden |
| Alert- Schwelle für Verfrühung: | kein Eintrag |

PP/DS

|  |  |
|---|---|
| Planauflösung: | [2] Planauflösung des Produktionsprozessmodells |
| Eröffnungshorizont: | 10 (Tage) |

Beschaffung

|  |  |
|---|---|
| Beschaffungsart: | [E] Eigenfertigung |

Ordnen Sie das Produkt UCC-MOTORRAD-## auch in den Lokationen 1100 und 1200 dem aktiven Modell 000 zu.

Verfahren Sie für das Produkt UCC-MOTOR-## analog. Registerkarten, für die keine Eingaben aufgeführt sind, können Sie unverändert übernehmen:

**Pfad** *Advanced Planning and Optimization → Stammdaten → Produkt → Produkt*

Produkt:        UCC-MOTOR##

Lokation:       Hamburg [1000]

**Druckknopf Anlegen**

Prod.Bezeich.:  Motor ##

Basis-ME:       [ST] Stück

Eigenschaften (siehe ● Abb. 5.81)

|  |  |
|---|---|
| Warengruppe: | [001] |

Mengeneinheiten

|  |  |
|---|---|
| Bruttogewicht: | 40 |
| Gewichtseinheit: | KG |

ATP (siehe ● Abb. 5.82)

    Prüfhorizont:                     4 (Tage)

    ATP-Gruppe:                [01] Tagesbedarf

    Kalender für Prüfhorizont:    [LOC1000] Kalender für Lokation 1000 (Werk)

SNP2 (siehe ● Abb. 5.83)

    Einkäufergruppe:           [001]

Bedarf – Bedarfsstrategie

    Sekundärbedarfe:          immer Sammelbedarf

    Verrechnungsmodus:       kein Eintrag

Bedarf – Pegging

    Pegging-Strategie:         [00] Rechtzeitige Zugänge verwenden

    Alert-Schwelle für Verfrühung:  kein Eintrag

PP/DS

    Planauflösung:             [2] Planauflösung des Produktionsprozessmodells

    Eröffnungshorizont:        10 (Tage)

Beschaffung:

    Beschaffungsart:           [X] Fremd- oder Eigenfertigung

WE/WA (siehe ● Abb. 5.84)

    WE-Bearbeit.-Zeit:         1 (Tag)

Nun folgt das Anlegen für das Produkt UCC-MOTOR-## in den Lokationen 1100 **und**
1200:

**Pfad *Advanced Planning and Optimization→ Stammdaten→ Produkt→ Produkt***

Produkt:          UCC-MOTOR-##

Lokation:       Berlin [1100] bzw. Dresden [1200]

**Druckknopf *Anlegen***

ATP

|                 | Prüfhorizont:            | 4 (Tage)                                  |
|                 | ATP-Gruppe:              | [01] Tagesbedarf                          |
|                 | Kalender für Prüfhorizont: | [LOC1100]Kalender für Lokation 1100 (Werk) bzw. |
|                 |                          | [LOC1200] Kalender für Lokation 1200 (Werk) |

SNP2

|                 | Einkäufergruppe:         | [001]                                     |

Bedarf– Bedarfsstrategie

|                 | Sekundärbedarfe:         | immer Sammelbedarf                        |
|                 | Verrechnungsmodus:       | kein Eintrag                              |

Bedarf– Pegging

|                 | Pegging-Strategie:       | [00] Rechtzeitige Zugänge verwenden       |
|                 | Alert-Schwelle für Verfrühung: | kein Eintrag                        |

PP/DS

|                 | Eröffnungshorizont:      | 10 (Tage)                                 |

Beschaffung:

|                 | Beschaffungsart:         | [F] Fremdbeschaffung                      |
|                 | Planlieferzeit           | 1 (Tag)                                   |

WE/WA

|                 | WE-Bearbeit.-Zeit:       | 1 (Tag)                                   |

Ordnen Sie das Produkt UCC-MOTOR-## in den Lokationen 1000, 1100 und 1200 dem
aktiven Modell 000 zu.

Auch das Produkt UCC-RAHMEN-## wird auf die gleiche Weise angelegt:

**Pfad *Advanced Planning and Optimization* → *Stammdaten* → *Produkt* → *Produkt***

Produkt:          UCC-RAHMEN-##

Lokation:          Hamburg [1000]

**Druckknopf *Anlegen***

Prod.Bezeich.:  Rahmen ##

Basis-ME:        [ST] Stück

Eigenschaften

     Warengruppe:                              [001]

ATP

     Prüfhorizont:                                3 (Tage)

     ATP-Gruppe:                               [01] Tagesbedarf

     Kalender für Prüfhorizont:          [LOC1000] Kalender für Lokation 1000 (Werk)

SNP2

     Einkäufergruppe:                         [001]

Bedarf – Bedarfsstrategie

     Sekundärbedarfe:                       immer Sammelbedarf

     Verrechnungsmodus:                 kein Eintrag

Bedarf – Pegging

     Pegging-Strategie:                      [00] Rechtzeitige Zugänge verwenden

     Alert-Schwelle für Verfrühung:    kein Eintrag

PP/DS

     Eröffnungshorizont:                     10 (Tage)

Beschaffung

     Beschaffungsart:                         [X] Fremd- oder Eigenfertigung

     Planlieferzeit:                              3 Tage

WE/WA

     WE-Bearbeit.-Zeit:                      1 (Tag)

Nun folgt das Anlegen für das Produkt UCC-RAHMEN-## in den Lokationen 1100 **und** 1200:

**Pfad *Advanced Planning and Optimization*→ *Stammdaten* → *Produkt* → *Produkt***

Produkt:        UCC-RAHMEN-##

Lokation:       Berlin [1100] bzw. Dresden [1200]

**Druckknopf *Anlegen***

ATP

|  | |
|---|---|
| Prüfhorizont: | 3 (Tage) |
| ATP-Gruppe: | [01] Tagesbedarf |
| Kalender für Prüfhorizont: | [LOC1100] Kalender fürLokation 1100 (Werk) bzw. |
|  | [LOC1200] Kalender für Lokation 1200 (Werk) |

SNP2

|  | |
|---|---|
| Einkäufergruppe: | [001] |

Bedarf  – Bedarfsstrategie

|  | |
|---|---|
| Sekundärbedarfe: | immer Sammelbedarf |
| Verrechnungsmodus: | kein Eintrag |

Bedarf  – Pegging

|  | |
|---|---|
| Pegging-Strategie: | [00] Rechtzeitige Zugänge verwenden |
| Alert-Schwelle für Verfrühung: | kein Eintrag |

PP/DS

|  | |
|---|---|
| Eröffnungshorizont: | 10 (Tage) |

Beschaffung

|  | |
|---|---|
| Beschaffungsart: | [X] Fremd- oder Eigenfertigung |
| Planlieferzeit: | |
|  | 3 Tage |

WE/WA

|  | |
|---|---|
| WE-Bearbeit.-Zeit: | 1 (Tag) |

Das Produkt UCC-MAHMEN-## wird ebenfalls in den Lokationen 1000, 1100 und 1200 dem aktiven Modell 000 zugeordnet.

Anschließend wird das Produkt UCC-BLOCK-## angelegt:

**Pfad** *Advanced Planning and Optimization* → *Stammdaten* → *Produkt* → *Produkt*

Produkt:        UCC-BLOCK-##

Lokation:       Hamburg [1000]

**Druckknopf** *Anlegen*

Prod.Bezeich.:Motorblock ##

Basis-ME:      [ST] Stück

Eigenschaften

       Warengruppe:                        [0001]

ATP

      Prüfhorizont:                        3 (Tage)

      ATP-Gruppe:                        [01] Tagesbedarf

SNP2

      Einkäufergruppe:                [001]

Bedarf – Bedarfsstrategie

      Sekundärbedarfe:                        evtl. Kundeneinzelbedarf

      Verrechnungsmodus:                     kein Eintrag

Bedarf – Pegging

      Pegging-Strategie:                      [00] Rechtzeitige Zugänge verwenden

      Alert-Schwelle für Verfrühung:         kein Eintrag

Beschaffung

      Beschaffungsart:                        [F] Fremdbeschaffung

      Planlieferzeit:                         2 Tage

Die Angaben für das Produkt UCC-WELLE-## laten wie folgt:

**Pfad** *Advanced Planning and Optimization→ Stammdaten→ Produkt→ Produkt*

Produkt:        UCC-WELLE-##

Lokation:       Hamburg [1000]

**Druckknopf** *Anlegen*

Prod.Bezeich.: Nockenwelle ##

Basis-ME:       [ST] Stück

Eigenschaften

      Warengruppe:                         [0001]

ATP

      Prüfhorizont:                        3 (Tage)

      ATP-Gruppe:                          [01] Tagesbedarf

SNP2

      Einkäufergruppe:                     [001]

Bedarf – Bedarfsstrategie

      Sekundärbedarfe:                     evtl. Kundeneinzelbedarf

      Verrechnungsmodus:                   kein Eintrag

Bedarf – Pegging

      Pegging-Strategie:                   [00] Rechtzeitige Zugänge verwenden

      Alert-Schwelle für Verfrühung:      kein Eintrag

Beschaffung

      Beschaffungsart:                     [F] Fremdbeschaffung

      Planlieferzeit:                      2 Tage

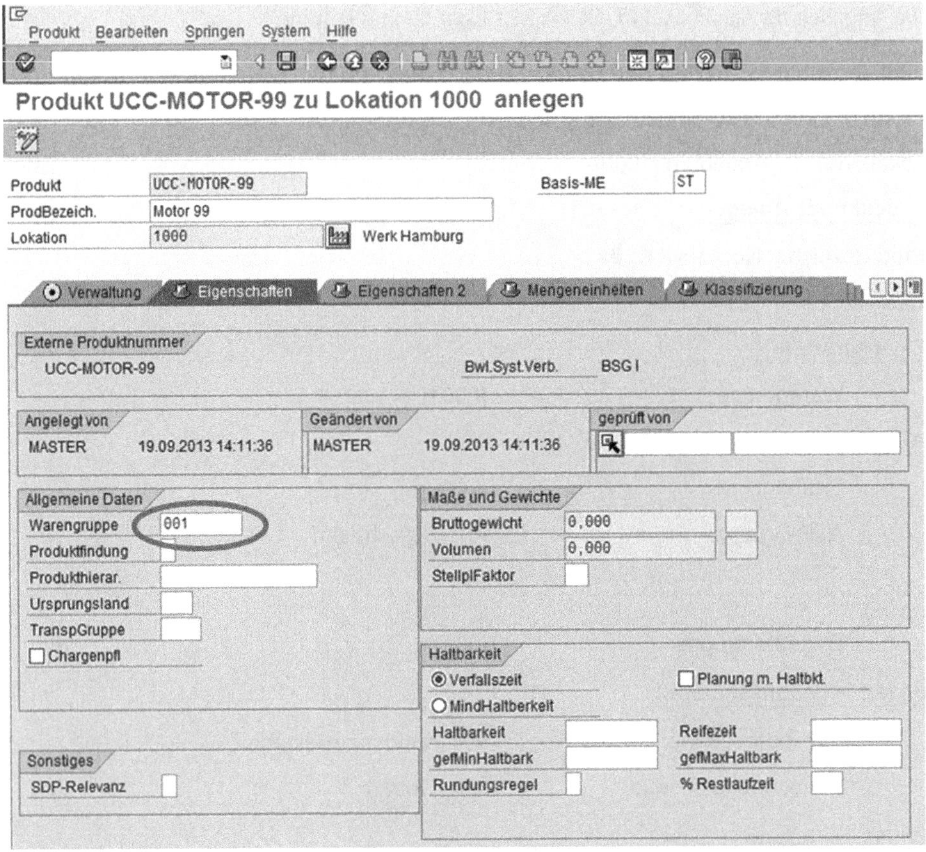

Produkt  Bearbeiten  Springen  System  Hilfe

**Produkt UCC-MOTOR-99 zu Lokation 1000  anlegen**

| | | | |
|---|---|---|---|
| Produkt | UCC-MOTOR-99 | Basis-ME | ST |
| ProdBezeich. | Motor 99 | | |
| Lokation | 1000 | Werk Hamburg | |

Verwaltung   Eigenschaften   Eigenschaften 2   Mengeneinheiten   Klassifizierung

Externe Produktnummer

UCC-MOTOR-99            Bwl.Syst.Verb.      BSG I

| Angelegt von | | Geändert von | | geprüft von |
|---|---|---|---|---|
| MASTER | 19.09.2013 14:11:36 | MASTER | 19.09.2013 14:11:36 | |

Allgemeine Daten

| | | Maße und Gewichte | |
|---|---|---|---|
| Warengruppe | 001 | Bruttogewicht | 0,000 |
| Produktfindung | | Volumen | 0,000 |
| Produkthierar. | | StellplFaktor | |
| Ursprungsland | | | |
| TranspGruppe | | | |
| ☐ Chargenpfl | | | |

Haltbarkeit

◉ Verfallszeit            ☐ Planung m. Haltbkt.
○ MindHaltberkeit

| Haltbarkeit | | Reifezeit | |
|---|---|---|---|

Sonstiges

| SDP-Relevanz | | gefMinHaltbark | | gefMaxHaltbark | |
|---|---|---|---|---|---|
| | | Rundungsregel | | % Restlaufzeit | |

**Abb. 5.81** Produktstamm UCC-MOTOR-## anlegen: Registerkarte *Eigenschaften*

In den Lokationen 1100 und 1200 werden die Produkte UCC-BLOCK-## und UCC-WEL-LE-## **nicht** angelegt, da der Motor nur in Lokation 1000 hergestellt und dann nach Bedarf an die anderen beiden Lokationen geliefert wird.

Abschließend müssen die Produkte UCC-BLOCK-## und UCC-WELLE-## in Lokation 1000 dem aktiven Modell 000 zugeordnet werden.

### 5.3.2.2 Anlegen der Ressourcen

Im Rahmen der Fallstudie sollen die im SAP-IDES-System vorhandenen Ressourcen [W1410_1000_002] *Montage III* und [W1420_1000_002] *Montage IV* im Werk 1000 für die Produktion der Motoren und Motorräder verwendet werden. In den Lokationen 1100 und 1200 fehlen jedoch vergleichbare Ressourcen. Daher werden die beiden genannten Ressourcen im Folgenden in den Lokationen 1100 und 1200 angelegt, indem Kopien der entsprechenden Stammdaten aus Werk 1000 erzeugt werden.

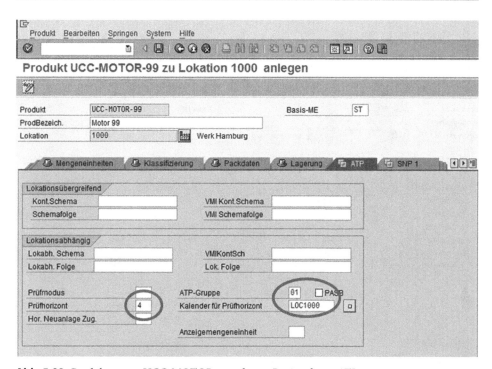

**Abb. 5.82** Produktstamm UCC-MOTOR-## anlegen: Registerkarte *ATP*

Wählen Sie im Navigationsbaum *Advanced Planning and Optimization* → *Stammdaten* → *Ressource* → *Ressource*, siehe Abb. 5.85). Als Ressource geben Sie nun *W1410_1000_002* und für die Lokation das Werk 1000 ein. Dann wählen Sie den Druckknopf *Ändern* auf der Anwendungsfunktionsleiste.

Im nächsten Bild markieren Sie in der Tabelle die Zeile der aufgerufenen Ressource, indem Sie links auf den Druckknopf neben der Zeile klicken, und wählen dann den Druckknopf *Kopieren* in der Anwendungsfunktionsleiste (siehe Abb. 5.86).

Bezeichnen Sie die neue Ressource mit *W1410_1100_002* und geben Sie als Lokation *1100* ein (siehe Abb. 5.87). Wählen Sie dann den Druckknopf *Objekt kopieren*. Die neue Ressource erscheint in der Tabelle im oberen Bildteil unter der Ressource, die als Kopiervorlage verwendet wurde (siehe Abb. 5.88). Sichern Sie Ihre Änderungen. Sie erhalten anschließend links unten eine Bestätigungsmeldung.

Erzeugen Sie nun auf gleiche Weise auch die folgenden Ressourcenstammdaten, indem Sie jeweils die korrespondierende Vorlage aus Lokation 1000 kopieren:

Ressource W1420_1100_002 in Lokation 1100
Ressource W1410_1200_002 in Lokation 1200
Ressource W1420_1200_002 in Lokation 1200

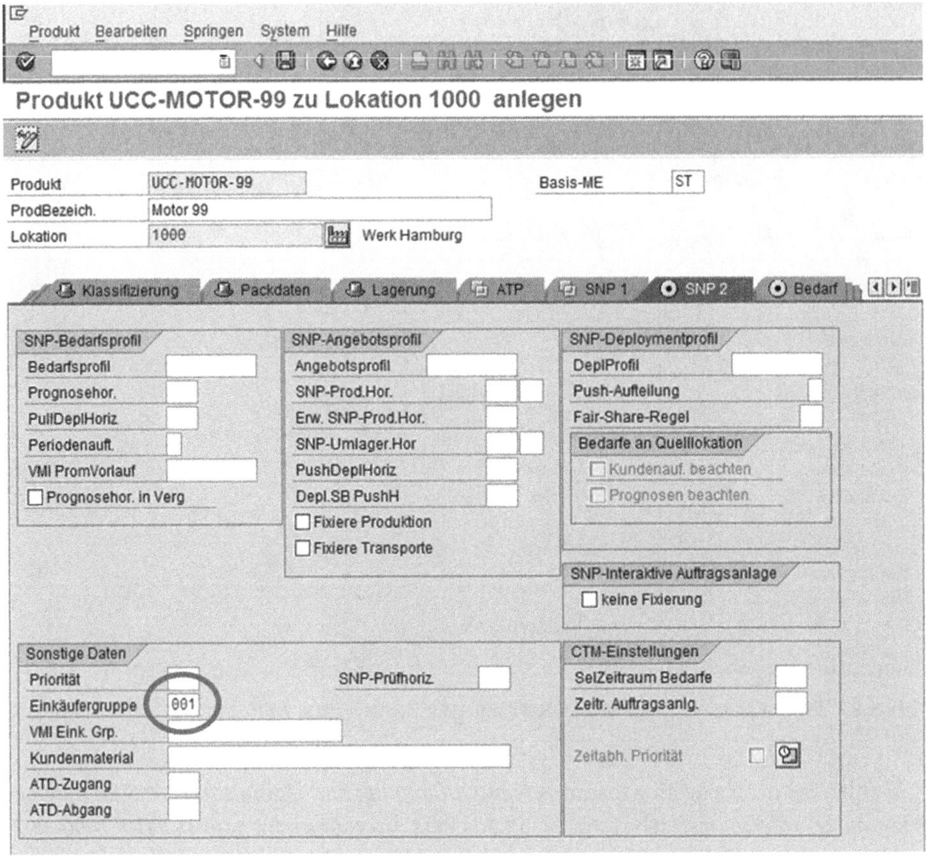

**Abb. 5.83**  Produktstamm UCC-MOTOR-## anlegen: Registerkarte *SNP2*

Abschließend müssen alle vier kopierten Ressourcen dem aktiven Modell 000 zugeordnet werden. Rufen Sie zunächst Ressource W1410_1100_002 mithilfe der Transaktion *Advanced Planning and Optimization → Stammdaten → Ressource → Ressource* und Betätigung des Druckknopfs *Ändern* auf. Markieren Sie die Zeile der Ressource im oberen Bildbereich und wählen Sie den Druckknopf *Modellzuordnungen* (siehe Abb. 5.89). In dem erscheinenden Fenster markieren Sie die erste Zeile, die das aktive Modell 000 enthält, und wählen dann den Druckknopf *Objekte zuordnen* (siehe Abb. 5.90). Schließen Sie das Fenster mit *ENTER* und sichern Sie die Ressource. Wiederholen Sie den Vorgang für die anderen drei Ressourcen.

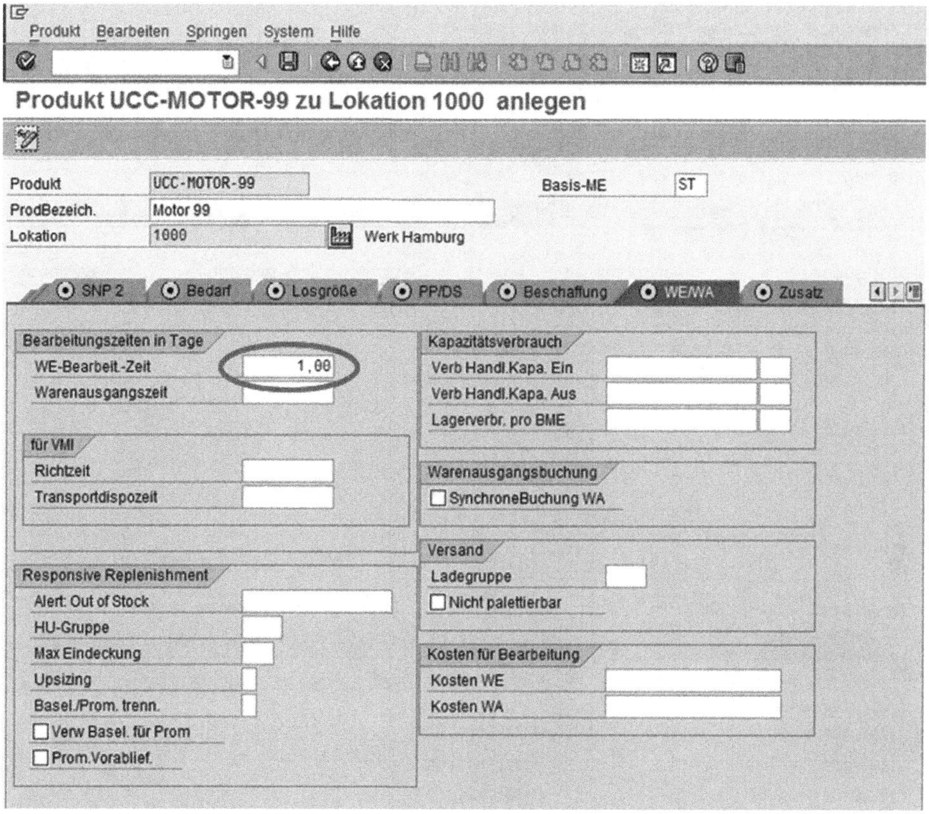

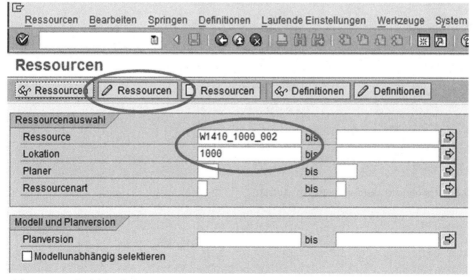

**Abb. 5.84**  Produktstamm UCC-MOTOR-## anlegen: Registerkarte *WE/WA*

**Abb. 5.85**  Aufruf der Pflege von Resso urcenstammdaten

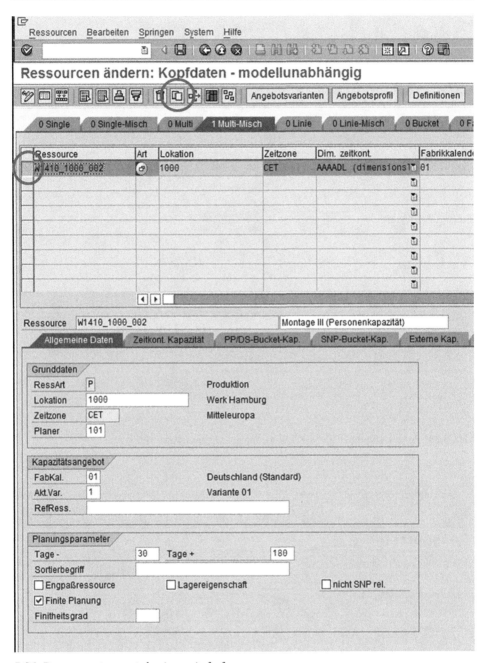

**5.86**  Ressourcenstammsatz kopieren: Aufruf

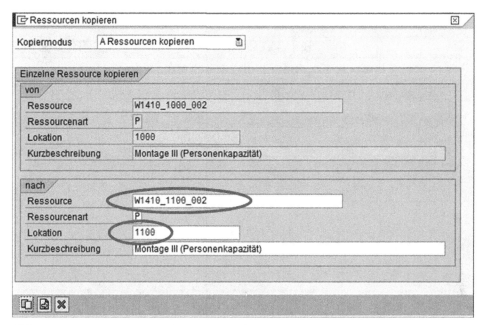

**Abb. 5.87** Ressourcenstammsatz kopieren: Detail

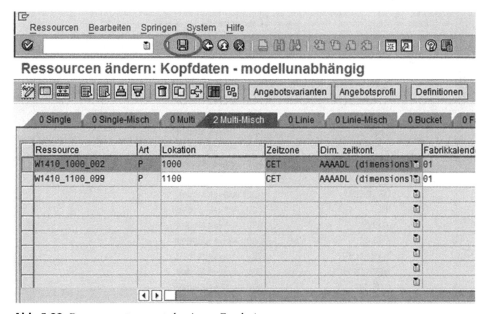

**Abb. 5.88** Ressourcenstammsatz kopieren: Ergebnis

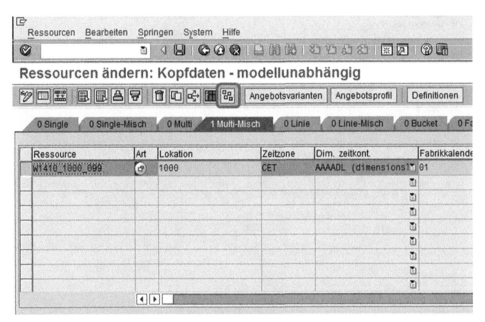

**Abb. 5.89**   Ressourcenstamm: Modellzuordnung aufrufen

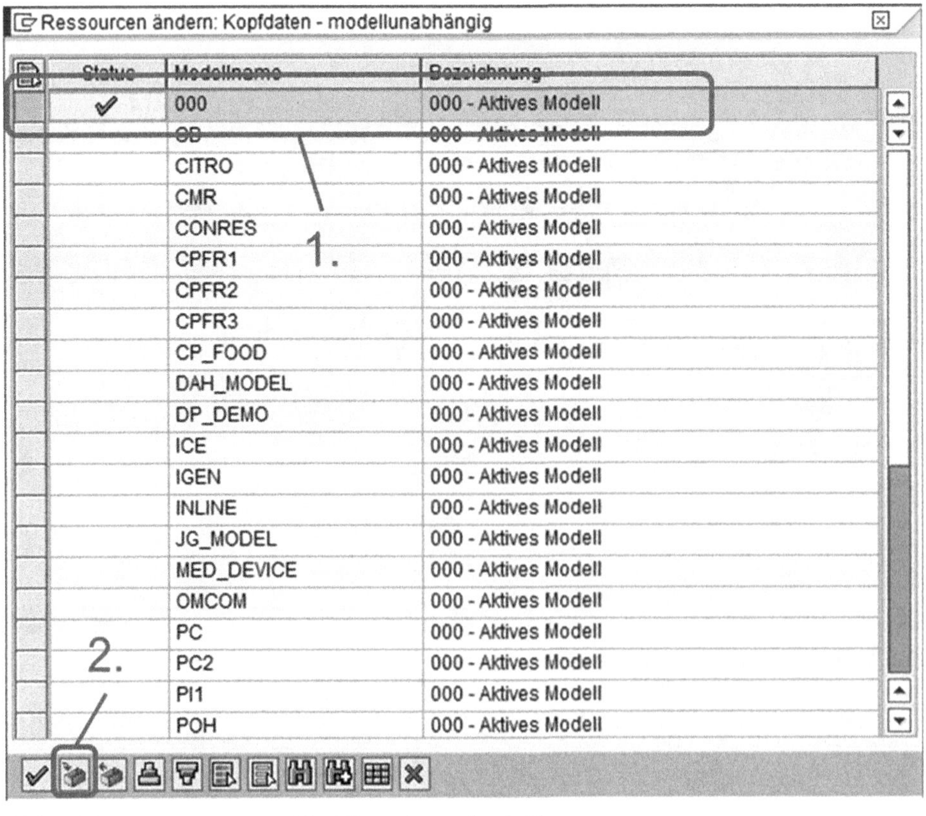

| Status | Modellname | Bezeichnung |
|---|---|---|
| ✓ | 000 | 000 - Aktives Modell |
| | 00 | 000 - Aktives Modell |
| | CITRO | 000 - Aktives Modell |
| | CMR | 000 - Aktives Modell |
| | CONRES | 000 - Aktives Modell |
| | CPFR1 | 000 - Aktives Modell |
| | CPFR2 | 000 - Aktives Modell |
| | CPFR3 | 000 - Aktives Modell |
| | CP_FOOD | 000 - Aktives Modell |
| | DAH_MODEL | 000 - Aktives Modell |
| | DP_DEMO | 000 - Aktives Modell |
| | ICE | 000 - Aktives Modell |
| | IGEN | 000 - Aktives Modell |
| | INLINE | 000 - Aktives Modell |
| | JG_MODEL | 000 - Aktives Modell |
| | MED_DEVICE | 000 - Aktives Modell |
| | OMCOM | 000 - Aktives Modell |
| | PC | 000 - Aktives Modell |
| | PC2 | 000 - Aktives Modell |
| | PI1 | 000 - Aktives Modell |
| | POH | 000 - Aktives Modell |

**Abb. 5.90**   Ressourcenstamm: Modellzuordnung durchführen

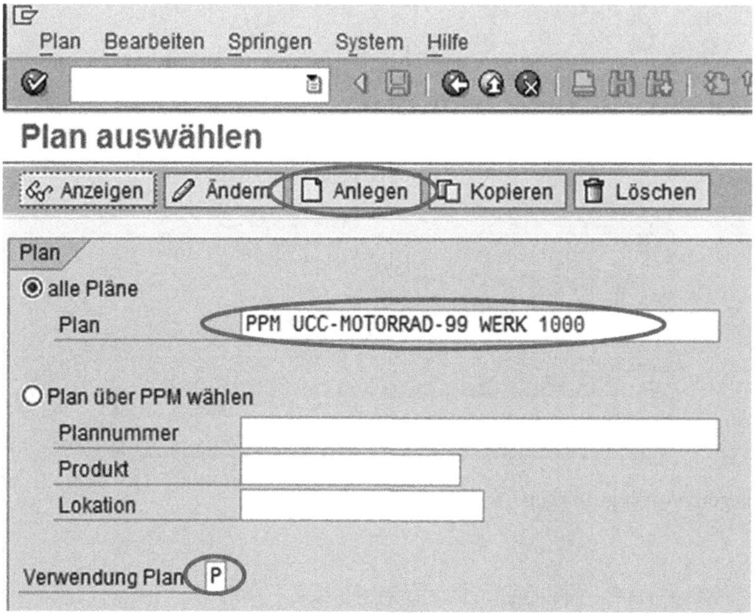

**Abb. 5.91** PPM anlegen: Einstieg

### 5.3.2.3 Anlegen der Produktionsprozessmodelle

Die letzten Stammdatenobjekte, die für die Durchführung der Fallstudie in SAP APO benötigt werden, sind die Produktionsprozessmodelle (PPM). Zunächst wird ein PPM für das Produkt UCC-MOTORRAD-## in der Lokation 1000 angelegt. Wählen Sie dafür im Navigationsbaum *Advanced Planning and Optimization* → *Stammdaten* → *Produktionsprozessmodell* → *Produktionsprozessmodell* (siehe Abb. 5.91). Geben Sie als Bezeichnung für den Plan *PPM UCC-MOTORRAD-## Werk 1000* ein, wählen Sie für die Verwendung des Plans *PPM für Produktions- und Feinplanung (PP/DS)* [P] und betätigen Sie den Druckknopf *Anlegen*.

Sie gelangen in die Einzelanzeige zum Anlegen des PPMs (siehe Abb. 5.92). Geben Sie zunächst im Feld *Beschreibung* den gleichen Text wie für die Benennung des PPMs ein (*PPM UCC-MOTORRAD-## Werk 1000*). Pflegen Sie dann im Bildschirmteil unten rechts die Vorgänge des PPMs: Vorgang 0010 erhält die Beschreibung *Bereitstellung gemäß Kommissionierliste*. Vorgang 0020 wird mit dem Text *Montage Motorrad* beschrieben. Die Felder *RüGr./RüSchl.* sowie *Lokation* bleiben bei beiden Vorgängen leer!

In die Pflege der Aktivitäten von Vorgang 0010 gelangen Sie nun, indem Sie auf die Zeile des Vorgangs doppelklicken. Es erscheint eine neue Tabelle (siehe Abb. 5.93). Geben Sie im Feld der ersten Zeile links als Nummer der Aktivität *P* und als Beschreibung *Produzieren Vorgang 0010* ein. Im Feld daneben ordnen Sie mithilfe des Drop-Down-Knopfs den Aktivitätstyp *Produzieren* [P] zu. In der zweiten Zeile darunter vergeben Sie die Aktivitätsnummer *S* mit der Beschreibung *Rüsten Vorgang 0010* und ordnen den Aktivitätstyp *Rüsten* [S] zu.

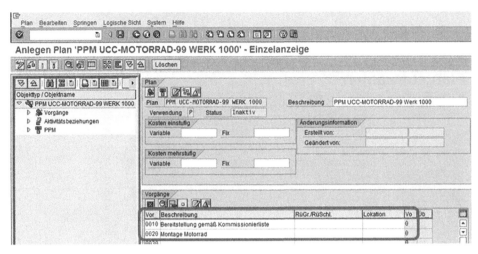

**Abb. 5.92** PPM anlegen: Vorgänge pflegen

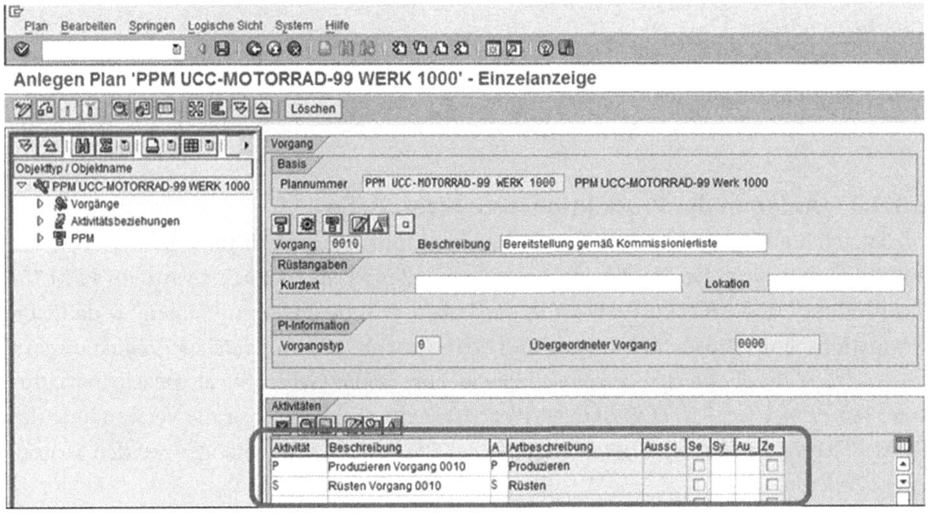

**Abb. 5.93** PPM anlegen: Aktivitäten pflegen

Doppelklicken Sie jetzt auf die Zeile der ersten Aktivität *P*, wodurch Sie in die Pflege der Komponenten und Modi gelangen. Auf der Registerkarte *Komponenten* nehmen Sie für diese Aktivität keine Einträge vor. Zeigen Sie die Registerkarte *Modi* an (siehe Abb. 5.94) und tragen Sie hier in der ersten Zeile für die Nummer des Modus *1* ein. Als Moduspriorität ordnen Sie *A* und als Primärressource *W1410_1000_002* zu. Die Lokation ist *1000* und die Maßeinheit für die variable Dauer *0,417* ist *Stunden* [H] (fixe Dauer: *0*).

Zur angegebenen Ressource *W1410_1000_002* müssen noch weitere Angaben gepflegt werden. Doppelklicken Sie dafür auf die Ressource. Geben Sie in der unten rechts angezeigten Tabelle (siehe Abb. 5.95, Nr. 1.) in der Zeile der Ressource *0* für den variablen kontinuierlichen Verbrauch und *1* für den fixen kontinuierlichen Verbrauch ein. Die Maßeinheit ist *Stunden* [H] und der variable Bucketverbrauch beträgt *0,417*.

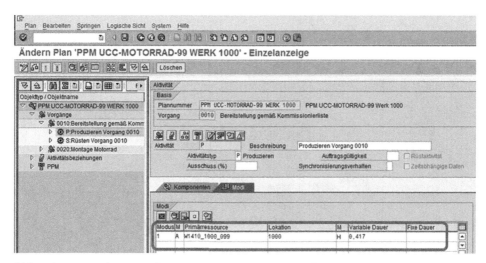

**Abb. 5.94**  PPM anlegen: Modi zu Vorgang *0010*, Aktivität *P*, pflegen

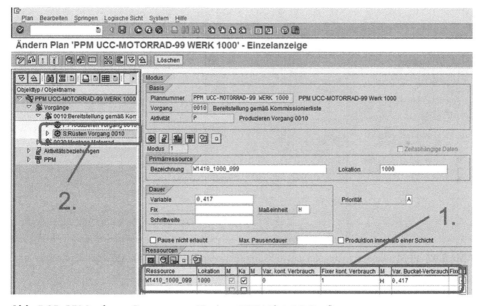

**Abb. 5.95**  PPM anlegen: Ressource zu Vorgang 0010, Aktivität P, pflegen

Springen Sie nun mithilfe des Navigationsbaums auf der linken Seite per Doppelklick zur Aktivität *S: Rüsten* des Vorgangs 0010 (siehe Abb. 5.95, Nr. 2). Auf der Registerkarte *Komponenten* (siehe Abb. 5.96) geben Sie in der ersten Zeile den Text *UCC-MOTOR-##* ein, ordnen als Input/Output-Indikation *Input: Entnommene Menge* [I] sowie als Verbrauchsart *Verbrauch zu Beginn der Aktivität* [S] zu. In der zweiten Zeile geben Sie *UCC-RAHMEN-##* ein und ordnen die gleiche Input/Output-Indikation sowie Verbrauchsart zu.

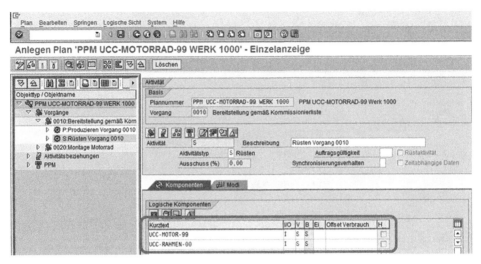

**Abb. 5.96** PPM anlegen: Komponenten zu Vorgang 0010, Aktivität S, pflegen

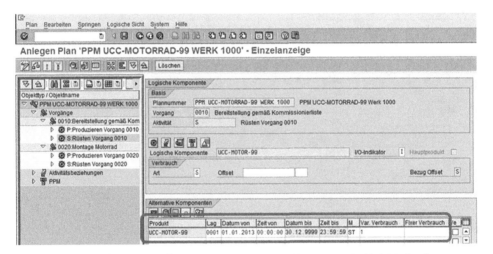

**Abb. 5.97** PPM anlegen: Erste alternative Komponente zu Vorgang 0010, Aktivität S, pflegen

Doppelklicken Sie auf die erste Zeile, um die alternativen Komponenten zur ersten Komponente zu pflegen (siehe Abb. 5.97). Geben Sie hier das Produkt UCC-MOTOR-## und das Lager 0001 ein. Für *Datum von* tragen Sie den 01. Januar des aktuellen Jahres und für *Datum bis* den 30.12.9999 ein. Die Felder *Zeit von* und *Zeit bis* bleiben leer. Als Maßeinheit für den variablen Verbrauch *1* ordnen Sie *Stück* [ST] zu.

Navigieren Sie zurück zu den Komponenten der Aktivität *S: Rüsten* des Vorgangs 0010 und doppelklicken Sie nun auf die zweite Komponente *UCC-RAHMEN-##*. Geben Sie hier bei den alternativen Komponenten das Produkt UCC-RAHMEN-## und das Lager 0001 ein (siehe Abb. 5.98). Für *Datum von* tragen Sie wieder den 01. Januar des aktuellen Jahres und für *Datum bis* den 30.12.9999 ein. Die Felder *Zeit von* und *Zeit bis* bleiben leer. Als Maßeinheit für den variablen Verbrauch des Betrags *1* ordnen Sie *Stück* [ST] zu.

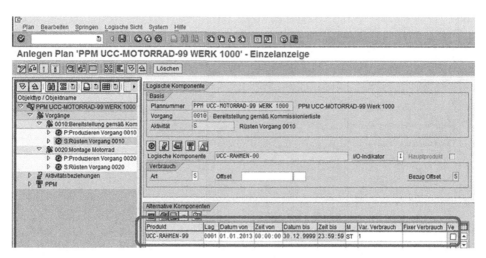

**Abb. 5.98** PPM anlegen: Zweite alternative Komponente zu Vorgang 0010, Aktivität S, pflegen

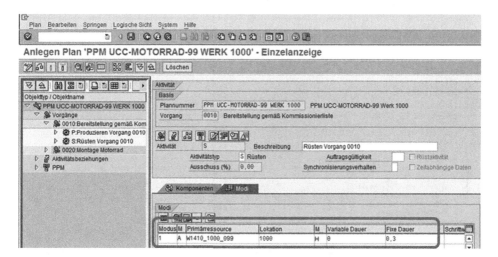

**Abb. 5.99** PPM anlegen: Modi zu Vorgang 0010, Aktivität S, pflegen

Zeigen Sie die Registerkarte *Modi* dieser Aktivität an und vergeben Sie erneut die Modusnummer *1* sowie die Moduspriorität *A* (siehe Abb. 5.99). Weiterhin ordnen Sie auch hier die Primärressource W1410_1000_002 und die Lokation 1000 zu. Die Maßeinheit für die fixe Dauer *0,3* ist wiederum *Stunden* [H] (variable Dauer: *0*).

Doppelklicken Sie nun wiederum auf die Ressource. Geben Sie in der unten rechts angezeigten Tabelle (siehe Abb. 5.100, Nr. 1.) in der Zeile der Ressource *0* für den variablen kontinuierlichen Verbrauch und *1* für den fixen kontinuierlichen Verbrauch ein. Die Maßeinheit ist *Stunden* [H]. Der variable Bucketverbrauch beträgt ebenfalls *0* und der fixe Bucketverbrauch *0,3*.

Springen Sie nun mithilfe des Navigationsbaums auf der linken Seite per Doppelklick zum Vorgang *0020: Montage Material* (siehe Abb. 5.100, Nr. 2.). Die Tabelle zur Pflege der

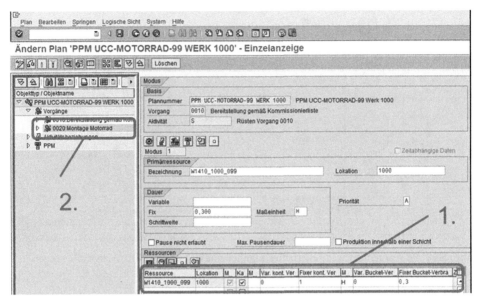

**Abb. 5.100**  PPM anlegen: Ressource zu Vorgang 0010, Aktivität S, pflegen

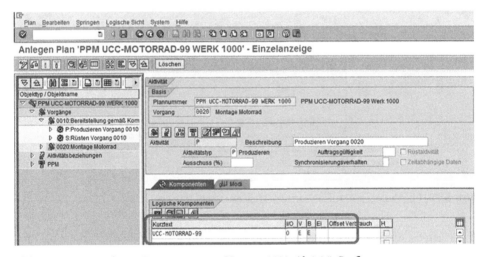

**Abb. 5.101**  PPM anlegen: Komponenten zu Vorgang 0020, Aktivität P, pflegen

Aktivitäten des gewählten Vorgangs wird angezeigt. Geben Sie im Feld der ersten Zeile links als Nummer der Aktivität *P* und als Beschreibung *Produzieren Vorgang 0020* ein. Im Feld daneben ordnen Sie mithilfe des Drop-Down-Knopfs den Aktivitätstyp *Produzieren* [P] zu. In der zweiten Zeile darunter vergeben Sie die Aktivitätsnummer *S* mit der Beschreibung *Rüsten Vorgang 0020* und ordnen den Aktivitätstyp *Rüsten* [S] zu.

Doppelklicken Sie auf die erste Aktivität *P* und geben Sie auf der Registerkarte Komponenten *UCC-MOTORRAD-##* ein (siehe Abb. 5.101). Die Input/Output-Indikation ist hier

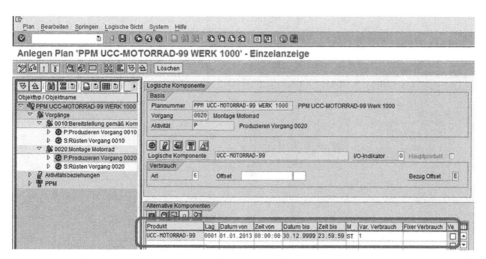

**Abb. 5.102** PPM anlegen: Alternative Komponente zu Vorgang 0020, Aktivität P, pflegen

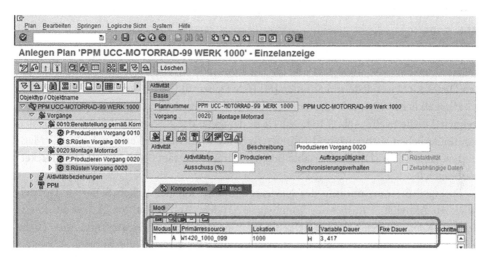

**Abb. 5.103** PPM anlegen: Modi zu Vorgang 0020, Aktivität P, pflegen

*Output: Produzierte Menge* [O] und die Verbrauchsart *Verbrauch am Ende der Aktivität* [E].

Doppelklicken Sie auf die erste Zeile, um die alternativen Komponenten zu pflegen (siehe Abb. 5.102). Geben Sie das Produkt UCC-MOTORRAD-## und das Lager 0001 ein. Für *Datum von* tragen Sie den 01. Januar des aktuellen Jahres und für *Datum bis* den 30.12.9999 ein. Die Felder *Zeit von* und *Zeit bis* bleiben leer. Als Maßeinheit für den variablen Verbrauch *1* ordnen Sie *Stück* [ST] zu.

Zeigen Sie die Registerkarte *Modi* dieser Aktivität an (siehe Abb. 5.103) und vergeben Sie die Modusnummer *1* sowie die Moduspriorität *A*. Weiterhin ordnen Sie hier die Pri-

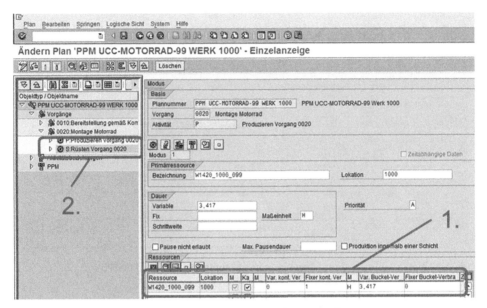

**Abb. 5.104** PPM anlegen: Ressource zu Vorgang 0020, Aktivität P, pflegen

märressource W1420_1000_002 und die Lokation 1000 zu. Die Maßeinheit für die variablen Dauer *3,417* ist wiederum *Stunden* [H] (fixe Dauer: *0*).

Doppelklicken Sie auch hier auf die Ressource. Geben Sie in der unten rechts angezeigten Tabelle (siehe Abb. 5.104, Nr. 1.) in der Zeile der Ressource *0* für den variablen kontinuierlichen Verbrauch und *1* für den fixen kontinuierlichen Verbrauch ein. Die Maßeinheit ist *Stunden* [H]. Der variable Bucketverbrauch beträgt *3,417* und der fixe Bucketverbrauch *0*.

Springen Sie nun mithilfe des Navigationsbaums auf der linken Seite per Doppelklick zur Aktivität *S: Rüsten* des Vorgangs *0020* (siehe Abb. 5.104, Nr. 2). Auf der Registerkarte *Komponenten* nehmen Sie keine Einträge vor. Auf der Registerkarte *Modi* (siehe Abb. 5.105) vergeben Sie erneut die Modusnummer *1* sowie die Moduspriorität *A*. Weiterhin ordnen Sie auch hier die Primärressource W1420_1000_002 und die Lokation 1000 zu. Die Maßeinheit für die fixe Dauer *0,167* ist wiederum *Stunden* [H] (variable Dauer: *0*).

Doppelklicken Sie auf die Ressource. Geben Sie in der unten rechts angezeigten Tabelle (siehe Abb. 5.106, Nr. 1.) in der Zeile der Ressource *0* für den variablen kontinuierlichen Verbrauch und *1* für den fixen kontinuierlichen Verbrauch ein. Die Maßeinheit ist *Stunden* [H]. Der variable Bucketverbrauch beträgt *0* und der fixe Bucketverbrauch *0,167*.

Der nächste Schritt für das Anlegen des PPMs für das Produkt UCC-MOTORRAD-## in der Lokation 1000 besteht in der Pflege der Aktivitätsbeziehungen. Betätigen Sie in der Pflege der Ressource den Druckknopf *Aktivitätsbeziehungen* (siehe Abb. 5.106, Nr. 2). Sie gelangen in ein Bild mit zwei Registerkarten, auf denen Sie jeweils separat *Vorgänger* und *Nachfolger* einer Aktivität pflegen (siehe Abb. 5.107). Die hier einzugebenden Beziehungen

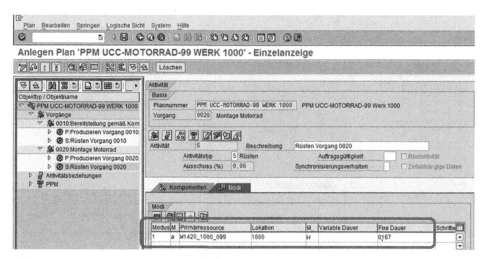

**Abb. 5.105**  PPM anlegen: Modi zu Vorgang 0020, Aktivität S, pflegen

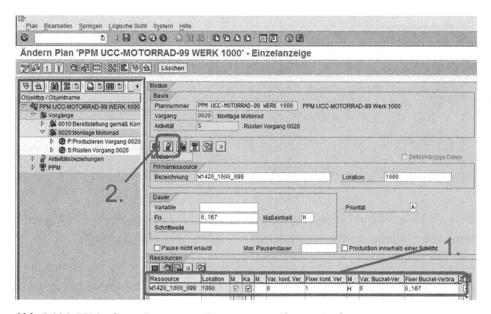

**Abb. 5.106**  PPM anlegen: Ressource zu Vorgang 0020, Aktivität S, pflegen

beziehen sich immer auf den Vorgang und die Aktivität, die im Kopfbereich des Bildes angezeigt werden. In Abb. 5.107 ist das die Aktivität *S* des Vorgangs *0020*. Diese Aktivität soll als Vorgänger die Aktivität *P* des Vorgangs *0010* und als Nachfolger die Aktivität *P* des Vorgangs *0020* erhalten. Geben Sie also auf der Registerkarte *Vorgänger* in der ersten Zeile

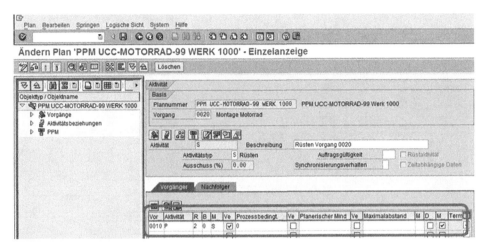

**Abb. 5.107** PPM anlegen: Aktivitätsbeziehung Vorgang 0020, Aktivität S, Vorgänger

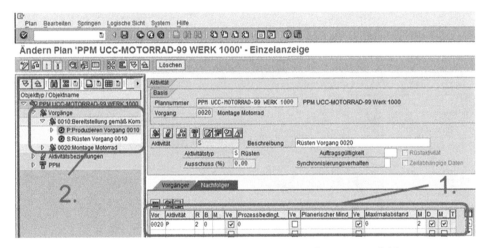

**Abb. 5.108** PPM anlegen: Aktivitätsbeziehung Vorgang 0020, Aktivität S, Nachfolger

in der Spalte [Vorgang] *0010* und in der Spalte [Aktivität] *P* ein. Ordnen Sie als Referenztyp (Spalte [Ref.typ]) *Ende-Start-Beziehung* [2] zu. Die Nachfolgeraktivität darf also erst starten, wenn ihre Vorgängeraktivität beendet wurde. Der Bezugsuntertyp soll *Standard* [2] und die Maßeinheit *Sekunde* [S] sein. Der prozessbedingte Mindestabstand soll verwendet werden (Haken setzen in der Spalte [Verwendung (prb. Min.)]), wobei dieser Mindestabstand *0* betragen soll (Feld rechts daneben). Scrollen sie nach rechts und setzen Sie einen Haken bei *Materialfluss*.

Zeigen Sie nun die Registerkarte *Nachfolger* an und machen Sie folgende Eingaben (siehe Abb. 5.108, Nr. 1):

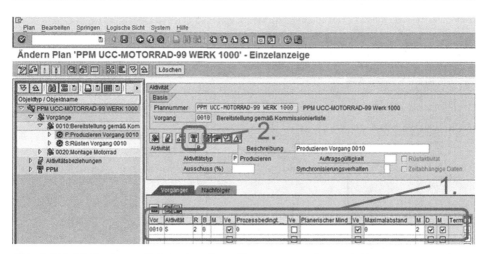

**Abb. 5.109**  PPM anlegen: Aktivitätsbeziehung Vorgang 0010, Aktivität P, Vorgänger

| | |
|---|---|
| Vorgang: | 0020 |
| Aktivität: | P |
| Ref.typ: | [2] Ende-Start-Beziehung |
| Bezugsuntertyp: | [0] Standard |
| Verwendung prb. Min.: | Haken setzen |
| Prozessbedingt. Mindestabstand: | 0 |
| Verwendung (Max.): | Haken setzen |
| Maximalabstand: | 0 |
| Moduskopplungstyp: | [2] Identische Primärressource |
| Durchgehende Belegung der Ressourcen: | Haken setzen |
| Materialfluss: | Haken setzen |

Navigieren Sie nun mithilfe des Navigationsbaums links zur Aktivität *P* des Vorgangs *0010* (siehe Abb. 5.108, Nr. 2) und betätigen Sie dann ebenfalls den Druckknopf *Aktivitätsbeziehungen*. Als Nachfolger ist hier aufgrund Ihrer vorangegangenen Eingaben bereits die Aktivität *S* des Vorgangs *0020* eingetragen. Zeigen Sie die Registerkarte *Vorgänger* an und machen Sie folgende Eingaben (siehe Abb. 5.109, Nr. 1.):

| | |
|---|---|
| Vorgang: | 0010 |
| Aktivität: | S |
| Ref.typ: | [2] Ende-Start-Beziehung |
| Bezugsuntertyp: | [0] Standard |
| Verwendung prb. Min.: | Haken setzen |
| Prozessbedingt. Mindestabstand: | 0 |
| Verwendung (Max.): | Haken setzen |
| Maximalabstand: | 0 |
| Moduskopplungstyp: | [2] Identische Primärressource |
| Durchgehende Belegung der Ressourcen: | Haken setzen |
| Materialfluss: | Haken setzen |

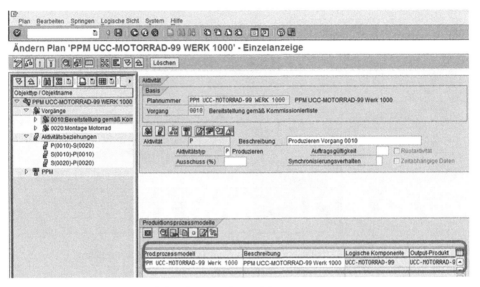

**Abb. 5.110** PPM anlegen: Produkt-Plan-Zuordnung (1)

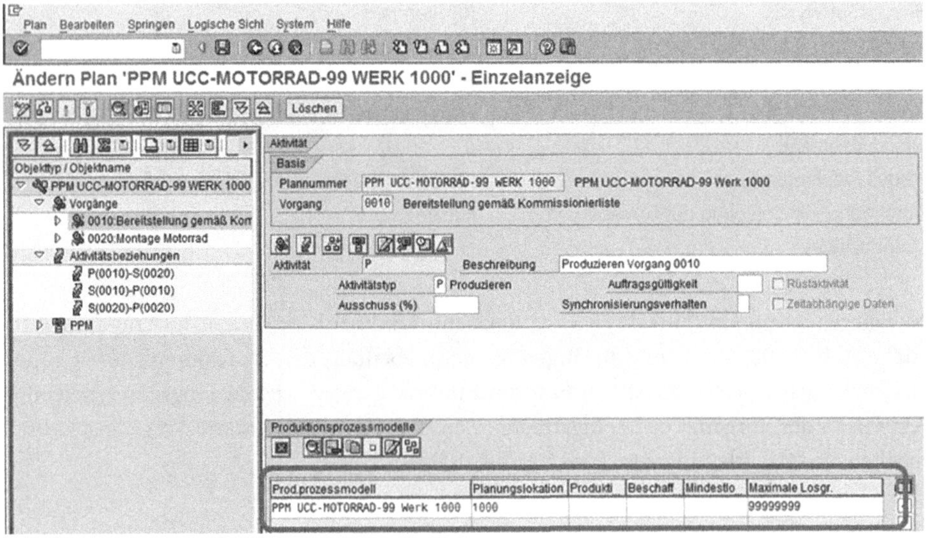

**Abb. 5.111** PPM anlegen: Produkt-Plan-Zuordnung (2)

Betätigen Sie nun im aktuellen Bild der Pflege der Aktivitätsbeziehung den Druckknopf *Produkt-Plan-Zuordnung* (siehe Abb. 5.109, Nr. 2.). Geben Sie bei *Prod.prozessmodell* und *Beschreibung* jeweils *PPM UCC-MOTORRAD-## Werk 1000* ein (siehe Abb. 5.110) und scrollen Sie nach rechts. Geben Sie als Planungslokation *1000* und als maximale Losgröße *99.999.999* ein (siehe Abb. 5.111).

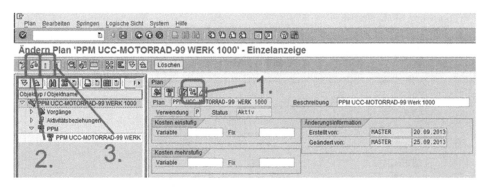

**Abb. 5.112** PPM anlegen: Modellzuordnung aufrufen

Drücken Sie nun *ENTER* und beantworten Sie ggf. die Frage, ob gesichert werden soll, mit *JA*. Die Meldung, in der gefragt wird, ob das PPM aktiviert werden soll, beantworten Sie dagegen mit *NEIN*. Zeigen Sie noch einmal die Vorgangsübersicht an und betätigen Sie den Druckknopf *Modellzuordnung* (siehe Abb. 5.112, Nr. 1.). Markieren Sie in dem erscheinenden Fenster die erste Zeile, die das aktive Modell 000 enthält, und betätigen Sie dann den Druckknopf *Objekte dem Modell zuordnen* (siehe Abb. 5.113). In der markierten Zeile erschein ein grüner Haken. Bestätigen Sie das aktuelle Fenster und auch die erscheinende Meldung mit *ENTER*.

Betätigen Sie nun in der Anwendungsfunktionsleisten den Druckknopf *Plan prüfen* (siehe Abb. 5.112, Nr. 2.). Wenn Sie links unten die Meldung erhalten, dass die PPM-Prüfung ohne Fehler beendet wurde, aktivieren Sie Ihren PPM, indem Sie den Druckknopf *Aktivieren* betätigen (siehe Abb. 5.112, Nr. 3.). Anschließend erhalten Sie eine Meldung, dass Ihr PPM aktiviert wurde.

Legen Sie nun auch ein PPM für das Produkt UCC-MOTORRAD-## in der Lokationen 1100 an, indem Sie den zuvor angelegten PPM kopieren. Rufen Sie dafür im Navigationsbaum die Transaktion *Advanced Planning and Optimization → Stammdaten → Produktionsprozessmodell → Produktionsprozessmodell* auf und wählen Sie den Bereich *alle Pläne* (siehe Abb. 5.114). Selektieren Sie Ihr zuvor angelegtes PPM und betätigen Sie dann den Druckknopf *Kopieren*. Auf dem erscheinenden Bild geben Sie als Name der Kopie *PPM UCC-MOTORRAD-## WERK 1100* ein und bestätigen mit dem Druckknopf *OK* (siehe Abb. 5.115)

Springen Sie nun in den Modus jeder der vier Aktivitäten und ersetzen Sie jeweils die Primärressource und Lokation durch die entsprechende Ressource und Lokation:

Vorgang 0010, Aktivität P, Modus 1: Ressource W1410_1100_002, Lokation 1100
Vorgang 0010, Aktivität S, Modus 1: Ressource W1410_1100_002, Lokation 1100
Vorgang 0020, Aktivität P, Modus 1: Ressource W1420_1100_002, Lokation 1100
Vorgang 0020, Aktivität S, Modus 1: Ressource W1420_1100_002, Lokation 1100

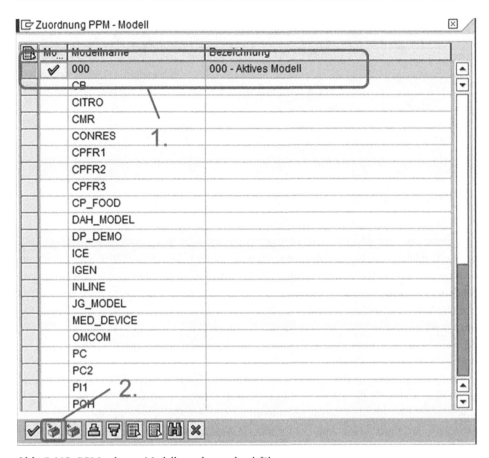

**Abb. 5.113**  PPM anlegen: Modellzuordnung durchführen

**Abb. 5.114**  PPM kopieren:
Einstieg

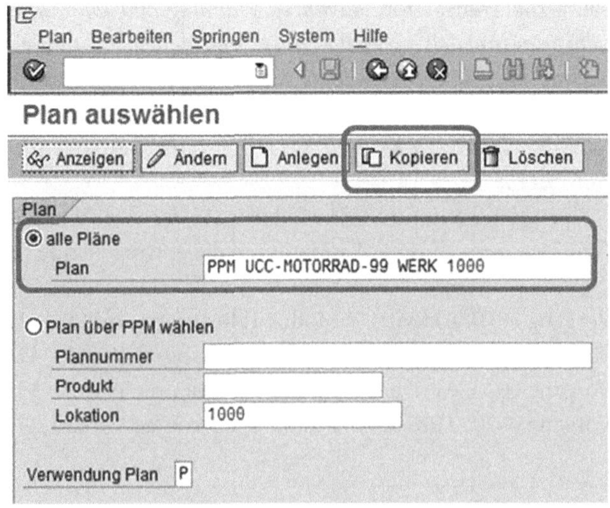

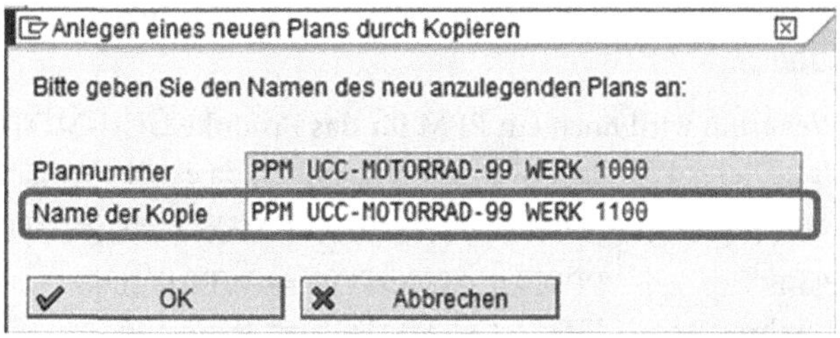

**Abb. 5.115**  PPM kopieren:
Name der Kopie

Bedauerlicherweise wurden die Kapazitätsverbräuche der Ressourcen nicht kopiert. Rufen Sie daher die Pflege der Ressourcen auf und geben Sie exakt die gleichen Werte wie in dem PPM für Lokation 1000 ein (vgl. Abb. 5.95, 5.100, 5.104 und 5.106). Hier empfiehlt es sich, einen zweiten Modus zu öffnen, in dem Sie das PPM für Lokation 1000 anzeigen, um die Werte in das neue PPM zu übernehmen.

In der Produkt-Plan-Zuordnung ersetzen Sie Lokation 1000 durch 1100. Vergessen Sie dabei nicht die Planungslokation und prüfen Sie außerdem die Modellzuordnung! Abschließend sichern und aktivieren Sie das PPM (Abb. 5.116).

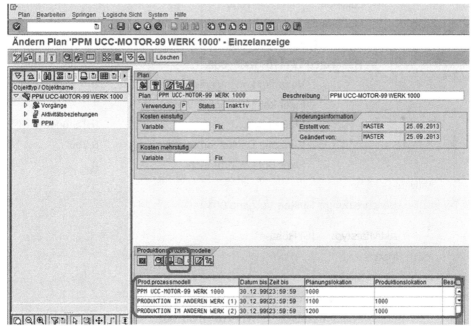

**Abb. 5.116**  PPM anlegen: Plan kopieren

**Legen Sie analog auch ein PPM für das Produkt UCC-MOTORRAD-## in Lokation 1200 an.**

Weiterhin wird noch ein PPM für das Produke UCC-MOTOR-## in Lokation 1000 benötigt. Dieses PPM ist etwas umfangreicher, da es vier Vorgänge enthält. Führen Sie das Anlegen dieses PPMs wie zuvor durch und verwenden Sie folgende Einstellungen und Daten:

Plan:             PPM UCC-MOTOR-## WERK 1000
Beschreibung:     PPM UCC-MOTOR-## Werk 100

Vorgang 0010: Bereitstellung gemäß Kommissionierliste

 Aktivität P:

   Beschreibung:  Produzieren Vorgang 0010

   Aktivitätstyp:    [P] Produzieren

   Modi:

     Modus:                 1

     Moduspriorität:        A

     Primärressource:       W1410_1000_002

     Lokation:              1000

     Maßeinheit:            [H] Stunde

     Variable Dauer:        0,250

     Ressource W1410_1000_002:

       Variabler kontinuierlicher Verbrauch:    0

       Fixer kontinuierlicher Verbrauch:        1

       Maßeinheit:                              [H] Stunden

       Variabler Bucketverbrauch:               0,250

       Fixer Bucketverbrauch:                   0

  Aktivität S:

   Beschreibung:  Rüsten Vorgang 0010

   Aktivitätstyp:    [S] Rüsten

   Modi:

     Modus:                 1

     Moduspriorität:        A

     Primärressource:       W1410_1000_002

     Lokation:              1000

     Maßeinheit:            [H] Stunde

     Fixe Dauer:            0,133

     Ressource W1410_1000_002:

       Variabler kontinuierlicher Verbrauch:    0

       Fixer kontinuierlicher Verbrauch:        1

       Maßeinheit:                              [H] Stunden

                 Variabler Bucketverbrauch:        0

                 Fixer Bucketverbrauch:           0,133

Komponenten:

    Zeile 1:

        Kurztext:                     UCC-BLOCK-##

        Input-/Output-Indikator:      [I] Input: Entnommene Menge

        Verbrauchstyp:              [S] Verbrauch zu Beginn der Aktivität

        Alternative Komponenten:

            Produkt:            UCC-BLOCK-##

            Lagerort:            0001

            Datum von:         1. Januar des aktuellen Jahres

            Datum bis:         30.12.9999

            Maßeinheit:        [ST] Stück

            Variabler Verbrauch: 1

    Zeile 2:

        Kurztext:                     UCC-WELLE-##

        Input-/Output-Indikator:      [I] Input: Entnommene Menge

        Verbrauchstyp:              [S] Verbrauch zu Beginn der Aktivität

         Alternative Komponenten:

            Produkt:            UCC-WELLE-##

            Lagerort:            0001

            Datum von:         1. Januar des aktuellen Jahres

            Datum bis:         30.12.9999

            Maßeinheit:        [ST] Stück

            Variabler Verbrauch: 1

Vorgang 0020:  Montage Motor

    Aktivität P:

        Beschreibung:      Produzieren Vorgang 0020

        Aktivitätstyp:      [P] Produzieren

        Modi:

            Modus:             1

            Moduspriorität:     A

            Primärressource:   W1410_1000_002

            Lokation:            1000

            Maßeinheit:       [H] Stunde

            Variable Dauer:     2,250

Ressource W1420_1000_002:

> Variabler kontinuierlicher Verbrauch:     0
>
> Fixer kontinuierlicher Verbrauch:         1
>
> Maßeinheit:                               [H] Stunden
>
> Variabler Bucketverbrauch:                0,250
>
> Fixer Bucketverbrauch:                    0

Vorgang 0030:   Lagerspiel Welle prüfen

Aktivität P:

Beschreibung:   Produzieren Vorgang 0030

Aktivitätstyp:     [P] Produzieren

Modi:

> Modus:                      1
>
> Moduspriorität:             A
>
> Primärressource:            W1420_1000_002
>
> Lokation:                   1000
>
> Maßeinheit:                 [H] Stunde
>
> Variable Dauer:             0,250
>
> Ressource W1420_1000_002:
>
> > Variabler kontinuierlicher Verbrauch:     0
> >
> > Fixer kontinuierlicher Verbrauch:         1
> >
> > Maßeinheit:                               [H] Stunden
> >
> > Variabler Bucketverbrauch:                0,250
> >
> > Fixer Bucketverbrauch:                    0

Aktivität S:

Beschreibung:     Rüsten Vorgang 0030

Aktivitätstyp:     [S] Rüsten

Modi:

> Modus:                      1
>
> Moduspriorität:             A
>
> Primärressource:            W1420_1000_002
>
> Lokation:                   1000
>
> Maßeinheit:                 [H] Stunde
>
> Fixe Dauer:                 0,167

Ressource W1420_1000_002:

    Variabler kontinuierlicher Verbrauch:   0

    Fixer kontinuierlicher Verbrauch:   1

    Maßeinheit:   [H] Stunden

    Variabler Bucketverbrauch:   0

    Fixer Bucketverbrauch:   0,167

Vorgang 0040:

  Aktivität P:

    Beschreibung:  Produzieren Vorgang 0040

    Aktivitätstyp:   [P] Produzieren

    Modi:

      Modus:      1

      Moduspriorität:     A

      Primärressource:     W1420_1000_002

      Lokation:     1000

      Maßeinheit:     [H] Stunde

      Variable Dauer:     0,167

      Ressource W1420_1000_002:

        Variabler kontinuierlicher Verbrauch:   0

        Fixer kontinuierlicher Verbrauch:   1

        Maßeinheit:   [H] Stunden

        Variabler Bucketverbrauch:   0,167

        Fixer Bucketverbrauch:   0

    Komponenten:

      Kurztext:      UCC-MOTOR-##

      Input-/Output-Indikator:     [O] Output: Produzierte Menge

      Verbrauchstyp:     [E] Verbrauch am Endeder Aktivität

      Alternative Komponenten:

        Produkt:      UCC-MOTOR##

Datum von:                              1. Januar des aktuellen Jahres
Datum bis:                              30.12.9999
Maßeinheit:                             [ST] Stück
Variabler Verbrauch:                    1

Aktivitätsbeziehungen:
   Vorgang 0010, Aktivität P:

      Vorgänger:

         Vorgang:                                0010

         Aktivität:                              S

         Referenztyp:                            [2] Ende-Start-Beziehung

         Bezugsuntertyp:                         [0] Standard

         Verwendung (prb. Min.):                 Haken setzen

         Prozessbedingter Mindestabstand:        0

         Verwendung Max.:                        Haken setzen

         Maximalabstand:                         0

         Moduskopplungstyp:                      [2] Identische Primärressource

         Durchgehende Belastung Ressourcen:      Haken setzen

         Materialfluss:                          Haken setzen

      Nachfolger:

         Vorgang:                                0020

         Aktivität:                              P

         Referenztyp:                            [2] Ende-Start-Beziehung

         Bezugsuntertyp:                         [0] Standard

         Maßeinheit:                             [S] Sekunde

         Verwendung (prb. Min.):                 Haken setzen

         Prozessbedingter Mindestabstand:        0

         Moduskopplungstyp:                      [0] Ohne Ressourceneinschränkung

         Materialfluss:                          Haken setzen

   Vorgang 0020, Aktivität P:

      Nachfolger:

         Vorgang:                                0030

         Aktivität:                              S

         Referenztyp:                            [2] Ende-Start-Beziehung

         Bezugsuntertyp:                         [0] Standard

         Maßeinheit:                             [S] Sekunde

         Verwendung (prb. Min.):                 Haken setzen

         Prozessbedingter Mindestabstand:        0

         Moduskopplungstyp:                      [0] Ohne Ressourceneinschränkung

|                                     |                                  |
|-------------------------------------|----------------------------------|
| Materialfluss:                      | Haken setzen                     |

Vorgang 0030, Aktivität S:

Nachfolger:

| | |
|---|---|
| Vorgang: | 0030 |
| Aktivität: | P |
| Referenztyp: | [2] Ende-Start-Beziehung |
| Bezugsuntertyp: | [0] Standard |
| Verwendung (prb. Min.): | Haken setzen |
| Prozessbedingter Mindestabstand: | 0 |
| Verwendung Max.: | Haken setzen |
| Maximalabstand: | 0 |
| Moduskopplungstyp: | [2] Identische Primärressource |
| Durchgehende Belastung Ressourcen: | Haken setzen |
| Materialfluss: | Haken setzen |

Vorgang 0030, Aktivität P:

Nachfolger:

| | |
|---|---|
| Vorgang: | 0040 |
| Aktivität: | P |
| Referenztyp: | [2] Ende-Start-Beziehung |
| Bezugsuntertyp: | [0] Standard |
| Maßeinheit: | [S] Sekunde |
| Verwendung (prb. Min.): | Haken setzen |
| Prozessbedingter Mindestabstand: | 0 |
| Moduskopplungstyp: | [0] Ohne Ressourceneinschränkung |
| Materialfluss: | Haken setzen |

Produkt-Plan-Zuordnung:

Zeile 1:

| | |
|---|---|
| Prod.prozessmodell: | PPM UCC-MOTOR-## WERK 1000 |
| Beschreibung: | PPM UCC-MOTOR-## Werk 1000 |
| Datum von: | 1. Januar des aktuellen Jahres |
| Datum bis: | 31.12.9999 |
| Planungslokation: | 1000 |
| Maximale Losgröße: | 99.999.999 |

Zeile 2: Setzen Sie den Cursor in Zeile 1 und wählen Sie den Druckknopf *Kopieren* (siehe ⊙ Abb. 5.116). Beantworten Sie die Frage, ob Sie das PPM kopieren wollen, mit *JA*. Dadurch wird eine neue Zeile erzeugt, in der Sie die folgenden Eingaben machen können:

Prod.prozessmodell:      Produktion im anderen Werk (1)

Planungslokation:        1100

Produktionslokation:     1000

Zeile 3: Verfahren Sie wie bei Zeile 2.

Prod.prozessmodell:      Produktion im anderen Werk (2)

Planungslokation:        1200

Produktionslokation:     1000

Modellzuordnung:         Aktives Modell 000

Sichern, Prüfen und aktivieren Sie das PPM.

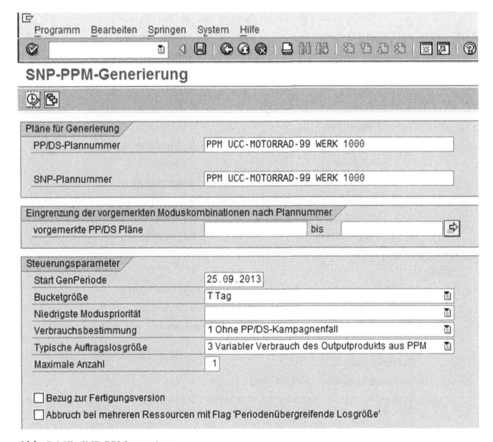

**Abb. 5.117**  SNP-PPM generieren

Abschließend müssen auf Basis der PPMe, die bisher ausschließlich für das Modul PP/
DS angelegt wurden, SNP-PPMe erzeugt werden. Wählen Sie dafür im Navigationsbaum
die Transaktion *Advanced Planning and Optimization → Stammdaten → Produktionsprozessmodell → SNP-PPM-Generierung mit Losgrößenspanne* (siehe Abb. 5.117). Generieren

**Abb. 5.118** Modell und Planversion kopieren

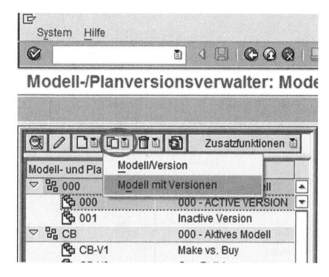

Sie zuerst das SNP-PPM für das Produkt UCC-MOTORRAD-## in der Lokation 1000, indem Sie im Feld *PP/DS-Plannummer* das entsprechende PPM selektieren. Geben Sie als SNP-Plannummer *PPM UCC-MOTORRAD-## WERK 1000* ein. Für die Startgenerierungsperiode wählen Sie das aktuelle Tagesdatum. Die Bucketgröße soll *Tag* [T] sein und im Feld *Verbrauchsbestimmung* legen Sie *Ohne PP/DS-Kampagnenfall* [1] fest. Als typische Auftragslosgröße wählen Sie *Variabler Verbrauch des Outputprodukts aus PPM* [3]. Die maximale Anzahl der zu generierenden SNP-PPMe soll *1* betragen. Wählen Sie *Ausführen*. Sie erhalten ein Protokoll mit dem Ergebnis der Generierung.

Wiederholen Sie die SNP-PPM-Generierung auf gleiche Weise auch für die PP/DS-PPMe des Produkts UCC-MOTORRAD-## in den Lokationen 1100 **und** 1200. Außerdem muss auch ein SNP-PPM für das Produkt UCC-MOTOR-## in der Lokation 1000 generiert werden.

## 5.4 Anlegen einer Planversion und eines Modells

Unabhängig davon, ob Sie mit oder ohne SAP ERP arbeiten, legen Sie nun eine eigene Planversion und ein eigenes Modell an, mit denen Sie getrennt von allen anderen Benutzern im SAP SCM System eigene Planungen durchführen können. Rufen Sie im Navigationsbaum die Transaktion *Advanced Planning and Optimization* → *Stammdaten* → *Planversionsmanagement* → *Modell- und Versionsmanagement* auf. Damit Sie nicht alle mühsam erzeugten Stammdaten in Ihrer Planversion erneut anlegen müssen, kopieren Sie die Planversion 000 inklusive aller enthaltenen Stammdaten. Markieren Sie zunächst in der aufgerufenen Transaktion (siehe Abb. 5.118) mithilfe der Taste STRG das Modell 000 und die Planversion 000. Betätigen Sie dann den Druckknopf *Modell/Planversion kopieren* und wählen Sie *Modell mit Versionen*. Benennen Sie dann rechts (siehe Abb. 5.119) als Ziel Ihr Modell mit *UCC##* mit der Beschreibung Modell *UCC##*. Analog bezeichnen Sie darunter auch Ihre *Planversion* mit *UCC##* und benennen sie als Planversion *UCC##*. Wählen Sie

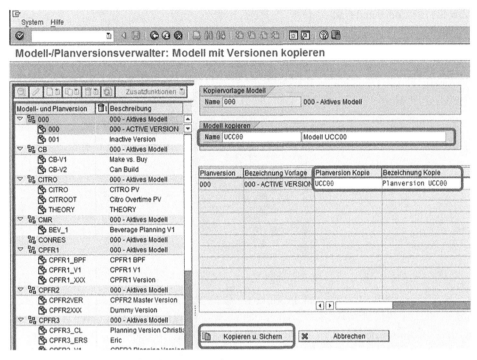

**Abb. 5.119**  Zielmodell und Zielversion angeben

**Abb. 5.120**  Pflege des
Modells aufrufen

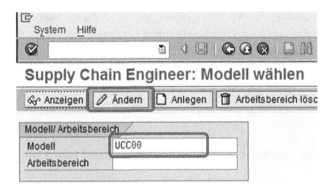

dann *Kopieren u. Sichern*. Sie erhalten eine Meldung, dass ein Hintergrundprogramm gestartet wurde, welche Sie mit *ENTER* bestätigen können.

Sobald Sie nach wenigen Minuten eine weitere Meldung erhalten, dass das Hintergrundprogramm beendet wurde, können Sie Ihr erzeugtes Modell und Ihre erzeugte Planversion mithilfe des Druckknopfs *Aktualisieren* anzeigen lassen (evtl. müssen Sie nach
unten scrollen).

Nun können Sie damit beginnen, im *Supply Chain Engineer* den Arbeitsbereich des Modells für Ihre Planversion zu pflegen. Rufen Sie dazu die Transaktion *Advanced Planning
and Optimization → Stammdaten → Supply Chain Engineer → Modell pflegen* auf. Tragen Sie
Ihr Modell UCC## ein und wählen Sie *Ändern* (siehe Abb. 5.120).

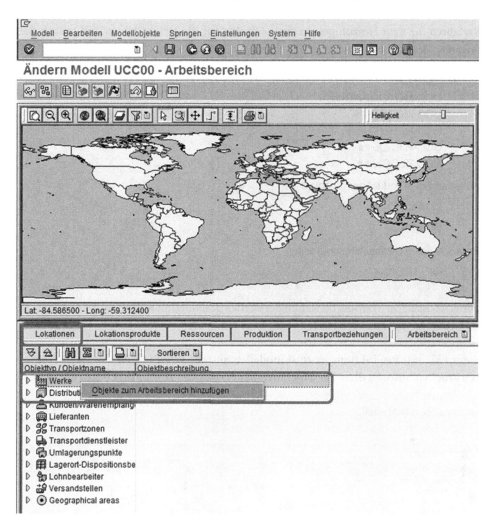

**Abb. 5.121**  Werke zum Arbeitsbereich hinzufügen

Im unteren Bereich des Bildschirms wird die Pflege der Lokationen angezeigt (falls nicht, betätigen Sie den Druckknopf *Lokationen*, siehe Abb. 5.121). Klicken Sie mit der rechten Maustaste auf das Objekt *Werke* und wählen Sie *Objekte zum Arbeitsbereich hinzufügen*.

Geben Sie anschließend als Merkmale die Werke 1000, 1100 und 1200 ein und bestätigen Sie mit *ENTER* (siehe Abb. 5.122).

Verfahren Sie zum Hinzufugen weiterer Objekte auf die gleiche Weise und ordnen Sie folgende Merkmalswert zu:

Lokationsprodukte:

      UCC-MOTORRAD-##

      UCC-MOTOR-##

      UCC-RAHMEN-##

      UCC-WELLE-##

      UCC-BLOCK-##

Ressourcen→Produktionsressourcen:

      W1410*

      W1420*

Ressourcen→ Transportressourcen:

      CP_TRUCK1

Die erforderlichen Transportbeziehungen werden gesondert in ▶ Abschn. 5.5 angelegt, da als Grundlage zunächst das Modell vorhanden sein muss.

**Sofern Sie mit Produktionsprozesskmodellen anstelle von Produktionsdatenstrukturen arbeiten, müssen dlese Im Objektberelch *Produktion* zugeordnet werden.**

Sechern Sie das Modell.

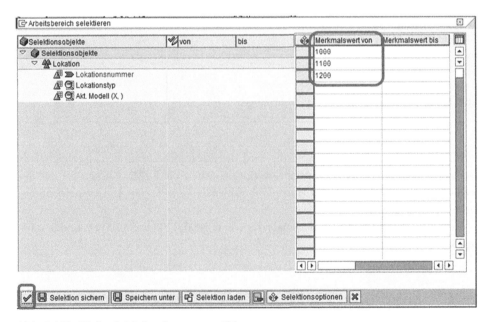

**Abb. 5.122** Werke als Merkmalswerte auswählen

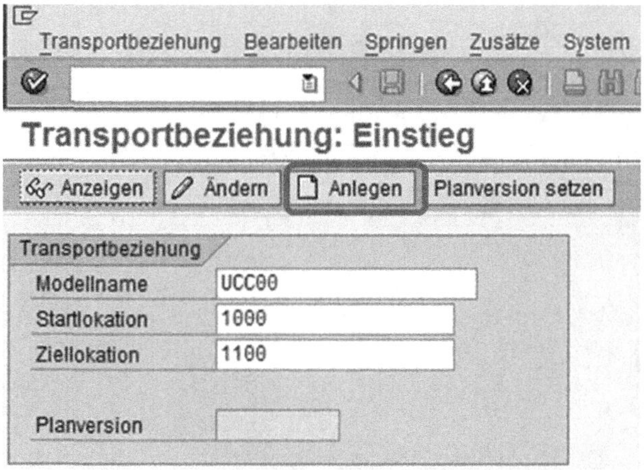

**Abb. 5.123** Transportbeziehung anlegen: Einstieg

## 5.5   Transportbeziehungen anlegen

Damit die produzierten Motoren vom Werk Hamburg an die Werke in Berlin und Dresden geliefert werden können, müssen in SAP APO Transportbeziehungen angelegt werden. Rufen Sie dazu die Transaktion *Advanced Planning and Optimization → Stammdaten → Transportbeziehung* auf. Tragen Sie Ihr Modell *UCC##* sowie als Startlokation *1000* und als Ziellokation *1100* ein. Ordnen Sie keine Planversion zu! Wählen Sie anschließend *Anlegen* (siehe Abb. 5.123).

Betätigen Sie anschließend im Bildschirmbereich *Produktspezifische Transportbeziehung* den Druckknopf *Anlegen* und geben Sie dann rechts das Produkt *UCC-MOTOR-##* als *Einzelselektion* ein (siehe Abb. 5.124). Als *Beginndatum* setzen Sie den 01.01.2000 und als *Endedatum* den 31.12.9999. Wählen Sie dann den Druckknopf *Übernehmen und schließen*.

Wählen Sie dann im Bildschirmbereich *Transportmittel* ebenfalls den Druckknopf *Anlegen* und ordnen Sie rechts als Transportmittel *ZCP_TRUCK Lastwagen* zu (siehe Abb. 5.125). Im Bereich der *Steuerkennzeichen* setzen Sie Haken bei *Aggr. Planung, Det. Planung* und *für alle Produkte gültig*. Entfernen Sie ggf. andere gesetzte Haken. Im Bereich *Parameter* betätigen Sie für die Ermittlung der Transportdistanz den Druckknopf *Vorschlag erzeugen*, wodurch Distanz und Transportdauer automatisch gesetzt werden. Abschließend wählen Sie den Druckknopf *Übernehmen und schließen*.

Sichern Sie die Transportbeziehung.

Verfahren Sie danach analog für die Transportbeziehungen von **Lokation 1000 zur Lokation 1200, von Lokation 1100 zur Lokation 1200 und auch von Lokation 1200 zur
Lokation 1100.** Sofern eine davon bereits existieren sollte, rufen Sie sie im Änderungs-
modus auf und entfernen alle bereits vorhandenen Einträge, indem Sie sie markieren und anschließend den Druckknopf *Löschen* betätigen. Verwenden Sie für die Transportbeziehungen folgende Daten:

**Abb. 5.124** Transportbeziehung anlegen: Detail (1)

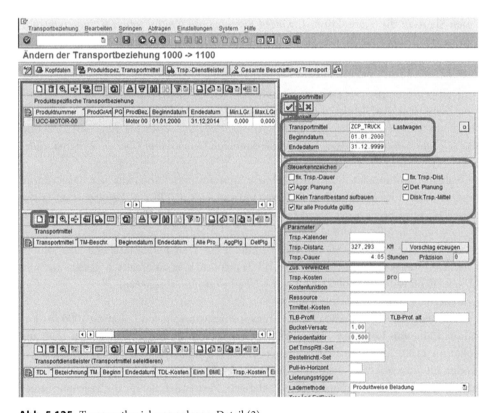

**Abb. 5.125** Transportbeziehung anlegen: Detail (2)

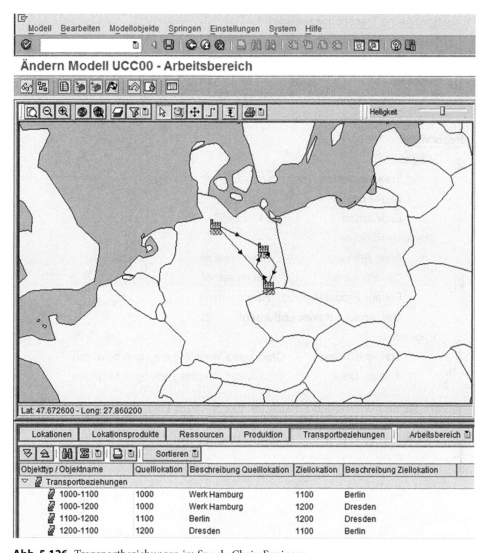

**Abb. 5.126** Transportbeziehungen im Supply Chain Engineer

Produktspezifische Transportbeziehung:

  Produkt → Einzelselektion:

    Produkt:      UCC-MOTOR-##

  Gültigkeit:

    Beginndatum:    01.01.2000

    Endedatum:    31.12.9999

Transportmittel:

  Gültigkeit:

    Transportmittel:   ZCP_TRUCK

    Beginndatum:    01.01.2000

    Endedatum:    31.12.9999

  Steuerkennzeichen:

    Aggr. Planung:   Haken setzen

    Det. Planung:    Haken setzen

    Für alle Produkte gültig: Haken setzen

    **Ggf. andere Haken entfernen!**

  Parameter:

    Transp.-Distanz:   Druckknopf Vorschlag erzeugen betätigen

    Transp.-Dauer:    Druckknopf Vorschlag erzeugen betätigen

Sichern Sie und überzeugen Sie sich im Supply Chain Engineer, dass die Transportbeziehungen in Ihrem Modell vorhanden sind (siehe Abb. 5.126). Die Zuordnung erfolgt automatisch, wenn die betreffenden Lokationen im Modell enthalten sind.

# Demand Planning (DP)     6

**Zusammenfassung**

Im Demand Planning wird im Rahmen der zu bearbeitenden Fallstudie eine Absatzplanung für alle drei Standorte des zugrunde liegenden Supply Network durchgeführt. Auf Basis von Vergangenheitsdaten für den Absatz des Endprodukts werden mithilfe eines Zeitreihenverfahrens die Nachfrageverläufe der nächsten 26 Wochen prognostiziert. Die Nachfrage der Vergangenheit weist einen saisonalen Verlauf auf, der geeignet zu berücksichtigen ist. Dafür müssen in SAP APO ein Planungsbereich, eine Planungsobjektstruktur, eine Planungsmappe und ein Prognoseprofil gepflegt werden. Anschließend können die Vergangenheitsdaten eingegeben und die Ergebnisse der Absatzplanung berechnet werden.

## 6.1 Administration der Absatzplanung

Um eine Absatzplanung durchführen zu können, müssen zunächst einige administrative Tätigkeiten durchgeführt werden. Dadurch wird insbesondere festgelegt, welche (Daten-) Objekte Gegenstand der Planung sein sollen. Legen Sie zunächst einen *Planungsbereich* an, indem Sie im Navigationsbaum die Transaktion *Advanced Planning and Optimization* → *Absatzplanung* → *Umfeld* → *Administration Absatzplanung und Supply Network Planning* ausführen. Klicken Sie in dem erscheinenden Bild mit der rechten Maustaste auf den Planungsbereich *9ADP01* und wählen Sie *kopieren* (siehe Abb. 6.1). Sie werden also für Ihre Absatzplanung einen eigenen Planungsbereich verwenden, wobei der im IDES-System von SAP zur Verfügung gestellte Planungsbereich *9ADP01* als Vorlage verwendet wird.

Nennen Sie Ihren Planungsbereich im erscheinenden Bild (siehe Abb. 6.2) *UCCDP##* und wählen Sie *ENTER*.

Scrollen Sie nun nach unten, klicken Sie mit der rechten Maustaste auf Ihren soeben angelegten Planungsbereich *UCCDP##* und wählen Sie *Zeitreihenobjekte anlegen* (siehe Abb. 6.3).

A. Witt, *Grundkurs SAP APO,*

DOI 10.1007/978-3-658-03654-6_6, © Springer Fachmedien Wiesbaden 2014

**Abb. 6.1** Planungsbereich
kopieren

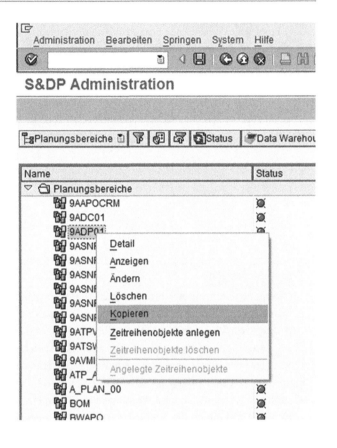

**Abb. 6.2** Planungsbereich
benennen

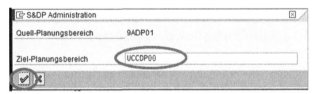

Im erscheinenden Bild (siehe Abb. 6.4). wählen Sie Ihre Planungsversion *UCC##*. Geben Sie als *Startdatum* den 01.01. des **Vorjahres** und als *Endedatum* den 31.12. des **Folgejahres** ein. Betätigen Sie dann *Ausführen*.

Sie erhalten eine Meldung, dass Ihr Planungsbereich erfolgreich initialisiert wurde. Außerdem hat Ihr Planungsbereich nun ein grünes Ampelsignal erhalten.

Im nächsten Schritt legen sie eine sog. *Planungsobjektstruktur* an. Dadurch ordnen Sie Ihrem Planungsbereich die Objekte bzw. Stammdaten zu, die Bestandteil der Planung sein sollen. Sie bleiben in der aktuellen Transaktion *Administration Absatzplanung und Supply Network Planning* und betätigen den Druckknopf *Planungsbereiche*. Es erscheint ein Pull-Down-Menü, in dem Sie *Planungsobjektstrukturen* wählen (siehe Abb. 6.5).

**Abb. 6.3** Zeitreihenobjekte
zum Planungsbereich anlegen
(1)

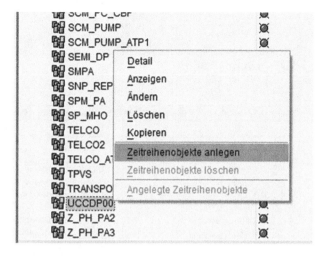

**Abb. 6.4** Zeitreihenobjekte
zum Planungsbreich anlegen (2)

**Abb. 6.5** Planungsobjektstrukturen aufrufen

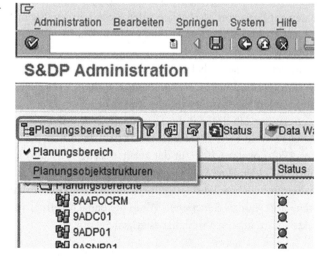

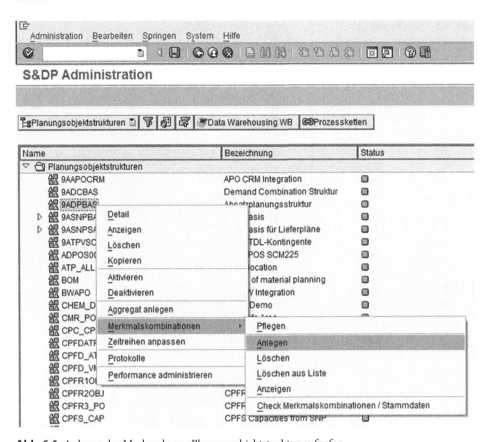

**Abb. 6.6** Anlegen der Merkmale zur Planungsobjektstruktur aufrufen

Ihrem Planungsbereich liegt die von SAP hinterlegte Objektstruktur *9ADPBAS* zugrunde, was nicht geändert werden soll. Die oben erwähnte Zuordnung Ihrer Stammdaten auf Basis von *Merkmalen* rufen Sie auf, indem Sie mit der rechten Maustaste auf die Objektstruktur *9ADPBAS* klicken und *Merkmalskombinationen* → *Anlegen* wählen (siehe Abb. 6.6).

Setzen Sie Haken bei *Zeitreihenobjekte anpassen*, bei *Ergebnisprotokoll*, bei *Merkmalswert prüfen* und bei *SCM-Stammdaten* prüfen. Entfernen Sie ggf. andere gesetzte Haken und wählen Sie *Ausführen* (siehe Abb. 6.7).

Betätigen Sie dreimal die Drucktaste *Zeile anhängen* und tragen Sie in jede Zeile als APO-Produkt *UCC-MOTORRAD-##* ein (siehe Abb. 6.8). In die erste Zeile schreiben Sie bei APO-Lokation *1000*, in der zweiten Zeile *1100* und in der dritten Zeile *1200*. In die übrigen Felder *Marke*, *APO-Ziellokation* und *Verkaufsor* tragen Sie in jeder Zeile als Platzhalter für beliebige Werte jeweils einen Stern (*) ein. Anschließend markieren Sie alle Einträge und wählen *Generieren*. Wenn Sie danach gefragt werden, ob Sie die Zeitreihenobjekte sofort anpassen wollen, bestätigen Sie mit *Ja*.

**Abb. 6.7** Einstellungen zum Anlegen der Merkmale für die Planungsobjektstruktur

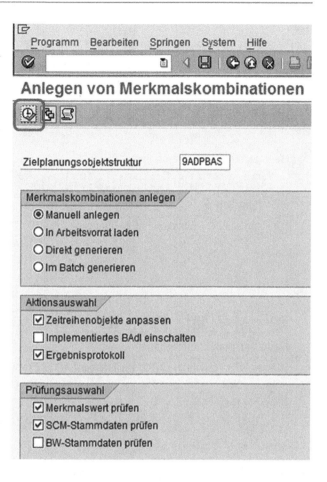

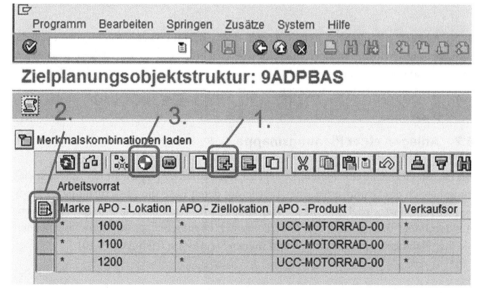

**Abb. 6.8** Einträge für die Generierung der Merkmalskombinationen

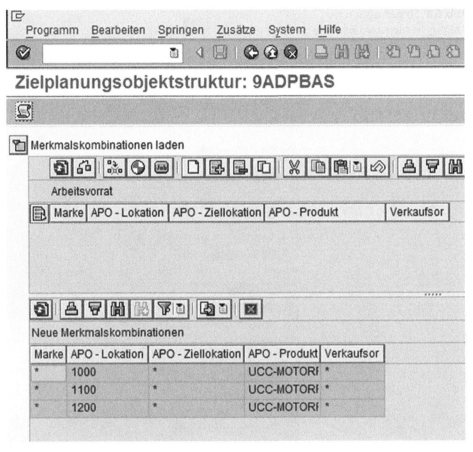

**Abb. 6.9** Ergebnis der Generierung der Merkmalskombinationen

Sie erhalten anschließend eine Meldung, dass ein Hintergrundjob eingeplant wurde. Außerdem erscheint im unteren Bildschirmbereich eine Anzeige für die neu generierten Merkmalskombinationen (siehe Abb. 6.9). Ggf. müssen Sie hier den Druckknopf *Aktualisieren* betätigen, damit diese angezeigt werden.

## 6.2  Anlegen einer Planungsmappe

Als nächstes legen Sie eine *Planungsmappe* an. Die Planungsmappe definiert für einen Planungsbereich das Grundgerüst einer Tabelle, auf deren Basis die Absatzplanung letztendlich durchgeführt wird. Rufen Sie die Transaktion *Advanced Planning and Optimization* → *Absatzplanung* → *Umfeld* → *Lfd. Einstellungen* → *Planungsmappe definieren* auf. Nennen Sie Ihre Planungsmappe *UCCDP##* und wählen Sie *Anlegen* (siehe Abb. 6.10).

**Abb. 6.10** Anlegen der
Planungsmappe

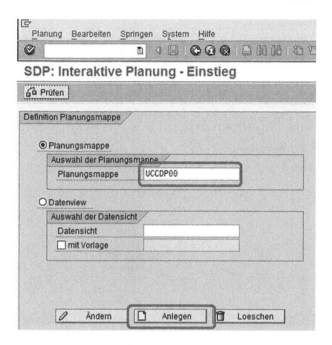

Im erscheinenden *Planungsmappen-Wizard* nennen Sie Ihre Planungsmappe *Planungs-mappe UCCDP##*, ordnen den Planungsbereich *UCCDP##* zu, setzen einen Haken bei *uni-variate Prognose* und wählen *Weiter* (siehe Abb. 6.11). *Univariate Prognose* bedeutet, dass es nur eine Variable geben soll. Dabei handelt es sich um die Absatzmenge, die mithilfe eines Zeitreihenverfahrens prognostiziert werden soll.

Markieren Sie im nächsten Bild (siehe Abb. 6.12) auf der rechten Seite die Kennzahl *Prognose Gesamt* und wählen Sie unten rechts den mittleren Druckknopf *Ausgewählte Kennzahl einfügen*. Dadurch wird die Kennzahl der Planungsmappe zugeordnet. Betätigen Sie dann den Druckknopf *Weiter*.

Übergehen Sie ggf. das Bild *Kennzahlenattribute*, sofern es erscheint, mit *Weiter* und übernehmen Sie im folgenden Bild (siehe Abb. 6.13) auf die gleiche Weise wie zuvor die Merkmale *APO-Lokation* und *APO-Produkt* in die Planungsmappe. Wählen Sie erneut *Weiter*.

Nennen Sie Ihre Datensicht *UCCDP##* und beschreiben Sie sie mit *Datensicht UCCDP##* (siehe Abb. 6.14). Ordnen Sie als *Zeitraster-ID (Vergangenheit)* und als *Zeitraster-ID (Zu-kunft)* den Wert *52WEEKS* zu. Drücken Sie dann *ENTER*. Dadurch werden die Felder *sichtbar ab* und *Eingabe ab* freigeschaltet bzw. eingabebereit. Ordnen Sie hier jeweils die früheste Periode zu, die Ihnen von der Auswahlhilfe angeboten wird. Wählen Sie dann wiederum *Weiter*.

Ordnen Sie abschließend die Kennzahl *Prognose Gesamt* auch der Datensicht zu und wählen Sie *Fertigstellen* (siehe Abb. 6.15). Beantworten Sie die Frage, ob Planungsmappe und Datensicht fertiggestellt werden sollen, mit *JA*.

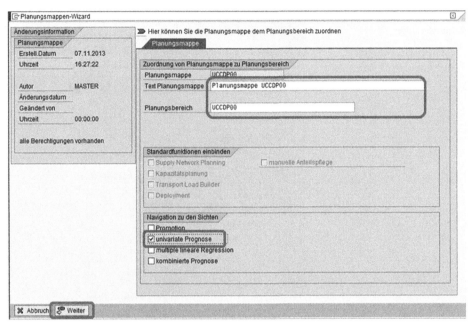

**Abb. 6.11**  Planungsmappe anlegen: Bild 1

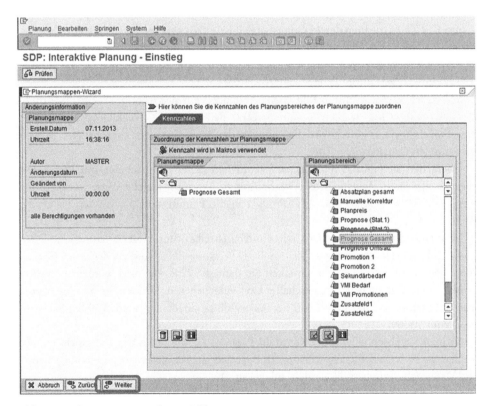

**Abb. 6.12**  Planungsmappe anlegen: Bild 2

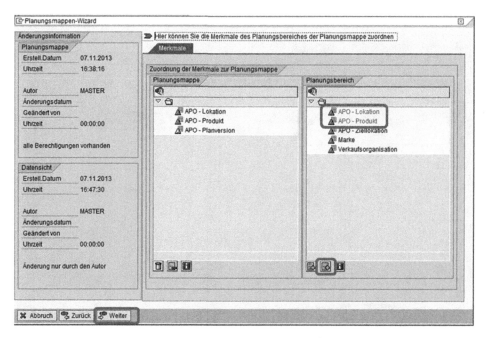

**Abb. 6.13**  Planungsmappe anlegen: Bild 3

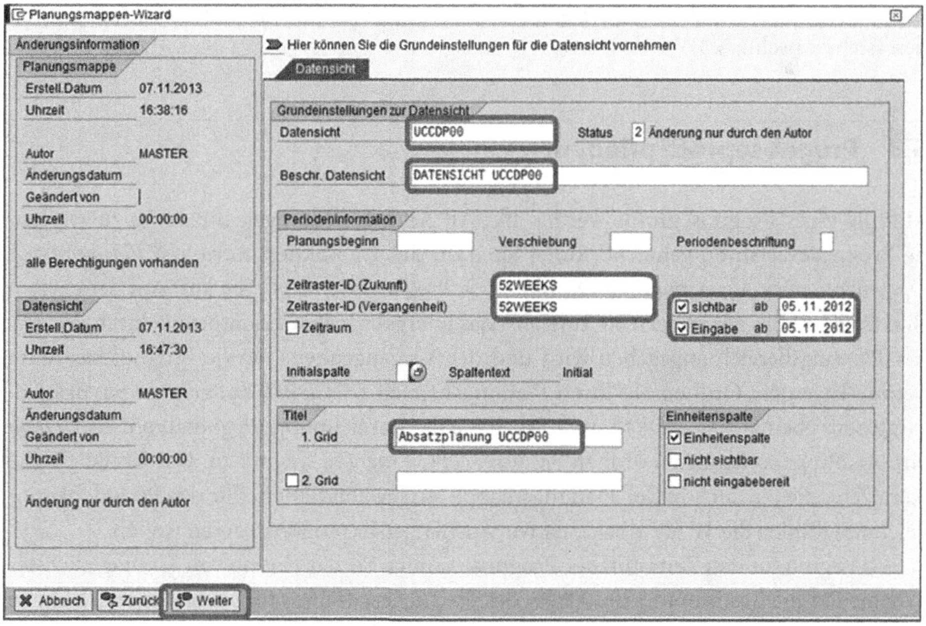

**Abb. 6.14**  Planungsmappe anlegen: Bild 4

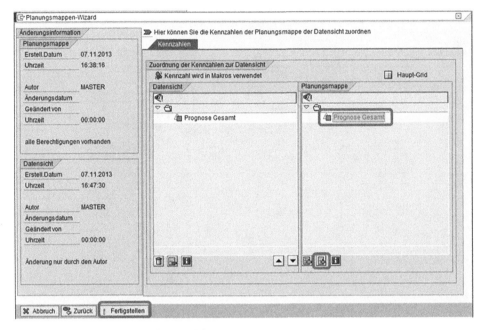

**Abb. 6.15**  Planungsmappe anlegen: Bild 5

Aufgerufen und verwendet wird die Planungsmappe erst in Abschn. 6.4, wenn die Absatzplanung durchgeführt werden soll. Zuvor muss noch ein Prognoseprofil gepflegt werden (siehe Abschn. 6.3).

## 6.3  Prognoseprofil pflegen

Mithilfe eines Prognoseprofils werden in SAP APO Festlegungen für das anzuwendende Prognoseverfahren gemacht. Rufen Sie dazu die Transaktion *Advanced Planning and Optimization → Absatzplanung → Umfeld → Prognoseprofile pflegen* auf. Auf dem ersten Bild (siehe Abb. 6.16) pflegen Sie zunächst das übergeordnete Gesamtprofil, durch das u. a. der Planungsbereich angegeben wird und der Vergangenheits- sowie Prognosezeitraum definiert werden. Ordnen Sie Ihren Planungsbereich *UCCDP##* zu, nennen Sie das Gesamtprofil ebenfalls *UCCDP##* und tragen Sie die Bezeichnung *Prognoseprofil UCCDP##* ein. Als Prognosekennzahl ordnen Sie *9ATOTFC Prognose Gesamt* zu. Das ist die gleiche Kennzahl, die Sie auch in der Planungsmappe ausgewählt hatten. Für das Periodenkennzeichnen wählen Sie *W* für *Woche*, da wir wochengenau prognostizieren wollen.

Als Beginn für den Zeitraum der Prognose wählen Sie das Datum von Montag nächster Woche. Für die Bestimmung des Endes des Prognosezeitraums tragen Sie im zugehörigen Feld *Perioden* 26 ein. Der Prognosezeitraum soll also 26 Wochen in die Zukunft reichen.

Für das Ende des Vergangenheitszeitraums geben Sie das Datum des Sonntags unmittelbar vor dem Beginn des Prognosezeitraums ein. Nun tragen Sie im zugehörigen Feld

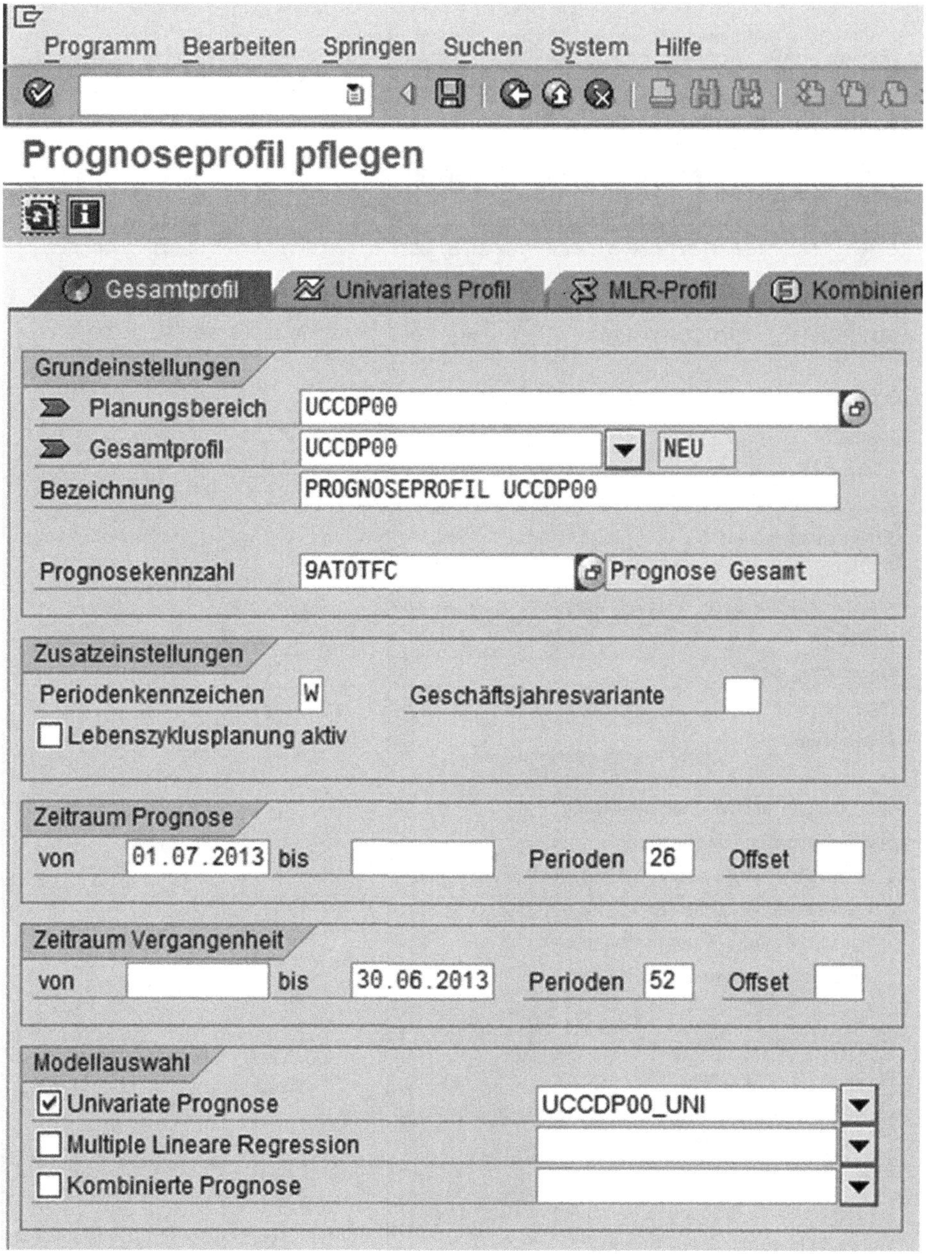

Prognoseprofil pflegen

| Gesamtprofil | Univariates Profil | MLR-Profil | Kombinier |
|---|---|---|---|

**Grundeinstellungen**

Planungsbereich    UCCDP00

Gesamtprofil    UCCDP00    NEU

Bezeichnung    PROGNOSEPROFIL UCCDP00

Prognosekennzahl    9ATOTFC    Prognose Gesamt

**Zusatzeinstellungen**

Periodenkennzeichen  W    Geschäftsjahresvariante

☐ Lebenszyklusplanung aktiv

**Zeitraum Prognose**

von  01.07.2013  bis          Perioden  26  Offset

**Zeitraum Vergangenheit**

von          bis  30.06.2013  Perioden  52  Offset

**Modellauswahl**

☑ Univariate Prognose    UCCDP00_UNI

☐ Multiple Lineare Regression

☐ Kombinierte Prognose

**Abb. 6.16** Gesamtprofil pflegen

*Perioden* 52 ein. Der Vergangenheitszeitraum soll also die vergangenen 52 Wochen umfassen.

Bei der Modellauswahl setzen Sie einen Haken bei *univariate Prognose* und nennen Ihr Modell *UCCDP##_UNI*. Klicken Sie dann oben auf den Reiter *Univariates Profil*, um diesen anzuzeigen.

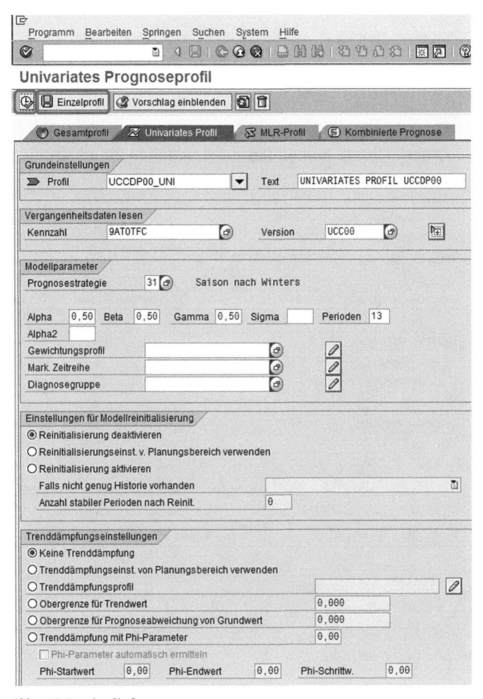

**Abb. 6.17**  Einzelprofil pflegen

Der Text für Ihr univariates Profil soll *Univariate Prognose UCCDP##* lauten (siehe Abb. 6.17). Die zu verwendende Kennzahl ist wiederum *9ATOTFC Prognose Gesamt* und

**Abb. 6.18** Gesamtprofil
sichern

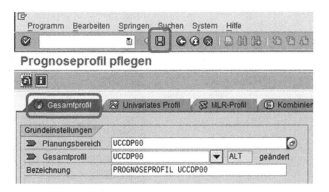

die Version ist Ihre Planversion *UCC##*. Mit der Prognosestrategie legen Sie nun das anzuwendende Prognoseverfahren fest. Wählen Sie hier *31 Saison nach Winters*. Es soll also
ein Prognoseverfahren zur Anwendung kommen, das saisonale Schwankungen in der Ab-
satzentwicklung berücksichtigt. Für die Glättungsfaktoren *Alpha*, *Beta* und *Gamma* tragen
Sie jeweils *0,5* ein. Im Feld Perioden legen Sie fest, wie viele Perioden eine Saison umfassen soll. Tragen Sie hier *13* ein. Betätigen Sie den Druckknopf *Einzelprofil sichern* und
anschließend den Druckknopf *Übernehmen*, wodurch das Einzelprofil dem Gesamtprofil
zugeordnet wird.

Zeigen Sie nun noch einmal den Reiter *Gesamtprofil* an und wählen Sie hier *Sichern*
(siehe Abb. 6.18).

## 6.4   Absatzplanung durchführen

Nachdem alle Voraussetzungen geschaffen wurden, in SAP APO eine Absatzplanung
durchzuführen, können Sie die Transaktion *Advanced Planning and Optimization* → *Absatzplanung* → *Planung* → *Absatzplanung interaktiv* aufrufen. Falls Sie gefragt werden, ob
zu einem Ihnen unbekannten Planungsbereich eine Planversion initialisiert werden soll,
wählen Sie *NEIN*. Im ersten Bild (siehe Abb. 6.19) erscheint nun vermutlich die Sicht auf
eine Planungsmappe, die nicht von Ihnen angelegt wurde. Um Ihre Planungsmappe aufzurufen, scrollen Sie links unten im Bildschirmbereich *Planungsmappe/Datensicht* nach
unten und führen einen Doppelklick auf die Datensicht Ihrer Planungsmappe aus.

Ihre nun angezeigte Planungsmappe enthält nur eine Zeile mit der von Ihnen in
Abschn. 6.2 zugeordneten Kennzahl *Prognose Gesamt*. Mithilfe dieser Kennzahl wird die
Zeitreihe der Absatzmengen sowohl für die Vergangenheit als auch für den Prognosezeitraum gebildet. Klicken Sie nun im Bildschirmbereich links oben auf den Druckknopf *Se-
lektionsfenster* (siehe Abb. 6.20).

Wählen Sie in dem erscheinenden Fenster *Objektselektion* (siehe Abb. 6.21) unter *Zeige
das Merkmal APO-Produkt*. Die Planversion im Bereich *die folgende Bedingungen erfüllen*
wird durch die Zuordnung der Planungsmappe zu Ihrem Planungsbereich bereits entsprechend gesetzt und muss nicht geändert werden. Als erste Bedingung wählen Sie *APO-
Produkt* und geben Ihr Endprodukt UCC-MOTORRAD-## vor. Für die zweite Bedingung

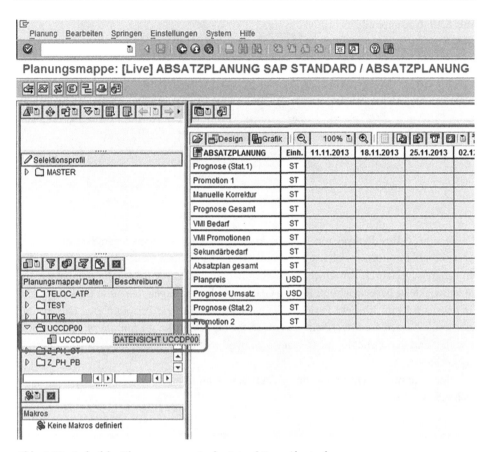

**Abb. 6.19** Aufruf der Planungsmappe in der interaktiven Absatzplanung

wählen Sie *APO-Lokation* und tragen zunächst nur die Lokation 1000 ein (Die Lokationen 1100 und 1200 werden später berücksichtigt). Wählen Sie nun den Druckknopf *Auswahl sichern.* Es ist sinnvoll, die Selektion zu sichern, damit man sie bei späteren Aufrufen der interaktiven Absatzplanung nicht immer wieder neu durchführen muss.

Im erscheinenden Fenster (siehe Abb. 6.22) vergeben Sie die Beschreibung *Selektion UCCDP##_1000* und wählen erneut *Sichern.* Sie erhalten eine Bestätigungsmeldung und gelangen zurück in das Fenster *Objektselektion* (siehe Abb. 6.23). Betätigen Sie hier den Druckknopf *Übernehmen.*

Sie gelangen zurück in die Datensicht der Absatzplanung (siehe Abb. 6.24), in der nun links oben die von Ihnen eingestellten Selektionskriterien erscheinen. Ordnen Sie nun zunächst die gespeicherte Selektion zu, indem Sie auf den Druckknopf *Selektionsprofil pflegen* klicken.

In dem jetzt erscheinenden Fenster (siehe Abb. 6.25) ziehen Sie Ihre zuvor gespeicherte Selektion per Drag&Drop von rechts nach links auf Ihren Benutzernamen. Dadurch wird

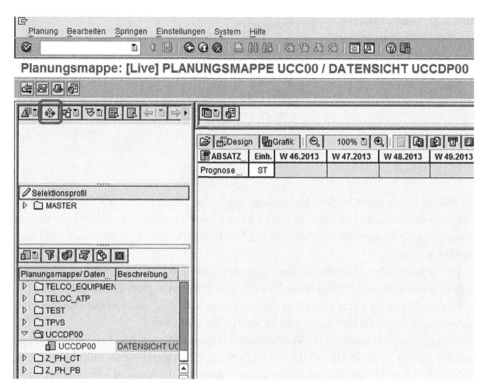

**Abb. 6.20** Aufruf der Datenselektion in der interaktiven Absatzplanung

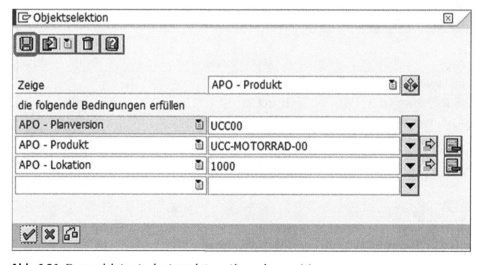

**Abb. 6.21** Datenselektion in der interaktiven Absatzplanung (1)

**Abb. 6.22** Datenselektion in
der interaktiven Absatzplanung
(4)

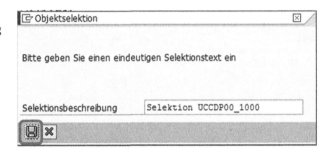

die Selektion unterhalb des Benutzernamens angezeigt. Wählen Sie nun *Sichern* und dann
*Übernehmen*. Zukünftig können Sie nach Aufruf Ihrer Planungsmappe in der interaktiven
Absatzplanung die gespeicherte Selektion *SELEKTION UCCDP##_1000* einfach per Dop-
pelklick aufrufen.

Im nächsten Schritt ordnen Sie das Prognoseprofil zu, das Sie in Abschn. 6.3 angelegt
hatten. Wählen Sie in der Menüleiste *Einstellungen → Prognoseprofil* (siehe Abb. 6.26).

Ordnen Sie in dem erscheinenden Fenster (siehe Abb. 6.27) anhand der Werthilfe Ihr
Gesamtprognoseprofil *UCCDP##* zu und wählen Sie *Ausführen*.

Nun können Sie beginnen, die Vergangenheitsdaten zu pflegen. Machen Sie einen Doppelklick auf Ihr Produkt UCC-MOTORRAD-## im Bildschirmbereich links oben (siehe
Abb. 6.28). Dadurch werden die Felder in der Tabelle für die Kennzahl *Prognose Gesamt*
eingabebereit.

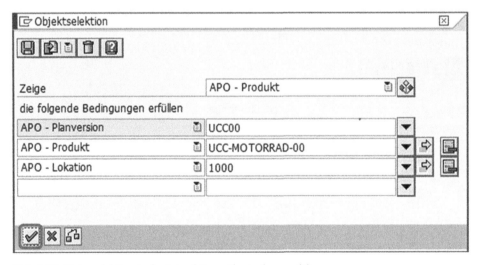

**Abb. 6.23** Datenselektion in der interaktiven Absatzplanung (5)

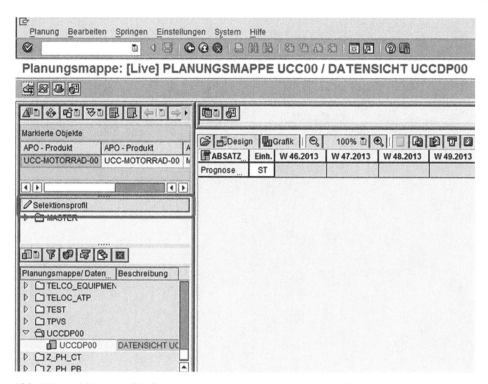

**Abb. 6.24**  Selektionsprofil pflegen in der interaktiven Absatzplanung (1)

Die Perioden in der Tabelle sind nach Kalenderwochen nummeriert. Die aktuelle Woche, in der Sie sich bei Bearbeitung dieses Teils der Fallstudie gerade befinden, zählt gemäß Definition, die im Prognoseprofil für die Zeiträume festgelegt wurde, noch zur Vergangenheit. Insgesamt umfasst die Zeitreihe für die Absatzmengen 52 Wochen. Rechnen Sie also von der aktuellen Kalenderwoche 52 Wochen zurück, um die erste Woche bzw. Periode des Vergangenheitszeitraums zu bestimmen. Die aktuelle Woche ist dabei Bestandteil der 52 Wochen! Beginnen Sie dann mit der Eingabe der Absatzmengen in der ersten Woche gemäß Tab. 6.1 und fahren Sie von links nach rechts fort bis Sie bei Woche 13 ankommen. Setzen Sie dann die Eingabe von links nach rechts anhand von Tab. 6.2 fort und anschließend auf Basis von Tab. 6.3 sowie Tab. 6.4.

In Abb. 6.29 ist z. B. Woche 46 im Jahr 2013 die aktuelle Woche und damit die letzte Woche des Vergangenheitszeitraums. Wenn man 52 Wochen zurückrechnet, kommt man zu dem Ergebnis, dass Woche 47 im Jahr 2012 die erste Periode des Vergangenheitszeitraums ist.

Sie werden sicherlich bemerkt haben, dass die Absatzmengen in Tab. 6.1 bis 6.4 gleich sind. Das ist beabsichtigt; denn der Verlauf der Absatzmengen soll saisonal schwanken und sich alle 13 Wochen wiederholen.

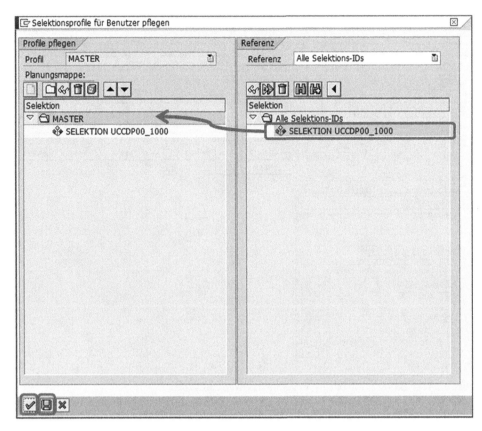

**Abb. 6.25** Selektionsprofil pflegen in der interaktiven Absatzplanung (2)

**Abb. 6.26** Prognoseprofil
zuordnen in der interaktiven
Absatzplanung (1)

Betätigen Sie nun den Druckknopf *Univariate Prognose*.
Nach kurzer Zeit erhalten Sie als Ergebnis eine Tabelle (siehe Abb. 6.30).

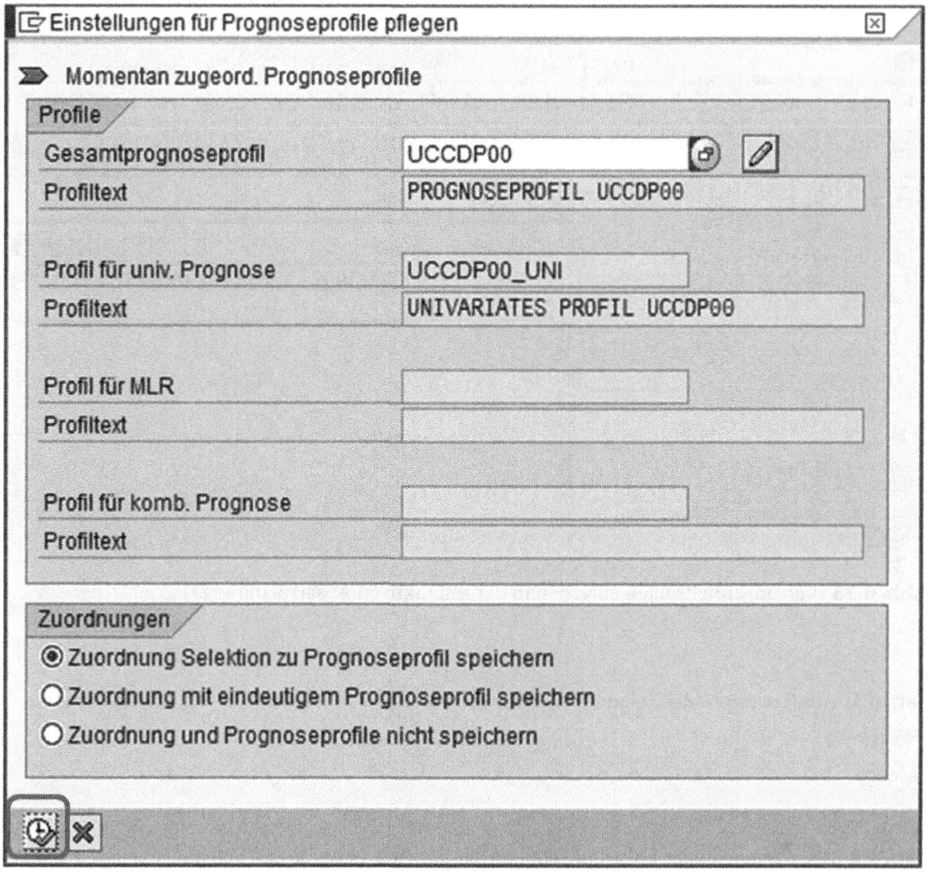

**Abb. 6.27** Prognoseprofil zuordnen in der interaktiven Absatzplanung (2)

Betätigen Sie den Druckknopf *Grid* ↔ *Grafik*, um sich das Ergebnis in grafischer Form anzeigen zu lassen. Ihr Ergebnis sollte so wie in Abb. 6.31 aussehen. Es ist ersichtlich, dass eine Prognose erstellt wurde, die 26 Wochen in die Zukunft reicht. Bei der Fortschreibung der Zeitreihe wurde die Saisonalität berücksichtigt. Wie zu erwarten war, entsprechen die Werte der nächsten beiden 13-Wochenzyklen jeweils den Werten aus Tab. 6.1 bis 6.4. Sichern Sie das Ergebnis und wechseln Sie mithilfe des Druckknopfs *Zurück* in die Datensicht Ihrer Planungsmappe.

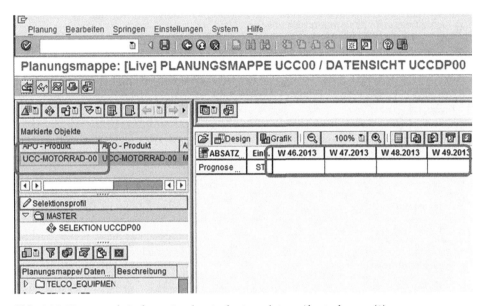

**Abb. 6.28**  Vergangenheitsdaten eingeben in der interaktiven Absatzplanung (1)

**Tab. 6.1**  Absatzmengen der Lokation 1000 für die Wochen 1 bis 13 des Vergangenheitszeitraums

| Woche | 1 | 2 | 3 | 4 | 5 | 6 | 7 | 8 | 9 | 10 | 11 | 12 | 13 |
|-------|---|---|---|---|---|---|----|---|---|----|----|----|----|
| Menge | 1 | 2 | 4 | 5 | 6 | 8 | 11 | 8 | 6 | 5  | 4  | 2  | 1  |

**Tab. 6.2**  Absatzmengen der Lokation 1000 für die Wochen 14 bis 26 des Vergangenheitszeitraums

| Woche | 14 | 15 | 16 | 17 | 18 | 19 | 20 | 21 | 22 | 23 | 24 | 25 | 26 |
|-------|----|----|----|----|----|----|----|----|----|----|----|----|----|
| Menge | 1  | 2  | 4  | 5  | 6  | 8  | 11 | 8  | 6  | 5  | 4  | 2  | 1  |

**Tab. 6.3**  Absatzmengen der Lokation 1000 für die Wochen 27 bis 39 des Vergangenheitszeitraums

| Woche | 27 | 28 | 29 | 30 | 31 | 32 | 33 | 34 | 35 | 36 | 37 | 38 | 39 |
|-------|----|----|----|----|----|----|----|----|----|----|----|----|----|
| Menge | 1  | 2  | 4  | 5  | 6  | 8  | 11 | 8  | 6  | 5  | 4  | 2  | 1  |

**Tab. 6.4**  Absatzmengen der Lokation 1000 für die Wochen 40 bis 52 des Vergangenheitszeitraums

| Woche | 40 | 41 | 42 | 43 | 44 | 45 | 46 | 47 | 48 | 49 | 50 | 51 | 52 |
|-------|----|----|----|----|----|----|----|----|----|----|----|----|----|
| Menge | 1  | 2  | 4  | 5  | 6  | 8  | 11 | 8  | 6  | 5  | 4  | 2  | 1  |

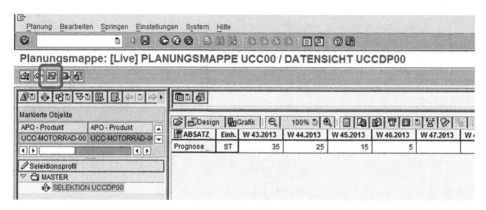

**Abb. 6.29** Vergangenheitsdaten eingeben in der interaktiven Absatzplanung (2)

**Abb. 6.30** Ergebnis der Absatzprognose für Lokation 1000 als Tabelle

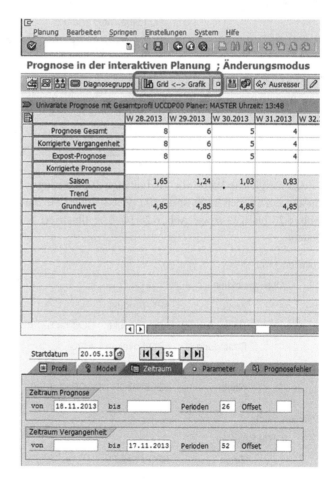

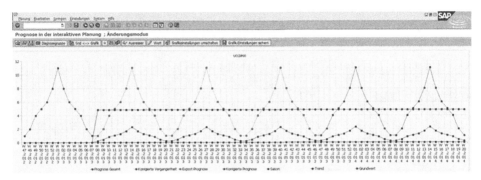

**Abb. 6.31**  Ergebnis der Absatzprognose für Lokation 1000 als Grafik

**Abb. 6.32**  Neue Selektion für
die Absatzplanung anlegen

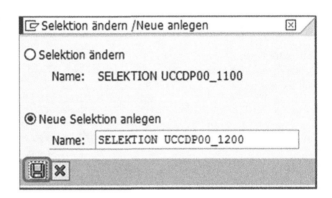

Auf die gleiche Weise wie für Lokation 1000 erzeugen Sie nun auch Absatzprognosen für die Lokationen 1100 und 1200. Wiederholen Sie dafür die Schritte, die anhand der Abb. 6.20 bis 6.25 sowie Abb. 6.28 bis 6.31 illustriert wurden. Verwenden Sie folgende Daten:

Lokation 1100:

    Objektselektion

        Zeige           APO-Produkt

        Bedingung (1):  APO-Produkt   UCC-MOTORRAD-##

        Bedingung (2):  APO-Lokation   1100

    Selektion anlegen

        Name:          SELEKTION UCCDP##_1100

Lokation 1200:

    Objektselektion

        Zeige            APO-Produkt

        Bedingung (1):  APO-Produkt   UCC-MOTORRAD-##

        Bedingung (2):  APO-Lokation   1200

    Selektion anlegen

        Name:          SELEKTION UCCDP##_1200

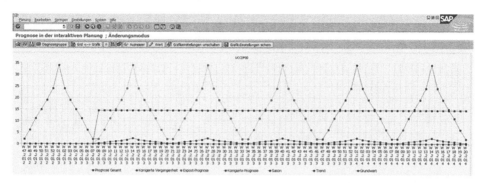

**Abb. 6.33** Ergebnis der Absatzprognose für die Lokationen 1100 bzw. 1200 als Grafik

**Tab. 6.5** Absatzmengen Lokationen 1100 und 1200 der Wochen 1 bis 13 des Vergangenheitszeitraums

| Woche | 1 | 2 | 3 | 4 | 5 | 6 | 7 | 8 | 9 | 10 | 11 | 12 | 13 |
|---|---|---|---|---|---|---|---|---|---|---|---|---|---|
| Menge | 2 | 6 | 11 | 15 | 19 | 24 | 34 | 24 | 19 | 15 | 11 | 6 | 2 |

**Tab. 6.6** Absatzmengen der Lokationen 1100 und 1200 der Wochen 14 bis 26 des Vergangenheitszeitraums

| Woche | 14 | 15 | 16 | 17 | 18 | 19 | 20 | 21 | 22 | 23 | 24 | 25 | 26 |
|---|---|---|---|---|---|---|---|---|---|---|---|---|---|
| Menge | 2 | 6 | 11 | 15 | 19 | 24 | 34 | 24 | 19 | 15 | 11 | 6 | 2 |

**Tab. 6.7** Absatzmengen der Lokationen 1100 und 1200 der Wochen 27 bis 39 des Vergangenheitszeitraums

| Woche | 27 | 28 | 29 | 30 | 31 | 32 | 33 | 34 | 35 | 36 | 37 | 38 | 39 |
|---|---|---|---|---|---|---|---|---|---|---|---|---|---|
| Menge | 2 | 6 | 11 | 15 | 19 | 24 | 34 | 24 | 19 | 15 | 11 | 6 | 2 |

**Tab. 6.8** Absatzmengen der Lokationen 1100 und 1200 der Wochen 40 bis 52 des Vergangenheitszeitraums

| Woche | 40 | 41 | 42 | 43 | 44 | 45 | 46 | 47 | 48 | 49 | 50 | 51 | 52 |
|---|---|---|---|---|---|---|---|---|---|---|---|---|---|
| Menge | 2 | 6 | 11 | 15 | 19 | 24 | 34 | 24 | 19 | 15 | 11 | 6 | 2 |

Wenn Sie beim Speichern der Selektion gefragt werden, ob Sie die Selektion ändern oder neu anlegen wollen (siehe Abb. 6.32), wählen Sie *Neue Selektion anlegen*.

Für die anschließend durchzuführende Absatzplanung verwenden Sie sowohl für Lokation 1100 als auch für Lokation 1200 die in Tab. 6.5 bis 6.8 aufgeführten Absatzmengen.

Bitte denken Sie daran, **sowohl für Lokation 1100 als auch für Lokation 1200 jeweils eine Absatzplanung** durchzuführen. Das Ergebnis sollte für beide Lokationen wie in Abb. 6.33 aussehen.

Sichern Sie jeweils die Prognosen und verlassen Sie die interaktive Absatzplanung.

# Supply Network Planning (SNP)

7

**Zusammenfassung**

Für das Supply Network Planning (SNP) müssen die Ergebnisse der Absatzplanung zunächst freigegeben werden, um planungsrelevante Datenobjekte in Form von Planprimärbedarfen zu erzeugen. Bei den Datenobjekten handelt es sich in SAP APO um sog. *Vorplanungsbedarfe*. Bei der Freigabe findet eine Disaggregation in zeitlicher Hinsicht statt, da die Absatzzahlen pro Woche berechnet wurden, während im SNP eine Unterteilung des Planungshorizonts in Tage verwendet wird. Anschließend wird ein Planungslauf mithilfe eines Optimierers in SAP APO durchgeführt, um für die offenen Planprimär- bzw. Vorplanungsbedarfe aus der Absatzplanung bedarfsdeckende Elemente in Form von SNP-Aufträgen zu erzeugen. Für den Planungslauf werden einige Parameter so festgelegt, dass nach Möglichkeit keine Verletzung der Bedarfstermine auftritt.

## 7.1 Freigabe der Absatzplanung an das SNP

Durch die Erstellung der Absatzprognosen mithilfe einer Planungsmappe in Kap. 6 sind lediglich Zahlenreihen erzeugt worden, die noch keine Auswirkungen auf die Produktionsplanung und das SNP haben. Um (offene) Planprimärbedarfe zu erzeugen, für die entsprechende bedarfsdeckende Objekte angelegt werden können, müssen die Absatzplanungen in SAP APO zunächst freigegeben werden.

Bevor die Freigabe ausgeführt wird, erstellen Sie ein *Periodenaufteilungsprofil*, durch das festgelegt wird, wie die pro Woche prognostizierten Absatzmengen auf die einzelnen SNP-Perioden (Tage) verteilt werden sollen bzw. wie die Disaggregation erfolgen soll. Dafür müssen Sie zunächst eine Verteilungsfunktion definieren, indem Sie die Transaktion *Advanced Planning and Optimization → Absatzplanung → Umfeld → Lfd. Einstellun-*

A. Witt, *Grundkurs SAP APO*,
DOI 10.1007/978-3-658-03654-6_7, © Springer Fachmedien Wiesbaden 2014

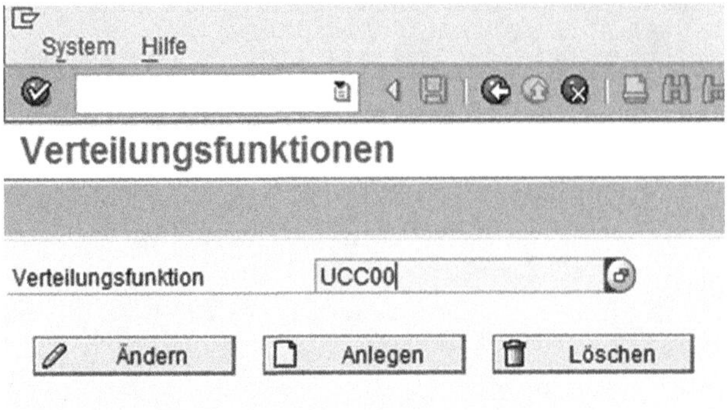

**Abb. 7.1** Verteilungsfunktion pflegen: Einstieg

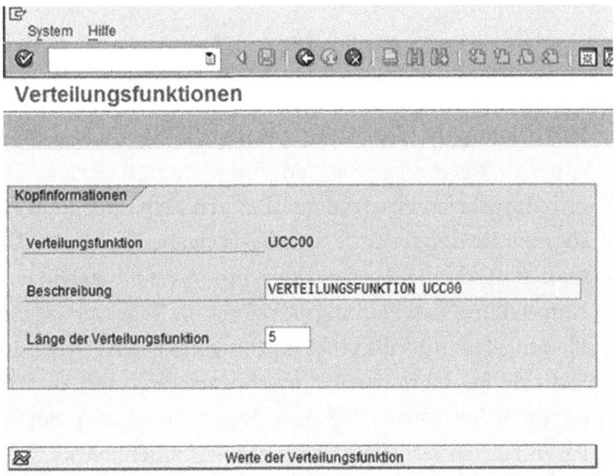

**Abb. 7.2** Verteilungsfunktion pflegen: Detail (1)

*gen → Verteilungsfunktion pflegen* aufrufen (siehe Abb. 7.1). Vergeben Sie die Bezeichnung *UCC##* und wählen Sie *Anlegen*.

Im nächsten Bild (siehe Abb. 7.2) beschreiben Sie Ihre Verteilungsfunktion mit *Verteilungsfunktion UCC##* und tragen für die Länge *5* ein. Ein Prognosewert (hier: Absatzmenge pro Woche) soll also auf fünf Perioden (hier: Arbeitstage) verteilt werden. Betätigen Sie nun den Druckknopf *Werte der Verteilungsfunktion*.

Entsprechend Ihrer Eingabe für die Länge der Verteilungsfunktion können Sie nun Anteilswerte für fünf Perioden eingeben (siehe Abb. 7.3). Geben Sie für die erste Periode den Wert *1* ein und lassen Sie die anderen Felder frei. Dadurch wird die gesamte prognostizierte Absatzmenge einer Woche der ersten Periode einer Woche im SNP zugeordnet. Das ist i.d.R der Montag, sofern es sich nicht um einen Feiertag handelt. Sichern Sie und kehren Sie zum Einstiegsmenü zurück.

**Abb. 7.3** Verteilungsfunktion pflegen: Detail (2)

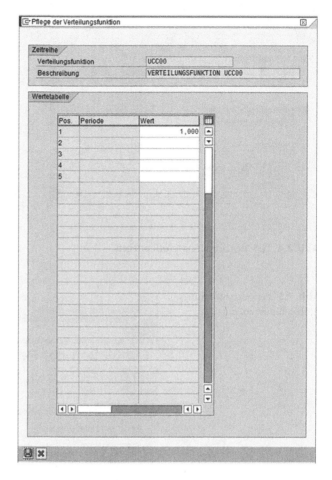

Rufen Sie nun die Transaktion *Advanced Planning and Optimization → Absatzplanung → Umfeld → Lfd. Einstellungen → Periodenaufteilungsprofil pflegen* auf (siehe Abb. 7.4). Betätigen Sie den Druckknopf *Anlegen* und nennen Sie Ihr Periodenaufteilungsprofil *UCC##*. Als Beschreibung tragen Sie *Periodenaufteilungsprofil UCC##* ein. Fügen Sie mithilfe des Druckknopfs *Aufteilungsebene hinzufügen* eine Zeile ein. Die Zeile erhält automatisch die Nr. 1. In der Spalte *Anz. Per.* tragen Sie *26* ein, um die Aufteilung für die nächsten 26 Perioden bzw. Wochen durchführen zu können. Die Ausgangsperiodizität ist demzufolge *Woche*, während für die Zielperiodizität *Tag* gewählt werden muss. In der Spalte *Verteilungsfunktion* ordnen Sie Ihre zuvor angelegte Verteilungsfunktion *UCC##* zu. Betätigen Sie nun den Druckknopf *Periodenaufteilungsprofil simulieren*.

Im nächsten Bild (siehe Abb. 7.5) ist der Startzeitpunkt bereits auf den aktuellen Tag gesetzt. Als Endzeitpunkt wählen Sie einen Tag, der mindestens 26 Wochen in der Zukunft liegt. Für den Kalender setzen Sie *LOC1000* und für die Menge pro Intervall *100*. Wählen Sie nun *Ausführen*.

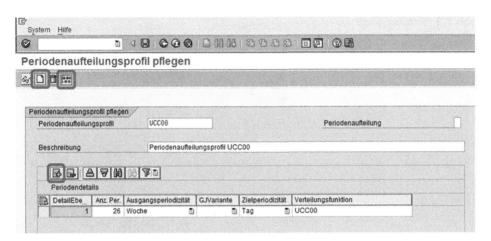

**Abb. 7.4**  Periodenaufteilungsprofil pflegen

**Abb. 7.5**  Periodenaufteilungsprofil simulieren: Einstieg

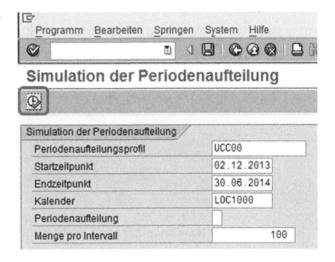

Sie erhalten ein Ergebnis für die Periodenaufteilung (siehe Abb. 7.6), in dem die Menge
100 über den gesamten vorgegebenen Zeitraum in jeder Woche aufgrund der definierten
Verteilungsfunktion dem Montag zugeordnet wird. Falls der Montag ein Feiertag ist, wird
der nächste Arbeitstag gewählt.

Um nun die Freigabe Ihrer Absatzplanung durchzuführen, rufen Sie die Transaktion
*Advanced Planning and Optimization → Absatzplanung → Planung → Freigabe → Freigabe
Absatzplanung an Supply Network Planning* auf (siehe Abb. 7.7). Tragen Sie als Datenquelle
Ihren Planungsbereich *UCCDP##*, Ihre Planversion *UCC##* und die Kennzahl [9ATOTFC]
*Prognose Gesamt* ein. Das Ziel ist ebenfalls die Planversion *UCC##*. Die Kategorie für die zu

**Abb. 7.6** Periodenaufteilungsprofil simulieren: Ergebnis

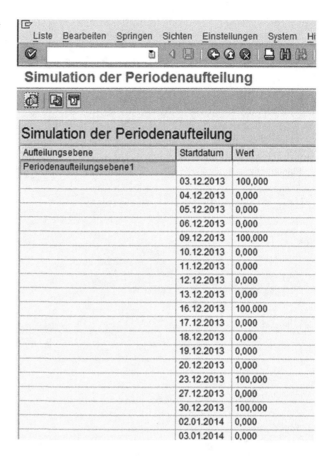

| Aufteilungsebene | Startdatum | Wert |
|---|---|---|
| Periodenaufteilungsebene1 | | |
| | 03.12.2013 | 100,000 |
| | 04.12.2013 | 0,000 |
| | 05.12.2013 | 0,000 |
| | 06.12.2013 | 0,000 |
| | 09.12.2013 | 100,000 |
| | 10.12.2013 | 0,000 |
| | 11.12.2013 | 0,000 |
| | 12.12.2013 | 0,000 |
| | 13.12.2013 | 0,000 |
| | 16.12.2013 | 100,000 |
| | 17.12.2013 | 0,000 |
| | 18.12.2013 | 0,000 |
| | 19.12.2013 | 0,000 |
| | 20.12.2013 | 0,000 |
| | 23.12.2013 | 100,000 |
| | 27.12.2013 | 0,000 |
| | 30.12.2013 | 100,000 |
| | 02.01.2014 | 0,000 |
| | 03.01.2014 | 0,000 |

erzeugenden Planprimärbedarfe ist *FA* für *Vorplanungsbedarfe* (abgekürzt *VP-BED*). Als Zeitraum für die Freigabe wählen Sie als *Von-Datum* den Montag nächster Woche und als *Bis-Datum* den 31.12. des übernächsten Jahres. Als Periodenaufteilungsprofil ordnen Sie Ihr oben angelegtes Profil *UCC##* zu. Bei der Objektselektion wählen Sie Ihr Endprodukt UCC-MOTORRAD-## sowie **mithilfe der Mehrfachselektion** die drei Lokationen 1000, 1100 und 1200. Setzen Sie einen Haken bei *Ergebnisprotokoll* und wählen Sie *Ausführen*.

Sie erhalten ein Ergebnisprotokoll gemäß Abb. 7.8.

Kontrollieren Sie nun das Ergebnis der Freigabe, indem Sie sich die Produktsicht zum Produkt UCC-MOTORRAD-## anzeigen lassen (siehe Abb. 7.9): *Advanced Planning and Optimization* → *Produktionsplanung* → *Interaktive Produktionsplanung* → *Produktsicht*. Wählen sie Ihre Planversion UCC##, das Produkt UCC-MOTORRAD-## und die Lokation 1000.

Die Vorplanungsbedarfe wurden jeweils auf Montag, 00:00:00 Uhr, terminiert und die Mengen stimmen mit den in der interaktiven Absatzplanung berechneten Prognosemen-

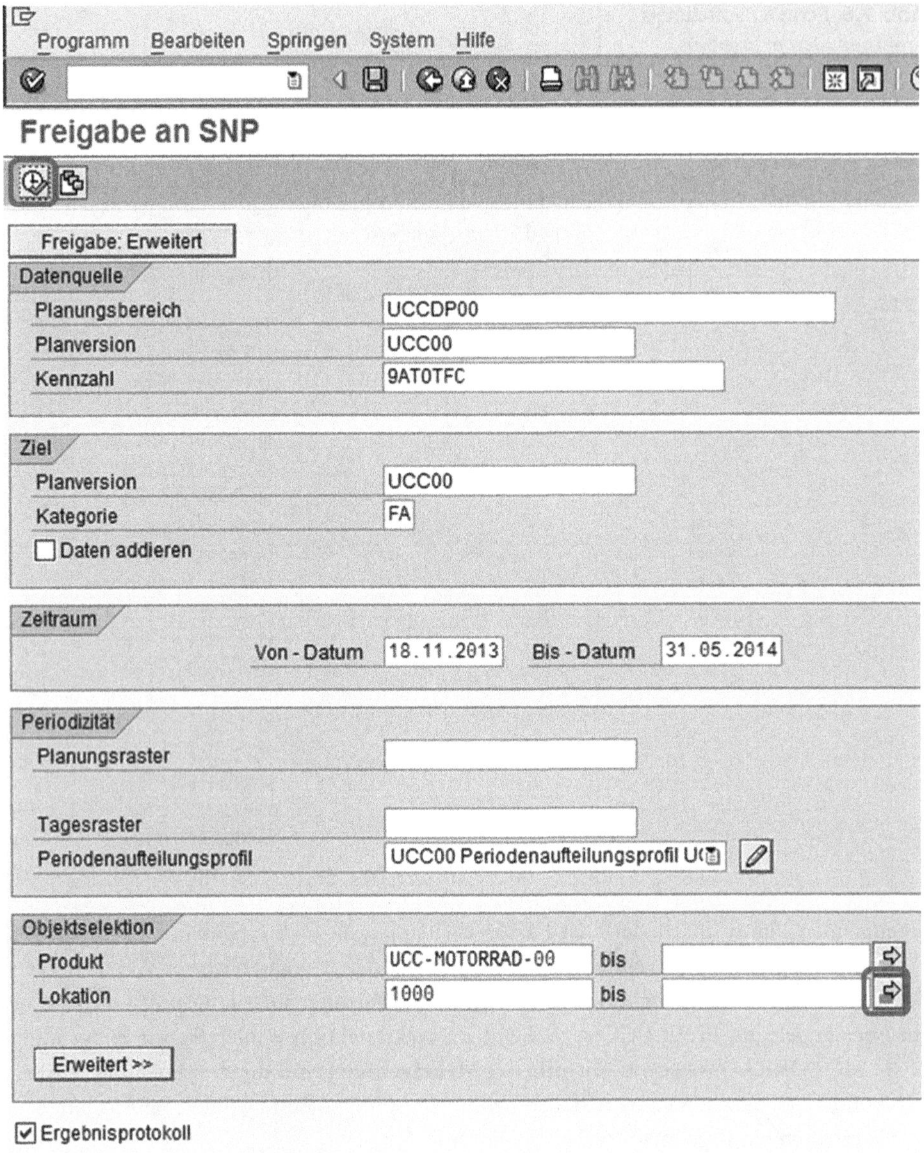

Programm  Bearbeiten  Springen  System  Hilfe

## Freigabe an SNP

| Freigabe: Erweitert |
|---|

**Datenquelle**

| Planungsbereich | UCCDP00 |
|---|---|
| Planversion | UCC00 |
| Kennzahl | 9AT0TFC |

**Ziel**

| Planversion | UCC00 |
|---|---|
| Kategorie | FA |

☐ Daten addieren

**Zeitraum**

Von - Datum  `18.11.2013`  Bis - Datum  `31.05.2014`

**Periodizität**

Planungsraster

Tagesraster

Periodenaufteilungsprofil   UCC00 Periodenaufteilungsprofil U

**Objektselektion**

| Produkt | UCC-MOTORRAD-00 | bis | |
|---|---|---|---|
| Lokation | 1000 | bis | |

| Erweitert >> |
|---|

☑ Ergebnisprotokoll

**Abb. 7.7** Freigabe der Absatzplanung

**Abb. 7.8** Ergebnisprotokoll zur freigegebenen Absatzplanung

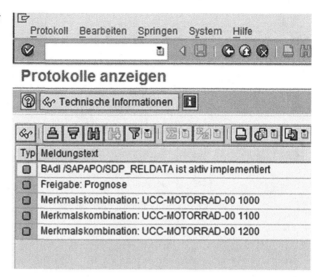

**Abb. 7.9** Produktsicht nach Freigabe der Absatzplanung aufrufen

gen überein (siehe Abb. 7.10). Ggf. wurden einzelne Mengen z. B. aufgrund von Feiertagen aufgeteilt und an anderen Tagen eingeplant. Kontrollieren Sie auch die Produktsicht des Produkts UCC-MOTORRAD-## für die Lokationen 1100 und 1200 (siehe Abbs. 7.11 und 7.12)

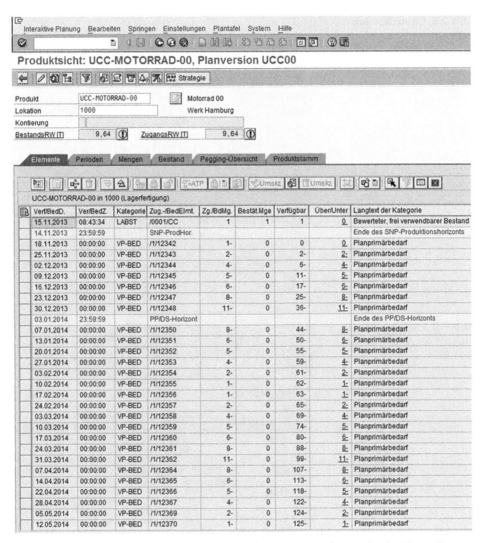

**Abb. 7.10** Produktsicht UCC-MOTORRAD-##, Lokation 1000, nach Freigabe der Absatzplanung

▶ Sofern Sie Fehler in Ihren Planungen feststellen und erzeugte Bewegungsdaten löschen möchten, um anschließend eine neue Planung durchzuführen, können Sie die Transaktion *Advanced Planning and Optimization → Supply Network Planning → Umfeld → Löschen von Bewegungsdaten* verwenden. Hier können Sie die zu löschenden Bewegungsdaten anhand Ihrer Planversion UCC##, Ihrer Produkte und Lokationen sowie mithilfe der Kategorie eingrenzen. Um die durch die Freigabe der Absatzplanung erzeugten Vorplanungsbedarfe zu löschen, müssen Sie z. B. die Kategorie [FA] VP-BED selektieren. Sie können diese Transaktion bei Bedarf auch im weiteren Verlauf der Fallstudienbearbeitung für andere Kategorien verwenden.

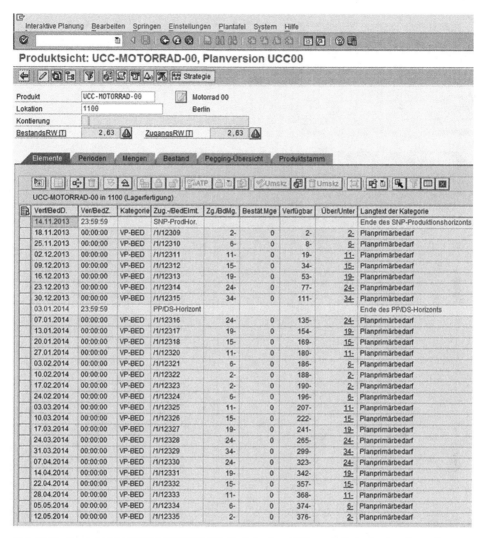

**Abb. 7.11** Produktsicht UCC-MOTORRAD-##, Lokation 1100, nach Freigabe der Absatzplanung

## 7.2 Durchführung eines Supply Network Planning

Für die erzeugten ungedeckten Planprimärbedarfe sollen im nächsten Planungsschritt SNP-Aufträge als bedarfsdeckende Objekte generiert werden. Dafür wird ein SNP-Planungslauf mithilfe des APO-Optimierers durchgeführt. Neben den SNP-Aufträgen soll der Planungslauf außerdem Umlagerungsaufträge für die Motoren von Lokation 1000 in die Lokationen 1100 und 1200 sowie auch Bestellanforderungen für die Produkte, die nicht selbst gefertigt werden (UCC-WELLE-##, UCC-BLOCK-## und UCC-RAHMEN-##), erzeugen. Im SNP in SAP APO werden ebenso wie für die Absatzplanung Planungsbereiche, Planungsobjektstrukturen und Planungsmappen verwendet. Allerdings gestaltet sich de-

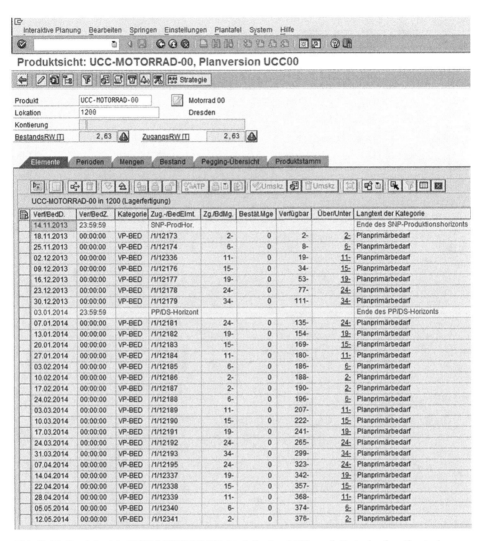

**Abb. 7.12** Produktsicht UCC-MOTORRAD-##, Lokation 1200, nach Freigabe der Absatzplanung

ren Anlage komplizierter, weshalb Sie auf bereits vorhandene Objekte zurückgreifen werden.

Als Planungsbereich verwenden Sie *9ASNP02*, der zunächst für Ihre Planversion UCC## initialisiert werden muss. Rufen Sie dafür die Transaktion *Advanced Planning and Optimization → Supply Network Planning → Umfeld → Lfd. Einstellungen → Administration Absatzplanung und Supply Network Planning* auf, die Sie schon aus Abschn. 6.1 kennen. Machen Sie einen Rechtsklick auf den genannten Planungsbereich und wählen Sie *Planversion initialisieren* (siehe Abb. 7.13).

Wählen Sie im erscheinenden Fenster (siehe Abb. 7.14) Ihre Planversion UCC## aus und betätigen Sie dann den Druckknopf *Ausführen*.

**Abb. 7.13** Initialisierung
der Planversion für das SNP
aufrufen

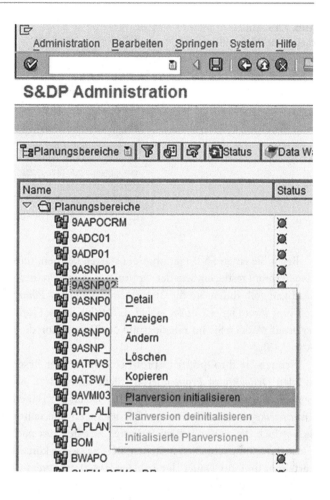

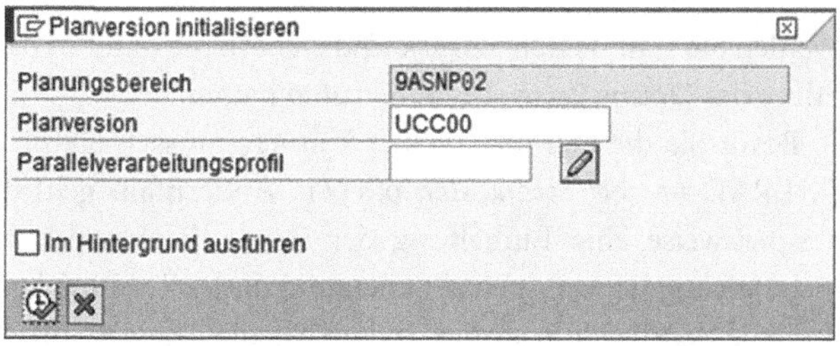

**Abb. 7.14** Initialisierung
der Planversion für das SNP
durchführen

Falls Sie einen Warnhinweis erhalten, dass es sich um einen zeitaufwändigen Prozess handelt, und gefragt werden, ob Sie fortfahren wollen, bestätigen Sie mit *JA*. Wenn Sie anschließend mehrere Informationsmeldungen zu PPMen erhalten, die aktiviert oder aus dem Modell entfernt werden sollen, bestätigen Sie jeweils mit *ENTER*. Die genannten PPMe sind für Ihre Planungen nicht relevant, so dass Sie nichts unternehmen müssen. Abschließend erhalten Sie eine Meldung, dass Ihre Planversion initialisiert wurde.

**Abb. 7.15** Ein-
stieg in die Pflege eines
SNP-Optimiererprofils

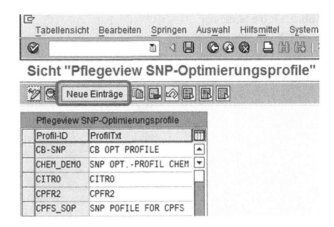

Bevor Sie einen SNP-Planungslauf starten können, müssen Sie in einem sog. *SNP-Op-timiererprofil* festlegen, wie der Optimierer vorgehen und was er bei der Planung berück-sichtigen soll. Rufen Sie die Transaktion *Advanced Planning and Optimization → Supply Network Planning → Umfeld → Lfd. Einstellungen → Profile → SNP-Optimiererprofile fest-legen* auf. Wählen Sie im Einstiegsbild der Transaktion die Drucktaste *Neue Einträge* (siehe Abb. 7.15).

Nennen Sie Ihr Optimiererprofil *UCC##* mit der Beschreibung *UCC##* und betätigen Sie den Druckknopf *Profil pflegen* (nicht abgebildet). Auf der ersten Registerkarte *All-gemeine Restriktionen* (siehe Abb. 7.16) setzen Sie Haken bei *Produktionskapazität* und *Transportkapazität*. Alle übrigen Einstellungen übernehmen Sie unverändert. Sie sollten sich jedoch die weiteren Registerkarten ansehen um nachzuvollziehen, welche weiteren Einstellungsmöglichkeiten bestehen. Beispielsweise können auch Vorgaben zum Lösungs-verfahren und zur Dauer der Laufzeit des Optimierers gemacht werden oder auch eine sog. *Diskrete Optimierung* durchgeführt werden, durch die Ganzzahligkeitsbedingungen berücksichtigt werden können. Sichern können Sie auf diesem Bildschirm noch nicht. Wählen Sie statt dessen *Zurück* und sichern Sie dann in dem Bildschirm, über den Sie die Pflege des Optmiererprofils aufgerufen hatten.

Bevor Sie die Planung starten können, müssen Sie im Produktstamm für UCC-MO-TORRAD-## sog. *Strafkosten* pflegen. Andernfalls geht der Optimierer davon aus, dass beispielsweise eine Einhaltung der durch die Planprimärbedarfe vorgegeben Termine nicht wichtig ist, wenn eine Verletzung dieser Termine keine Strafkosten verursacht. Än-dern Sie den Produktstamm, indem Sie die Transaktion *Advanced Planning and Optimi-zation → Stammdaten → Produkt → Produkt* aufrufen. Tragen Sie *UCC-MOTORRAD-##* ein und treffen Sie im Bereich *Sicht* die Auswahl *Globale Daten*. Betätigen Sie dann den Druckknopf *Ändern*. Zeigen Sie die Registerkarte *SNP 1* an und bewerten Sie für alle drei Bedarfsarten die Strafe für Verspätung mit *1000* und die Strafe für Nichtlieferung mit *2000* (siehe Abb. 7.17). Sichern Sie den Produktstamm.

Rufen Sie nun die Transaktion *Advanced Planning and Optimization → Supply Network Planning → Planung → Supply Network Planning im Hintergrund → Supply Network Optimie-

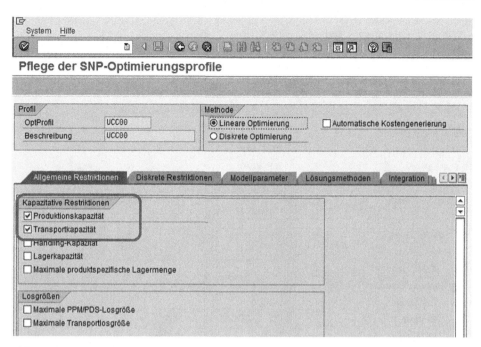

**Abb. 7.16** Pflege des SNP-Optimiererprofils

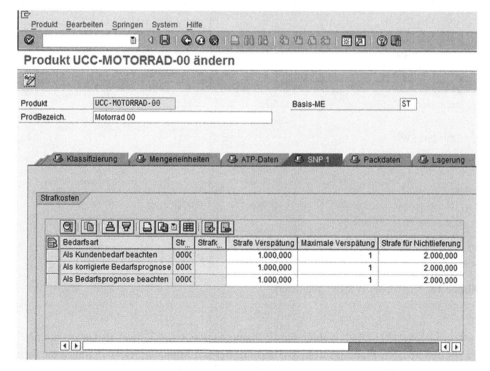

**Abb. 7.17** Pflege der Strafkosten für UCC-MOTORRAD-##

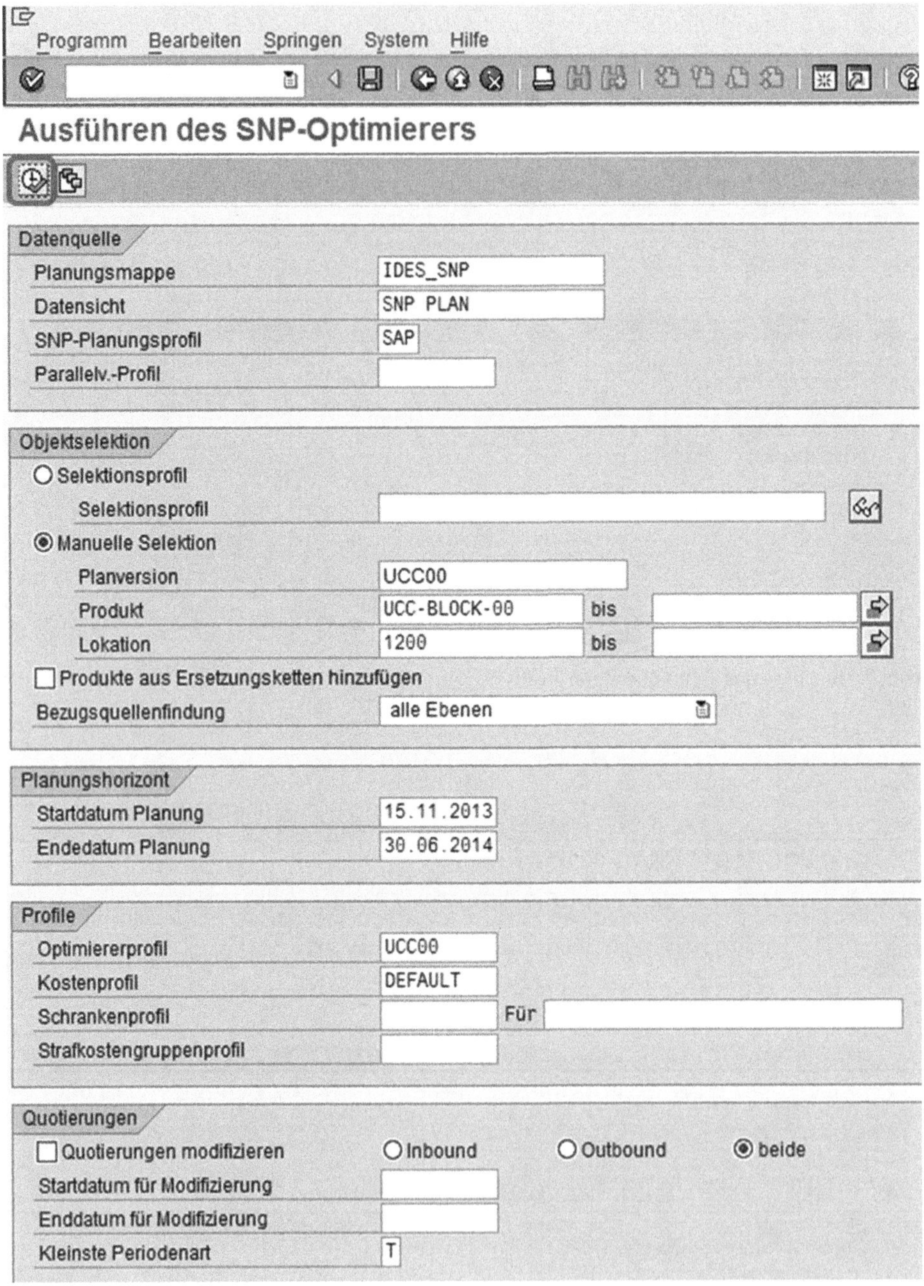

**Abb. 7.18** Ausführen des SNP-Optimierers

*rung* auf (siehe Abb. 7.18). Wählen Sie als Planungsmappe *IDES_SNP*, als Datensicht *SNP PLAN* und als SNP-Planungsprofil *SAP* aus. Im Bereich *Manuelle Selektion* tragen Sie Ihre Planversion *UCC##* ein und wählen über die Mehrfachselektion Ihre fünf Produkte UCC-MOTORRAD-##, UCC-MOTOR-##, UCC-RAHMEN-##, UCC-BLOCK-## sowie die

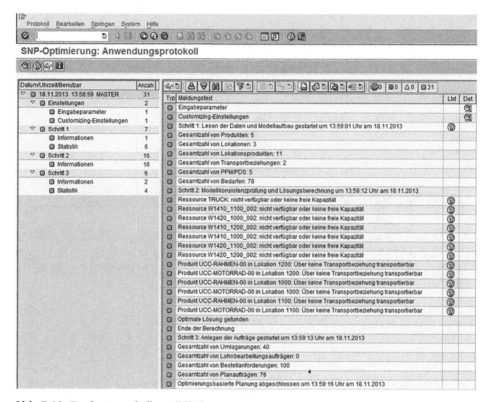

**Abb. 7.19**  Ergebnisprotokoll zur SNP-Optimierung

Lokationen 1000, 1100 und 1200 aus. Das Startdatum der Planung ist der Montag nächster Woche und das Enddatum der 31.12. des nächsten Jahres. Im Bereich Profile wählen Sie das Optmiererprofil *UCC##* aus, das Sie oben angelegt hatten. Wählen Sie nun *Ausführen*.

Nach einigen Sekunden erscheint ein Ergebnisprotokoll (siehe Abb. 7.19). Hier werden u. a. die Anzahlen der einzelnen selektierten Datenobjekte (oberer Teil des Protokolls) sowie auch die neu angelegten Daten (unterer Teil des Protokolls) aufgeführt. Dazwischen gibt es ggf. Meldungen, dass einige Ressourcen keine Kapazität haben. Diese Meldungen sind darauf zurückzuführen, dass der Planungszeitraum der gewählten Planungsmappe *IDES_SNP* mit der Datensicht *SNP PLAN* über die Planungszeiträume der Ressourcen hinausgeht. Somit steht am Ende des Planungszeitraums der Planungsmappe nicht genügend Kapazität zur Verfügung. Dieser Teil des Planungszeitraums ist jedoch für Ihre Planung nicht relevant, da sich Ihre Planung nur über die nächsten 26 Wochen erstreckt. Die Hinweise, dass einige Produkte über keine Transportbeziehung transportiert werden können, sind ebenfalls ohne Bedeutung, da nur das Produkt UCC-MOTOR-## transportiert werden soll. Dieses sollte jedoch in den Meldungen nicht aufgeführt sein. Auch die Warnmeldung, dass der Transportbeziehung von Lokation 1100 zur Lokation 1200 keine Produkte zugeordnet sind, können Sie ignorieren.

Als sog. *Optimierer* kommt in SAP APO der IBM® CPLEX Optimizer (ehemals ILOG® CPLEX) zum Einsatz. Dabei handelt es sich um eine eigene Softwarelösung, die in SAP APO integriert wurde

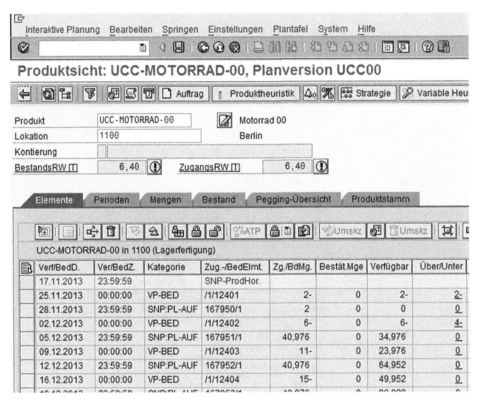

**Abb. 7.20** Produktsicht UCC-MOTORRAD-## in der Lokation 1100 nach der SNP-Planung

und dazu dient, mathematische Optimierungsmodelle zu lösen. Entsprechende Modelle sind in SAP APO fest hinterlegt und können nur von SAP selbst geändert werden. Als Anwender hat man lediglich im Rahmen von Optimierungsprofilen die Möglichkeit, Parameter für die Optimierung wie z. B. Strafkosten anzupassen. Eine Anpassung der mathematischen Modelle ist ausgeschlossen. Allerdings besteht die Möglichkeit, mithilfe einer separat betriebenen mathematischen Optimierungssoftware eigene Modelle zu formulieren sowie Lösungen zu berechnen und dann in den SAP APO zu importieren. Dafür sind jedoch gute Kenntnisse der Datenstrukturen und inhaltlichen Zusammenhänge von SAP APO erforderlich. Für den Import der Planungsergebnisse müssen i.d. R mithilfe der Entwicklungsumgebung in SAP SCM eigene Programme erstellt werden. Siehe dazu u. a. Kallrath und Maindl (2006) oder Witt und Voß (2011).

Rufen Sie erneut die Produktsicht zum Endprodukt UCC-MOTORRAD-## im Werk 1100 auf (siehe Abb. 7.20). Neben den Vorplanungsbedarfen (Kategorie VP-BED) sind nun auch SNP-Planaufträge (Kategorie SNP:PL-AUF) vorhanden, die infolge des ausgeführten Supply Network Planning als bedarfsdeckende Aufträge angelegt wurden. Machen Sie einen Doppelklick auf einen der SNP-Aufträge. Dadurch öffnet sich zu dem Auftrag eine Detailansicht, der Sie u. a. die Quelle entnehmen können (siehe Abb. 7.21).

Wechseln Sie in den Änderungsmodus, indem Sie links oben den Druckknopf *Ändern* betätigen. Dadurch können Sie nun auch den Druckknopf *Ändern* im Bildschirmbereich *Quelle/Ziel* betätigen. Es öffnet sich ein Fenster, in dem Hinweise zur Bezugsquelle enthalten sind (siehe Abb. 7.22). In diesem Fall soll der offene Bedarf durch Eigenfertigung

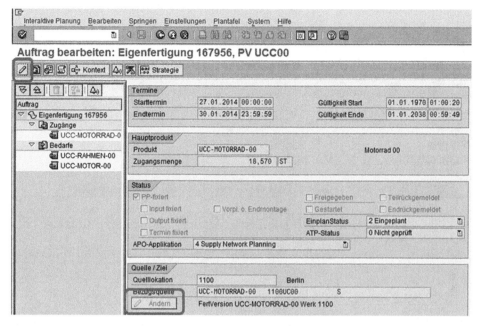

**Abb. 7.21**  SNP-Auftrag zum Produkt UCC-MOTORRAD-##

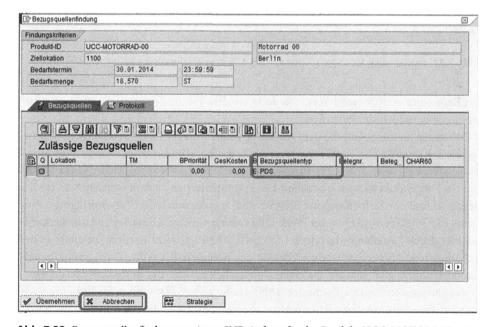

**Abb. 7.22**  Bezugsquellenfindung zu einem SNP-Auftrag für das Produkt UCC-MOTORRAD-##

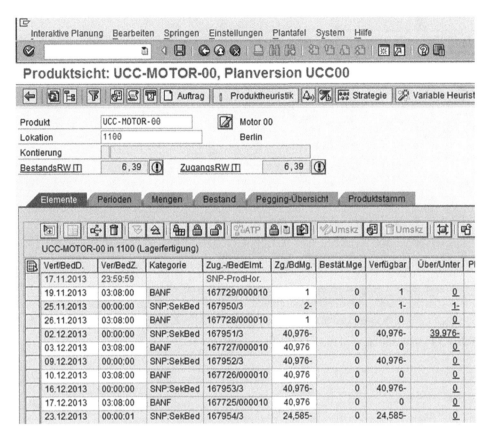

**Abb. 7.23** Produktsicht UCC-MOTOR-## in der Lokation 1100 nach der SNP-Planung

auf Basis einer entsprechenden PDS gedeckt werden. Da die Bezugsquelle nicht geändert werden soll, wählen sie *Abbrechen*.

Wechseln Sie dann mithilfe der Drucktaste *Zurück* wieder in die Produktsicht und rufen Sie das Produkt UCC-MOTOR-## in der Lokation 1100 auf. Hier stellt sich die Situation anders dar (siehe Abb. 7.23). Planprimärbedarfe sind nicht vorhanden, da es sich nicht um ein Endprodukt handelt und somit keine Absatzmengen geplant wurden. Statt dessen liegen Sekundärbedarfe (Kategorie SNP:SekBed) vor, die durch die SNP-Aufträge des Produkts UCC-MOTORRAD-## im Werk 1100 erzeugt wurden. Diese Sekundärbedarfe sollen hier durch Bestellanforderungen (Kategorie BANF) gedeckt werden, für die es in der Lokation 1000 korrespondierende Objekte der Kategorie BA-ABR (Umlagerungsbestellanforderungen) gibt. Machen Sie einen Doppelklick auf eine der Bestellanforderungen.

Sie gelangen in die Detailsicht der BANF (siehe Abb. 7.24). Öffnen Sie links im Navigationsbaum die Aktivitäten. Hier finden Sie einen Eintrag *Transportieren* und einen weiteren Eintrag *WE bearbeiten*. Diese Einträge wurden aufgrund der zuvor vorgenommen Einstellungen für das Produkt UCC-MOTOR-## erzeugt. Sie hatten zum einen festgelegt, dass dieses Produkt in den Lokationen 1100 und 1200 fremdbeschafft werden soll. Zum anderen wurde vom SAP APO automatisch erkannt, dass Transportbeziehungen existie-

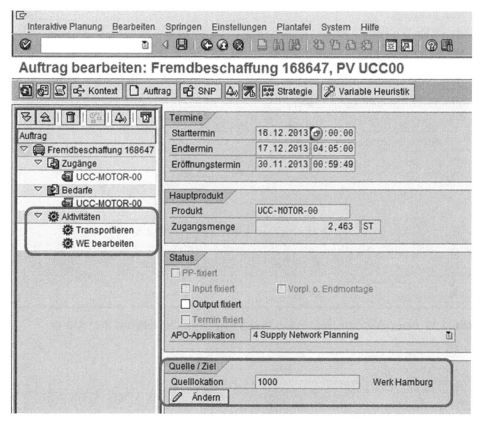

**Abb. 7.24** Detailansicht einer BANF für UCC-MOTOR-##

ren, über die das Produkt umgelagert werden kann. Betätigen Sie wie zuvor im SNP-Auf-trag im Bereich *Quelle/Ziel* den Druckknopf *Ändern*, um sich die Bezugsquellenfindung anzeigen zu lassen.

Der erste Eintrag im Fenster zur Bezugsquellenfindung (siehe Abb. 7.25) beschreibt eine Umlagerung von Lokation 1000 zur Ziellokation 1100. Dieser Eintrag wurde durch die SNP-Planung zugeordnet, da im Produktstamm für das Produkt UCC-MOTOR-## als Beschaffungsalternative *Fremdbeschaffung* hinterlegt wurde und außerdem eine Trans-portbeziehung für dieses Produkt von Lokation 1000 zu 1100 existiert. Alternativ könnte durch manuelle Auswahl des zweiten Eintrags auch eine externe Beschaffung bei einem Lieferanten durch eine Bestellanforderung zugeordnet werden. Die aktuelle Zuordnung soll jedoch beibehalten werden. Daher wählen Sie *Abbrechen* und verlassen die Produkt-sicht.

Abschließend möchten Sie sich noch einen Überblick über die Auslastung der Ressour-cen infolge der eingeplanten SNP-Aufträge verschaffen. Rufen Sie dazu die Transaktion *Advanced Planning and Optimization → Supply Network Planning → Planung → Supply Net-work Planning interaktiv (alle Mappen)* auf. Suchen Sie links im Selektionsbereich für die Planungsmappen nach der Mappe *IDES_SNP* und doppelklicken Sie auf die Datensicht *Capacity Check* (siehe Abb. 7.26).

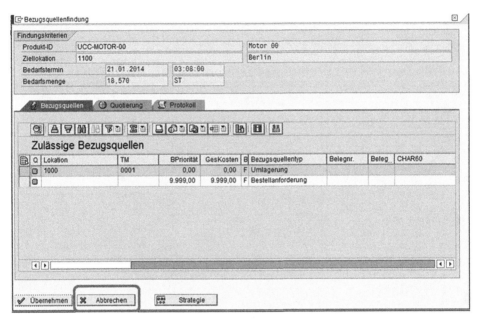

**Abb. 7.25**  Bezugsquellenfindung zu einer Umlagerung für das Produkt UCC-MOTOR-##

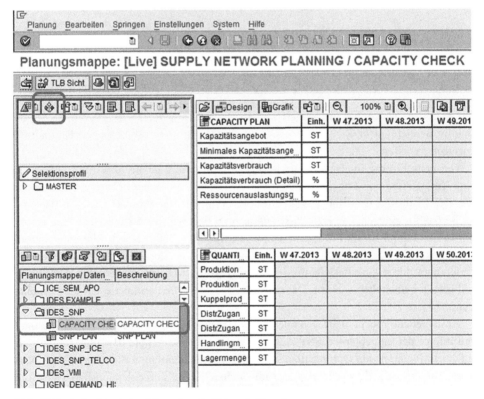

**Abb. 7.26**  Aufruf des interaktiven Supply Network Planning

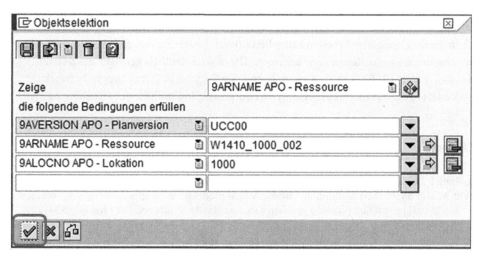

**Abb. 7.27**  Objektselektion für das interaktive Supply Network Planning

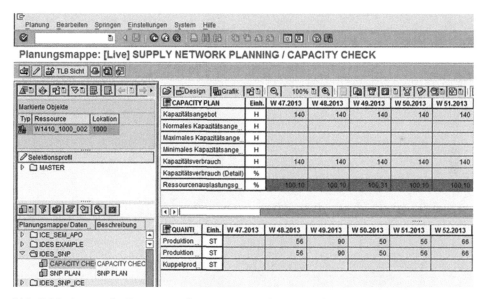

**Abb. 7.28**  Anzeige der Kapazitätsauslastung im interaktiven Supply Network Planning

Selektieren Sie anschließend auf die gleiche Weise wie in Abschn. 6.4 die zugehörigen Daten, indem Sie die *Objektselektion* aufrufen und unter *Zeige* den Eintrag *APO-Ressource* wählen (siehe Abb. 7.27). Im Bereich der Bedingungen setzen Sie für die Planversion *UCC##,* als APO-Ressource *W1410_1000_002* und als Lokation *1000.* Wählen Sie *ENTER.*

Doppelklicken Sie anschließend links oben auf das Ergebnis der Selektion, um die zugehörigen Daten zu laden (siehe Abb. 7.28). Anschließend erhalten Sie Angaben zur Auslastung der gewählten Ressource W1410_1000_002. Diese ist sehr stark ausgelastet und kann die ihr zugeteilten Arbeiten kaum bewältigen. Lassen Sie sich zum Vergleich die Auslastung der anderen Ressourcen anzeigen. Diese sind deutlich geringer ausgelastet. Die Ressource W1410_1000_002 ist anscheinend der Engpass in Ihrem Supply Network.

Verlassen Sie das interaktive Supply Network Planning mithilfe der Drucktaste *Zurück*.

## Literatur

Kallrath J, Maindl TI (2006) Real optimization with SAP APO. Springer, Heidelberg

Witt A, Voß S (2011) Application of a mathematical model to an intermediate- to long-term real-world steel production planning problem based on standard software. Eur J Ind Eng 5:81–100

# Production Planning and Detailed Scheduling (PP/DS)

**8**

**Zusammenfassung**

Die Ergebnisse des SNP werden innerhalb des PP/DS-Planungshorizonts in PP/DS-Planaufträge umgesetzt. Um ggf. bestehende Unzulässigkeiten des Produktionsplans in Form von Kapazitätsüberlasten zu beseitigen, wird wiederum ein Optimierungslauf durchgeführt. Auch im PP/DS wird dabei das Ziel verfolgt, Überschreitungen der Bedarfstermine nach Möglichkeit zu vermeiden. Um die Arbeit von Produktionsplanern zu illustrieren, wird anschließend ein Maschinenausfall simuliert und die Vorgehensweise für die Berücksichtigung eines zusätzlichen Eilauftrags nachvollzogen.

## 8.1 Umsetzung des SNP-Ergebnisses in die Produktionsplanung

Der nächste Schritt im Planungsszenario der Fallstudie besteht darin, die erzeugten SNP-Aufträge im kurzfristigen Planungshorizont in PP/DS-Aufträge bzw. Planaufträge umzusetzen. Während die SNP-Aufträge bucketorientiert eingeplant wurden, werden die Planaufträge im PP/DS sekundengenau auf einem Zeitstrahl eingeplant. Dabei können im Gegensatz zum SNP auch Vorgaben zur Reihenfolgebildung der Aufträge berücksichtigt werden (vgl. zur Integration von SNP und PP/DS in SAP APO auch Abschn. 3.3).

Wählen Sie für die Umsetzung *Advanced Planning and Optimization → Produktionsplanung → Umfeld → Umsetzung Supply Network Planning - > Produktionsplanung* (siehe Abb. 8.1). Tragen Sie Ihre Planversion UCC## ein und selektieren Sie jeweils über die Mehrfachselektion alle fünf Produkte UCC-MOTORRAD-##, UCC-MOTOR-##, UCC-RAHMEN-##, UCC-WELLE-## sowie UCC-BLOCK-## sowie die drei Lokationen 1000, 1100 und 1200. Als Propagierungsbereich wählen Sie *SAPALL* und als Heuristik *SAP_SNP_SNGL*. Betätigen Sie dann den Druckknopf *Ausführen*.

Wechseln Sie nun zunächst mithilfe des Druckknopfs *Ändern* links oben in den Änderungsmodus (siehe Abb. 8.2).

A. Witt, *Grundkurs SAP APO*,
DOI 10.1007/978-3-658-03654-6_8, © Springer Fachmedien Wiesbaden 2014

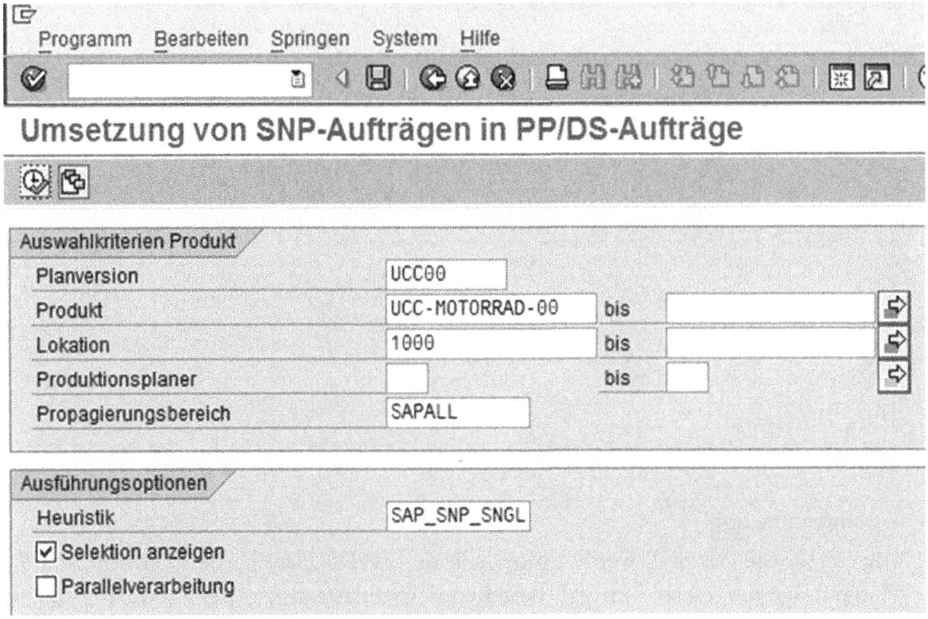


**Abb. 8.1** Umsetzung der SNP-Ergebnisse aufrufen

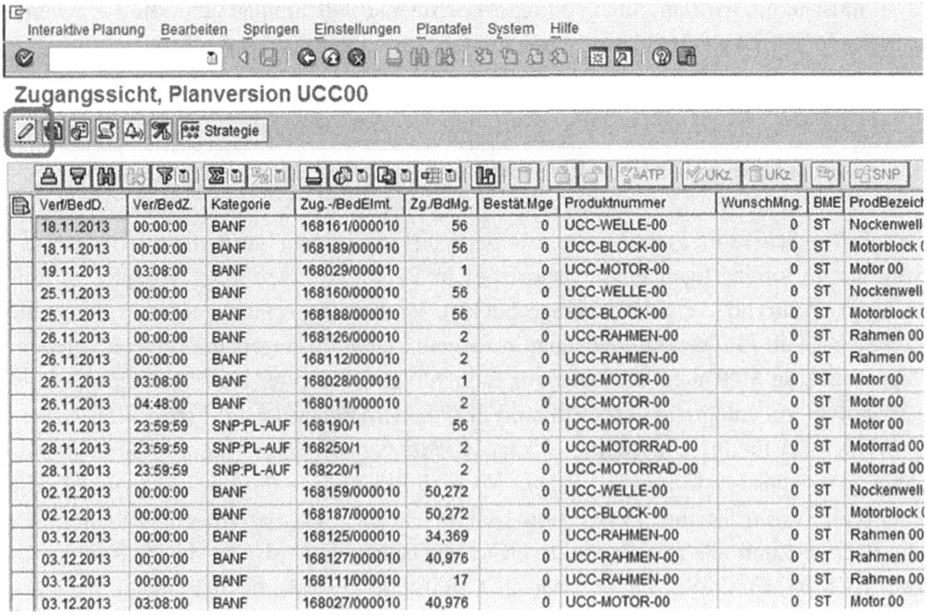


| Verf/BedD. | Ver/BedZ. | Kategorie | Zug.-/BedElmt. | Zg./BdMg. | Bestät.Mge | Produktnummer | WunschMng. | BME | ProdBezeich |
|---|---|---|---|---|---|---|---|---|---|
| 18.11.2013 | 00:00:00 | BANF | 168161/000010 | 56 | 0 | UCC-WELLE-00 | 0 | ST | Nockenwell |
| 18.11.2013 | 00:00:00 | BANF | 168189/000010 | 56 | 0 | UCC-BLOCK-00 | 0 | ST | Motorblock ( |
| 19.11.2013 | 03:08:00 | BANF | 168029/000010 | 1 | 0 | UCC-MOTOR-00 | 0 | ST | Motor 00 |
| 25.11.2013 | 00:00:00 | BANF | 168160/000010 | 56 | 0 | UCC-WELLE-00 | 0 | ST | Nockenwell |
| 25.11.2013 | 00:00:00 | BANF | 168188/000010 | 56 | 0 | UCC-BLOCK-00 | 0 | ST | Motorblock ( |
| 26.11.2013 | 00:00:00 | BANF | 168126/000010 | 2 | 0 | UCC-RAHMEN-00 | 0 | ST | Rahmen 00 |
| 26.11.2013 | 00:00:00 | BANF | 168112/000010 | 2 | 0 | UCC-RAHMEN-00 | 0 | ST | Rahmen 00 |
| 26.11.2013 | 03:08:00 | BANF | 168028/000010 | 1 | 0 | UCC-MOTOR-00 | 0 | ST | Motor 00 |
| 26.11.2013 | 04:48:00 | BANF | 168011/000010 | 2 | 0 | UCC-MOTOR-00 | 0 | ST | Motor 00 |
| 26.11.2013 | 23:59:59 | SNP:PL-AUF | 168190/1 | 56 | 0 | UCC-MOTOR-00 | 0 | ST | Motor 00 |
| 28.11.2013 | 23:59:59 | SNP:PL-AUF | 168250/1 | 2 | 0 | UCC-MOTORRAD-00 | 0 | ST | Motorrad 00 |
| 28.11.2013 | 23:59:59 | SNP:PL-AUF | 168220/1 | 2 | 0 | UCC-MOTORRAD-00 | 0 | ST | Motorrad 00 |
| 02.12.2013 | 00:00:00 | BANF | 168159/000010 | 50,272 | 0 | UCC-WELLE-00 | 0 | ST | Nockenwell |
| 02.12.2013 | 00:00:00 | BANF | 168187/000010 | 50,272 | 0 | UCC-BLOCK-00 | 0 | ST | Motorblock ( |
| 03.12.2013 | 00:00:00 | BANF | 168125/000010 | 34,369 | 0 | UCC-RAHMEN-00 | 0 | ST | Rahmen 00 |
| 03.12.2013 | 00:00:00 | BANF | 168127/000010 | 40,976 | 0 | UCC-RAHMEN-00 | 0 | ST | Rahmen 00 |
| 03.12.2013 | 00:00:00 | BANF | 168111/000010 | 17 | 0 | UCC-RAHMEN-00 | 0 | ST | Rahmen 00 |
| 03.12.2013 | 03:08:00 | BANF | 168027/000010 | 40,976 | 0 | UCC-MOTOR-00 | 0 | ST | Motor 00 |

**Abb. 8.2** Umsetzung der SNP-Ergebnisse (1)

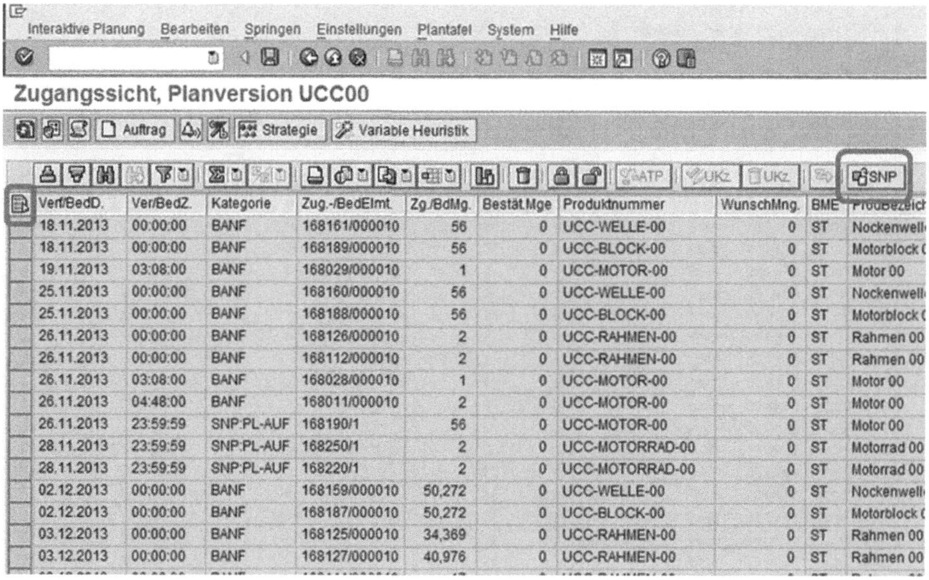


| VerfBedD. | VerBedZ. | Kategorie | Zug.-/BedElmt. | Zg./BdMg. | Bestät.Mge | Produktnummer | WunschMng. | BME | ProdBezeich |
|---|---|---|---|---|---|---|---|---|---|
| 18.11.2013 | 00:00:00 | BANF | 168161/000010 | 56 | 0 | UCC-WELLE-00 | 0 | ST | Nockenwell |
| 18.11.2013 | 00:00:00 | BANF | 168189/000010 | 56 | 0 | UCC-BLOCK-00 | 0 | ST | Motorblock ( |
| 19.11.2013 | 03:08:00 | BANF | 168029/000010 | 1 | 0 | UCC-MOTOR-00 | 0 | ST | Motor 00 |
| 25.11.2013 | 00:00:00 | BANF | 168160/000010 | 56 | 0 | UCC-WELLE-00 | 0 | ST | Nockenwell |
| 25.11.2013 | 00:00:00 | BANF | 168188/000010 | 56 | 0 | UCC-BLOCK-00 | 0 | ST | Motorblock ( |
| 26.11.2013 | 00:00:00 | BANF | 168126/000010 | 2 | 0 | UCC-RAHMEN-00 | 0 | ST | Rahmen 00 |
| 26.11.2013 | 00:00:00 | BANF | 168112/000010 | 2 | 0 | UCC-RAHMEN-00 | 0 | ST | Rahmen 00 |
| 26.11.2013 | 03:08:00 | BANF | 168028/000010 | 1 | 0 | UCC-MOTOR-00 | 0 | ST | Motor 00 |
| 26.11.2013 | 04:48:00 | BANF | 168011/000010 | 2 | 0 | UCC-MOTOR-00 | 0 | ST | Motor 00 |
| 26.11.2013 | 23:59:59 | SNP:PL-AUF | 168190/1 | 56 | 0 | UCC-MOTOR-00 | 0 | ST | Motor 00 |
| 28.11.2013 | 23:59:59 | SNP:PL-AUF | 168250/1 | 2 | 0 | UCC-MOTORRAD-00 | 0 | ST | Motorrad 00 |
| 28.11.2013 | 23:59:59 | SNP:PL-AUF | 168220/1 | 2 | 0 | UCC-MOTORRAD-00 | 0 | ST | Motorrad 00 |
| 02.12.2013 | 00:00:00 | BANF | 168159/000010 | 50,272 | 0 | UCC-WELLE-00 | 0 | ST | Nockenwell |
| 02.12.2013 | 00:00:00 | BANF | 168187/000010 | 50,272 | 0 | UCC-BLOCK-00 | 0 | ST | Motorblock ( |
| 03.12.2013 | 00:00:00 | BANF | 168125/000010 | 34,369 | 0 | UCC-RAHMEN-00 | 0 | ST | Rahmen 00 |
| 03.12.2013 | 00:00:00 | BANF | 168127/000010 | 40,976 | 0 | UCC-RAHMEN-00 | 0 | ST | Rahmen 00 |

**Abb. 8.3** Umsetzung der SNP-Ergebnisse (2)

Markieren Sie alle Einträge der Tabelle und wählen Sie dann *SNP-Aufträge umsetzen* (siehe Abb. 8.3).

Dass Ergebnis der Umsetzung wird unmittelbar angezeigt (siehe Abb. 8.4). Alle SNP-Aufträge innerhalb des PP/DS-Produktionshorizonts wurden in Planaufträge umgesetzt, während die Bestellanforderungen erhalten geblieben sind. Sichern Sie das Ergebnis.

Rufen Sie nun erneut die Produktsicht z. B. von UCC-MOTORRAD-## in Lokation 1100 auf. Auch hier ist zu sehen, dass alle SNP-Aufträge, die innerhalb des PP/DS-Produktionshorizont eingeplant waren, in Planaufträge (Kategorie PL-AUF) umgesetzt wurden, während außerhalb dieses Horizonts weiterhin SNP-Aufträge vorhanden sind (siehe Abb. 8.5).

## 8.2 Durchführung der Produktionsplanung

Zeigen Sie zunächst die aktuelle Planungssituation an, indem Sie die Produktplantafel aufrufen: *Advanced Planning and Optimization → Produktionsplanung → Interaktive Produktionsplanung → Produktplantafel* (siehe Abb. 8.6). Tragen Sie Ihre Planversion UCC## ein und selektieren Sie mithilfe der Mehrfachselektion die Lokationen 1000, 1100 und 1200 sowie Ihre fünf Produkte UCC-MOTORRAD-##, UCC-MOTOR-##, UCC-RAHMEN-##, UCC-WELLE-## sowie UCC-BLOCK-##. Achten Sie außerdem darauf, dass der Planungshorizont mindestens 26 Wochen in die Zukunft reicht. Wählen Sie *Ausführen*.

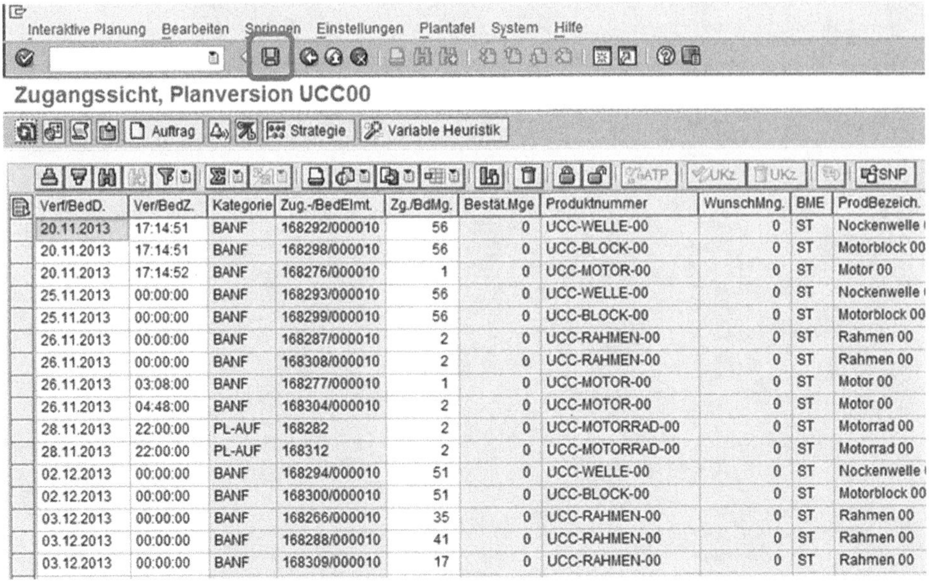


| Verf/BedD. | Ver/BedZ. | Kategorie | Zug.-/BedElmt. | Zg./BdMg. | Bestät.Mge | Produktnummer | WunschMng. | BME | ProdBezeich. |
|---|---|---|---|---|---|---|---|---|---|
| 20.11.2013 | 17:14:51 | BANF | 168292/000010 | 56 | 0 | UCC-WELLE-00 | 0 | ST | Nockenwelle |
| 20.11.2013 | 17:14:51 | BANF | 168298/000010 | 56 | 0 | UCC-BLOCK-00 | 0 | ST | Motorblock 00 |
| 20.11.2013 | 17:14:52 | BANF | 168276/000010 | 1 | 0 | UCC-MOTOR-00 | 0 | ST | Motor 00 |
| 25.11.2013 | 00:00:00 | BANF | 168293/000010 | 56 | 0 | UCC-WELLE-00 | 0 | ST | Nockenwelle |
| 25.11.2013 | 00:00:00 | BANF | 168299/000010 | 56 | 0 | UCC-BLOCK-00 | 0 | ST | Motorblock 00 |
| 26.11.2013 | 00:00:00 | BANF | 168287/000010 | 2 | 0 | UCC-RAHMEN-00 | 0 | ST | Rahmen 00 |
| 26.11.2013 | 00:00:00 | BANF | 168308/000010 | 2 | 0 | UCC-RAHMEN-00 | 0 | ST | Rahmen 00 |
| 26.11.2013 | 03:08:00 | BANF | 168277/000010 | 1 | 0 | UCC-MOTOR-00 | 0 | ST | Motor 00 |
| 26.11.2013 | 04:48:00 | BANF | 168304/000010 | 2 | 0 | UCC-MOTOR-00 | 0 | ST | Motor 00 |
| 28.11.2013 | 22:00:00 | PL-AUF | 168282 | 2 | 0 | UCC-MOTORRAD-00 | 0 | ST | Motorrad 00 |
| 28.11.2013 | 22:00:00 | PL-AUF | 168312 | 2 | 0 | UCC-MOTORRAD-00 | 0 | ST | Motorrad 00 |
| 02.12.2013 | 00:00:00 | BANF | 168294/000010 | 51 | 0 | UCC-WELLE-00 | 0 | ST | Nockenwelle |
| 02.12.2013 | 00:00:00 | BANF | 168300/000010 | 51 | 0 | UCC-BLOCK-00 | 0 | ST | Motorblock 00 |
| 03.12.2013 | 00:00:00 | BANF | 168266/000010 | 35 | 0 | UCC-RAHMEN-00 | 0 | ST | Rahmen 00 |
| 03.12.2013 | 00:00:00 | BANF | 168288/000010 | 41 | 0 | UCC-RAHMEN-00 | 0 | ST | Rahmen 00 |
| 03.12.2013 | 00:00:00 | BANF | 168309/000010 | 17 | 0 | UCC-RAHMEN-00 | 0 | ST | Rahmen 00 |

**Abb. 8.4** Umsetzung der SNP-Ergebnisse (3)

Sollte die *Ressourcensicht periodisch* nicht eingeblendet sein, dann ziehen Sie den entsprechenden Eintrag links unten im Navigationsbereich auf den Eintrag *Eingeblendet* (siehe Abb. 8.7).

U. a. ist zu erkennen (siehe Abb. 8.8), dass insbesondere auf der Ressource W1410_1000_002 Überlasten auftreten.

Lassen Sie die Produktplantafel geöffnet und rufen Sie die folgende Transaktion in einem neuen Modus auf: *Advanced Planning and Optimization* → *Produktionsplanung* → *Interaktive Produktionsplanung* → *Feinplanung* → *Feinplanungsplantafel – Variable Sicht* (siehe Abb. 8.9). Tragen Sie Ihre Planversion UCC## ein, falls diese noch nicht gesetzt sein sollte, und wählen Sie sowohl für das Anzeigeende als auch für das Planungsende ein Datum, das mindestens 26 Wochen in die Zukunft reicht. Auf der Registerkarte *Ressource* im unteren Bildschirmbereich selektieren Sie mithilfe der Mehrfachselektion Ihre sechs Ressourcen, indem Sie als Einzelwerte *W1410** und *W1420** eintragen. Die drei Lokationen 1000, 1100 und 1200 selektieren Sie ebenfalls über die Mehrfachselektion. Setzen Sie Haken bei *Ausgew. Ressourcen* und *Finite Planung.*

Zeigen Sie nun die Registerkarte *Produkte* an (siehe Abb. 8.10). Selektieren Sie Ihre fünf Produkte UCC-MOTORRAD-##, UCC-MOTOR-##, UCC-RAHMEN-##, UCC-WELLE-## sowie UCC-BLOCK-## und nochmals die drei Lokationen 1000, 1100 und 1200. Wählen Sie nun links oben Ausführen.

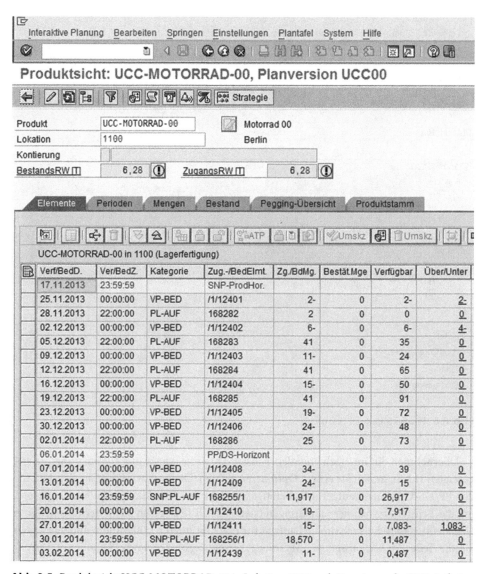

**Abb. 8.5** Produktsicht UCC-MOTORRAD-## in Lokation 1100 nach Umsetzung der SNP-Aufträge

Die anschließend angezeigte Plantafel (siehe Abb. 8.11) zeigt im oberen Bildschirmbereich die eingeplanten Planaufträge pro Ressource, während im mittleren Bereich die Planaufträge pro Produkt und Lokation angezeigt werden. Im unteren Bereich sind Bestandsverläufe zu sehen. Für einen besseren Überblick ist es u. U. sinnvoll, mit einem Rechtsklick auf die Zeitachse *Wochensicht* einzustellen. Die Plantafel ist zwar interaktiv (d. h. die dargestellten Objekte können in Ihrer Lage verschoben werden), allerdings sollte man bei komplexen Problemen besser Planungsverfahren einsetzen, um das Ergebnis zu verbessern. Betätigen Sie daher nun den Druckknopf *Optimieren*.

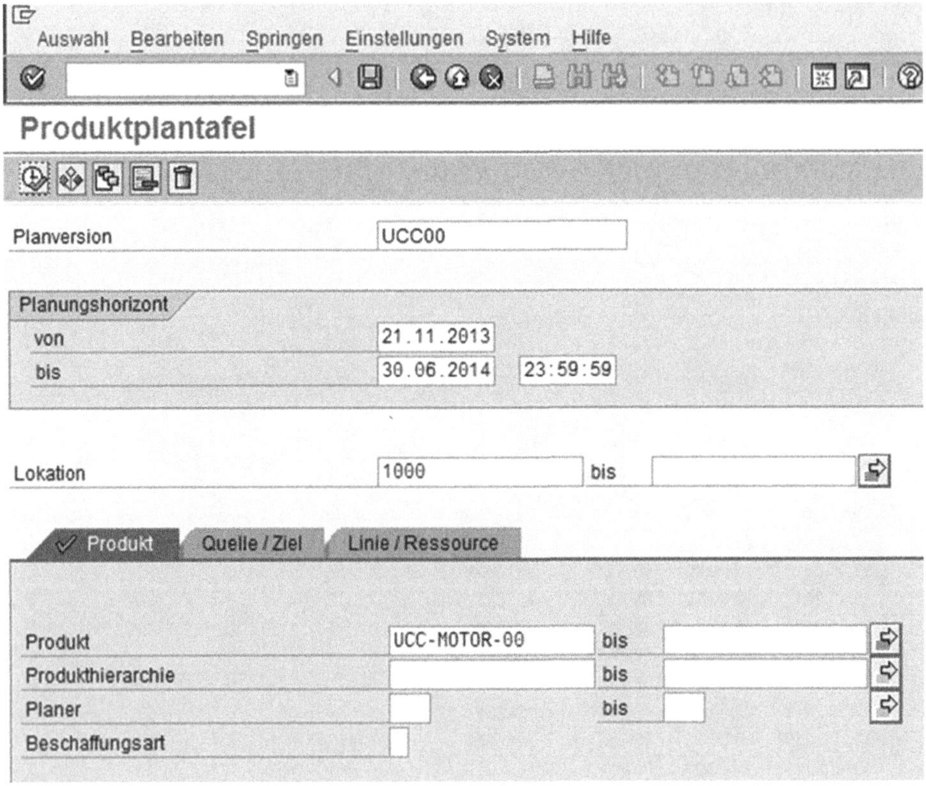

**Abb. 8.6**  Produktplantafel aufrufen

Übernehmen Sie im erscheinenden Fenster *Voreinstellungen zur Optimierung* die angezeigten Daten, indem Sie erneut *Optimieren* wählen. Dadurch wird das Einstiegsbild für
den PP/DS-Optimierer aufgerufen. Betätigen Sie hier den Druckknopf *Optimierungsprofil*,
um das Fenster *Einstellungen* anzuzeigen (siehe Abb. 8.12). Setzen Sie in der Registerkarte
*Grundeinstellungen* als maximale Laufzeit für den Optimierer 1:00 Minute und gewichten
Sie die Teile *Produktionsspanne, Maximale Verspätungskosten* sowie *Summe der Verspätungskosten* jeweils mit 1.

Auf der Registerkarte *Auftragsbearbeitung* (siehe Abb. 8.13) setzen Sie Haken bei *Fremdbeschaffung, Umlagerung, Transport* und *Planlieferzeit beachten*. Der Optimierer soll also
die gewählten Objekte neu planen und dabei auch die in den Produktstämmen eingetragenen Planlieferzeiten beachten. Sehen Sie sich die übrigen Registerkarten an, um einen
Eindruck zu erhalten, welche weiteren Einstellungen möglich sind, und wählen Sie dann
*Übernehmen*.

Im Bild des PP/DS-Optimierers wählen Sie anschließend den Druckknopf *Optimierungslauf starten* (siehe Abb. 8.14). Sie erhalten wie auch schon bei der SNP-Optimierung
Hinweise, dass die Kalender der Ressourcen nicht vollständig sind. Einige Aufträge können
möglicherweise nur verspätet eingeplant werden. Insgesamt gelingt es dem Optimierer je-

**Abb. 8.7** Ressourcensicht
in der Produktplantafel
einblenden

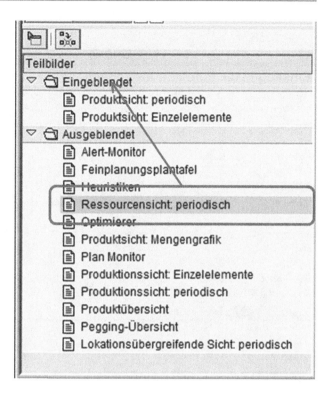

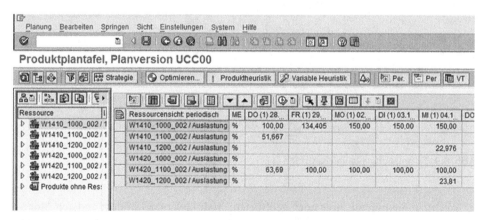

**Abb. 8.8** Produktplantafel vor Ausführung der PP/DS-Optimierung

doch, bei gleichbleibenden Durchlaufzeiten eine Reduzierung der Summe aller Verspätungen und der maximalen Verspätung zu realisieren. Wechseln Sie mithilfe des Druckknopf Zurück in die Feinplanungsplantafel **und sichern Sie hier das Planungsergebnis**.

Es erscheint ein Fenster (siehe Abb. 8.15), in dem Sie die Möglichkeit haben, das Planungsergebnis als Simulationsversion zu speichern. Sie wollen jedoch das Ergebnis in Ihre Version UCC## übernehmen und wählen daher den Druckknopf *Übernehmen*.

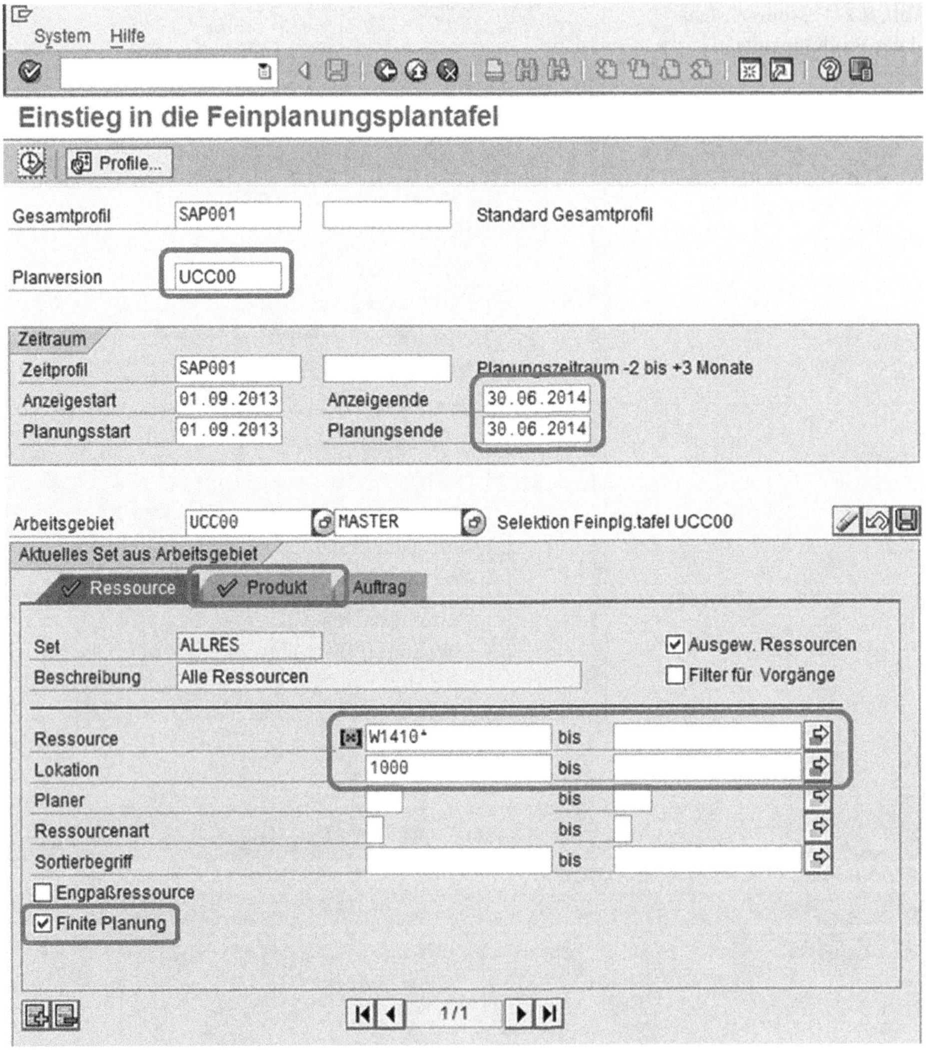

**Abb. 8.9**  Feinplanungsplantafel aufrufen (1)

Wechseln Sie nun zu Ihrer noch geöffneten Produktplantafel in dem anderen Modus und wählen Sie hier *Aktualisieren* (siehe Abb. 8.16). Dadurch werden die neuen Planungsergebnisse in der Anzeige berücksichtigt. Sehen Sie sich die Kapazitätsauslastung der Ressourcen an: Auf Ressource W1410_1000_002 treten keine Überlasten mehr auf. Der PP/DS-Optimierer hat also nicht nur die Verspätungen reduziert, sondern auch Überlasten beseitigt, so dass der Produktionsplan nun ausführbar ist.

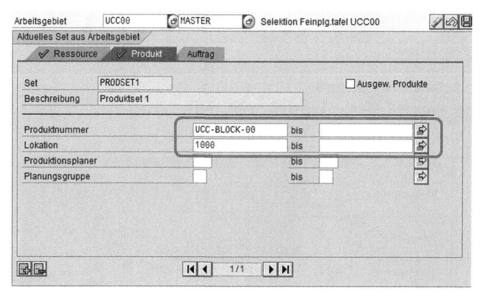

**Abb. 8.10** Feinplanungsplantafel aufrufen (2)

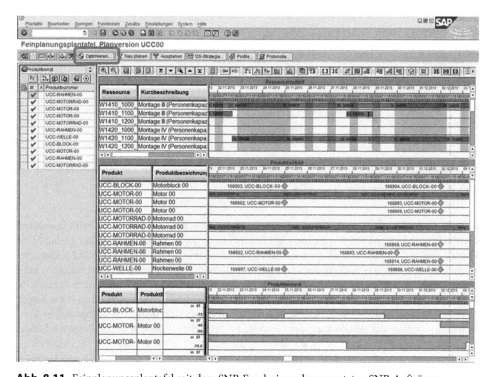

**Abb. 8.11** Feinplanungsplantafel mit dem SNP-Ergebnis und umgesetzten SNP-Aufträgen

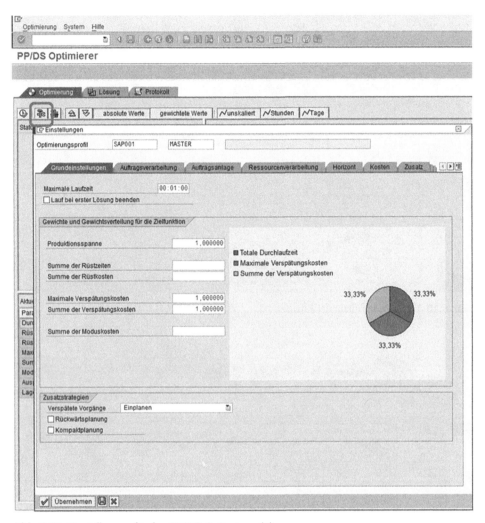

**Abb. 8.12**  Einstellungen für den PP/DS-Optimierer (1)

In der betrieblichen Praxis würde man an dieser Stelle die Planungsversion UCC## in die aktive Version 000 übernehmen bzw. man hätte u. U. von vornherein in der aktiven Version geplant. Die Abwicklung der Produktion und der Beschaffung würde sich nun zunächst in SAP ERP fortsetzen, wo man die Planaufträge in Fertigungsaufträge und die Bestellanforderungen in Bestellungen umsetzen würde. Anschließend würde man die Fertigungsaufträge freigeben und je nach Fortschritt Rückmeldungen erfassen. Diese Tätigkeiten hätten Warenein– und –ausgangsbuchungen zur Folge. Auch zu den Bestellungen würde man nach erfolgter Lieferung Wareneingänge buchen. Diese Veränderungen infolge der Abarbeitung der Geschäftsprozesse hätten dann wiederum entsprechende Anpassungen in SAP APO zur Folge, die über das CIF mitgeteilt würden und somit eine Aktualisierung der Pläne ermöglichen würden. Da Sie in diesem Lehrbuch schwerpunktmäßig den Umgang mit SAP APO üben, sind die erwähnten Prozesse jedoch nicht Gegenstand der weiteren Betrachtungen (siehe für Übungen zu Prozessen in SAP ERP u. a. Frick et al. (2008) sowie die Fallstudien der SAP Hochschulkompetenzzentren).

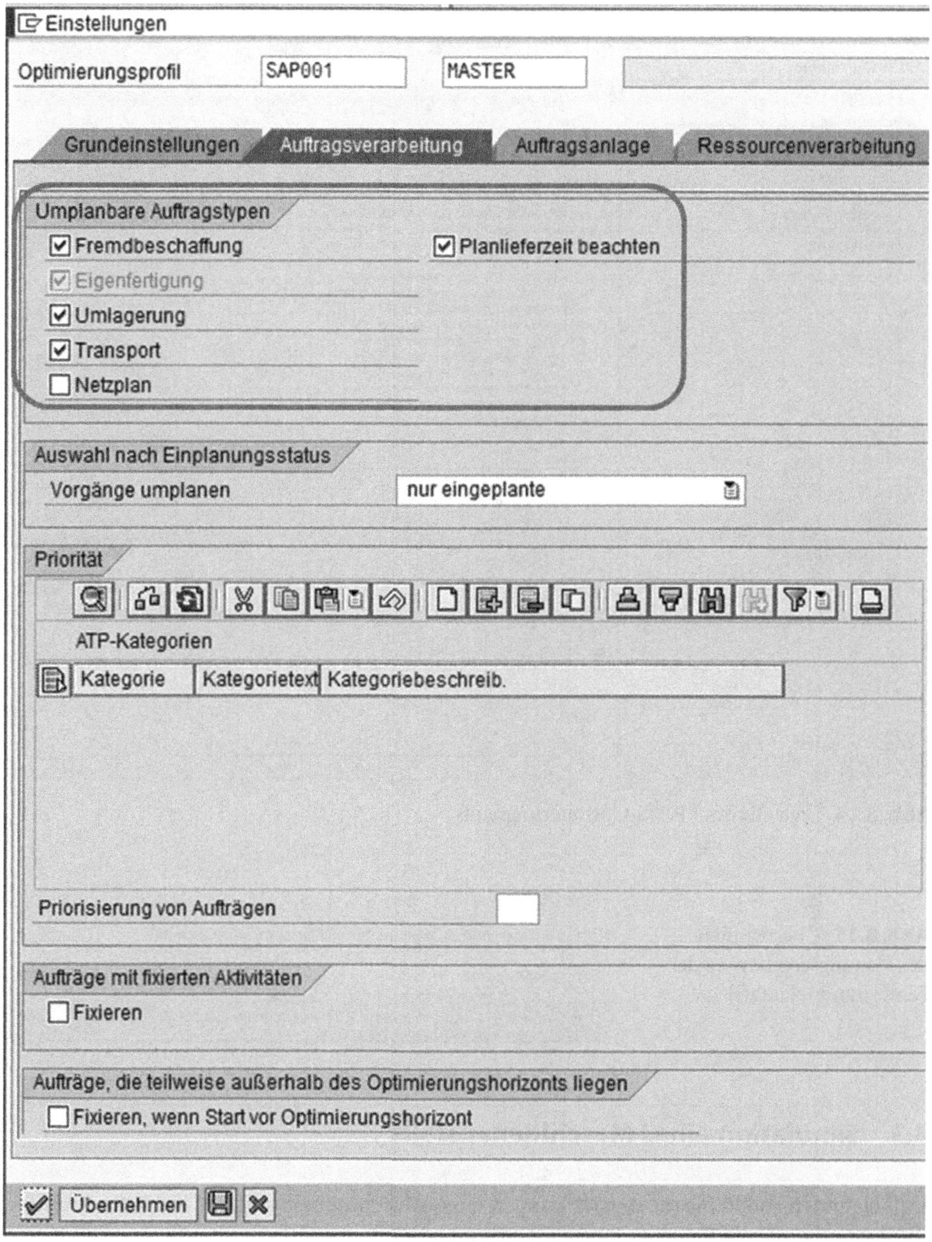

**Abb. 8.13**  Einstellungen für den PP/DS-Optimierer (2)

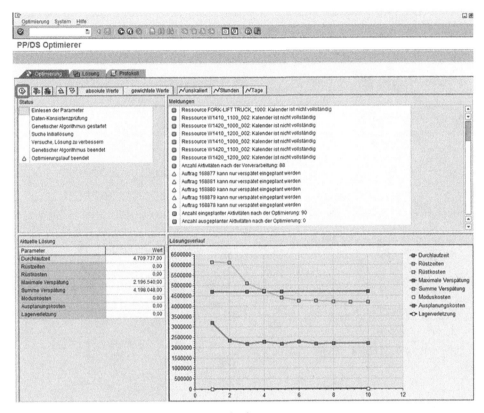

**Abb. 8.14**  Ergebnis des PP/DS-Optimierungslaufs

**Abb. 8.15**  Übernehmen
des Planungsergebnisses der
Feinplanungsplantafel

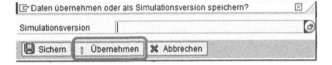

## 8.3   Simulation eines Maschinenausfalls

Im Folgenden sollen Sie die Auswirkungen eines Maschinenausfalls aus Sicht der Produktionsplanung nachvollziehen. Die auszuführenden Tätigkeiten bestehen in einer Reduzierung der Arbeitszeit der betreffenden Ressource für die Dauer des Ausfalls und einer anschließenden Neuplanung. Die Neuplanung ist erforderlich, um die Aufträge, die in dem
Zeitraum des Ausfalls eingeplant sind, in andere Zeiträume zu verschieben und somit die
entstandenen Überlasten zu beseitigen.

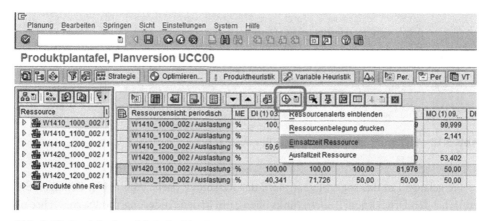

**Abb. 8.16**  Produktplantafel nach Ausführung des PP/DS-Optimierers

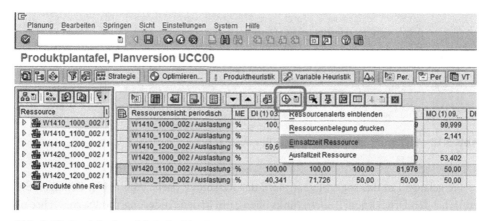

**Abb. 8.17**  Produktplantafel: Aufruf der Einsatzzeit einer Ressource

Zeigen Sie erneut die Produktplantafel an: *Advanced Planning and Optimization* → *Pro-duktionsplanung* → *Interaktive Produktionsplanung* → *Produktplantafel* (siehe Abb. 8.6). Tragen Sie wiederum Ihre Planversion UCC## ein und selektieren Sie mithilfe der Mehr-fachselektion die Lokationen 1000, 1100 und 1200 sowie Ihre fünf Produkte UCC-MO-TORRAD-##, UCC-MOTOR-##, UCC-RAHMEN-##, UCC-WELLE-## sowie UCC-BLOCK-##. Achten Sie außerdem darauf, dass der Planungshorizont mindestens 26 Wo-chen in die Zukunft reicht. Wählen Sie *Ausführen*.

Suchen Sie in der *Ressourcensicht periodisch* eine Ressource und einen Tag, an dem die Auslastung 100 % beträgt. Wählen Sie jedoch nach Möglichkeit nicht die Ressource W1410_1000_002, da diese insgesamt sehr stark ausgelastet ist. Markieren Sie die Zeile der Ressource und wählen Sie *Einsatzzeit Ressource* (siehe Abb. 8.17).

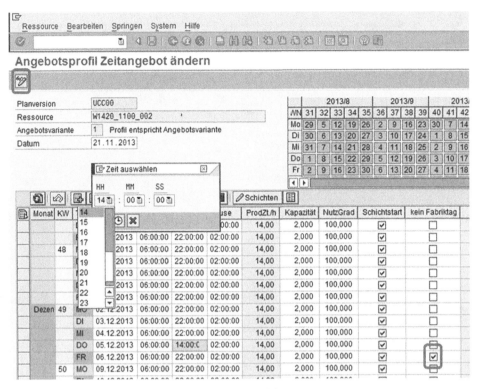

**Abb. 8.18**  Anpassung der Einsatzzeit einer Ressource (1)

Sie gelangen in das sog. *Angebotsprofil* der Ressource (siehe Abb. 8.18). Betätigen Sie zunächst den Druckknopf *Ändern* (links oben), um in den Änderungsmodus zu wechseln. Reduzieren Sie an dem ausgewählten Tag (im Beispiel in Abb. 8.18 der 05.12.2013) die verfügbare Zeit der Ressource von 22:00 Uhr auf 14:00 Uhr und setzen Sie für den folgenden Tag einen Haken bei *kein Fabriktag*. Der Maschinenausfall soll sich also von 14:00 Uhr des gewählten Tages bis zum Ende des Folgetags erstrecken.

Bestätigen Sie mit *ENTER* und wählen Sie *Zurück* (siehe Abb. 8.19).

An der gewählten Ressource tritt nun an einem der Folgetage eine Überlast auf (siehe Abb. 8.20). Betätigen Sie den Druckknopf *Optimieren*, um die Überlast mithilfe einer PP/DS-Optimierung zu beseitigen. Wählen Sie für den Optimierer **exakt die gleichen Einstellungen wie zuvor in Abschn. 8.2** (siehe Abbs. 8.12 und 8.13) und starten Sie die Optimierung.

Abb. 8.21 zeigt das Ergebnis der Optimierung.

Gehen Sie zurück in die Produktplantafel. Die Überlast ist erfolgreich beseitigt worden (siehe Abb. 8.22). Somit liegt wieder ein ausführbarer Produktionsplan vor. Wählen Sie *Sichern*.

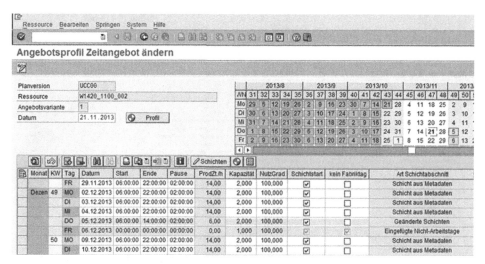

**Abb. 8.19** Anpassung der Einsatzzeit einer Ressource (2)

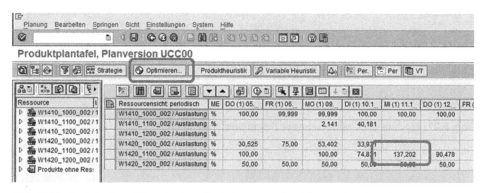

**Abb. 8.20** Produktplantafel: Aufruf des Optimierers zur Beseitigung einer Überlast

## 8.4    Einplanung eines Eilauftrags

In diesem Abschnitt soll ein unerwarteter Eilauftrag in der Produktionsplanung berücksichtigt werden. Dafür legen Sie zunächst einen offenen Primärbedarf an und sorgen anschließend durch eine Neuplanung dafür, dass der Bedarf ohne Kapazitätsüberlasten gedeckt wird.

Zeigen Sie wiederum die Produktplantafel an: *Advanced Planning and Optimization → Produktionsplanung → Interaktive Produktionsplanung → Produktplantafel.* Tragen Sie Ihre Planversion UCC## ein und selektieren Sie nur die Lokation 1000 sowie das Produkt UCC-MOTORRAD-##. Achten Sie außerdem darauf, dass der Planungshorizont mindestens 26 Wochen in die Zukunft reicht. Wählen Sie *Ausführen.* In Abb. 8.23 ist die Plantafel

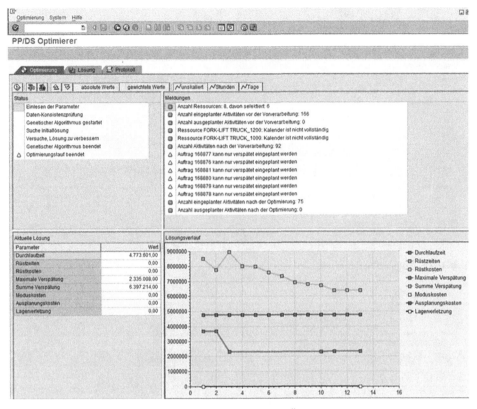

**Abb. 8.21**  Ergebnis der Optimierung zur Beseitigung einer Überlast

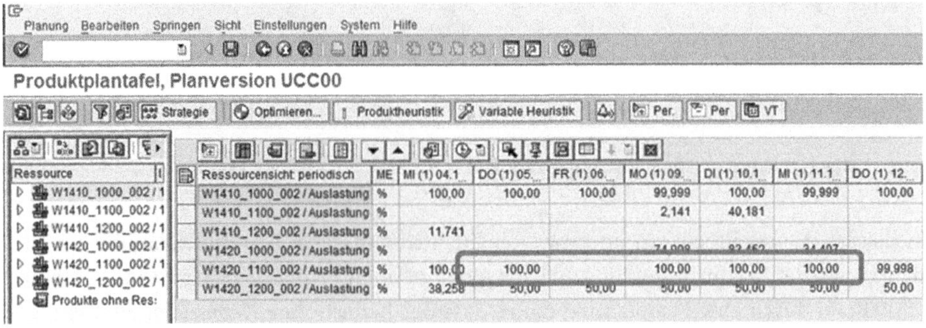

**Abb. 8.22**  Produktplantafel nach Beseitigung der Überlast durch den Optimierer

so eingestellt worden, dass oben die Feinplanungsplantafel, in der Mitte die Ressourcensicht und unten die Produktsicht eingeblendet sind.

Lassen Sie die Plantafel geöffnet und rufen Sie in einem zusätzlichen Modus die Transaktion *Advanced Planning and Optimization → Produktionsplanung → Interaktive Produktionsplanung → Produktsicht* auf (siehe Abb. 8.24). Tragen Sie auch hier die Planversion

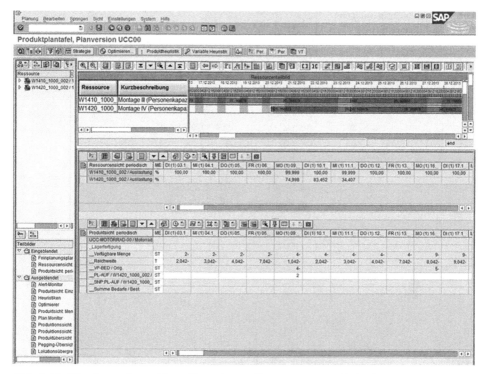

**Abb. 8.23** Eilauftrag anlegen: Plantafel vor dem Anlegen eines Primärbedarfs

**Abb. 8.24** Eilauftrag anlegen:
Einstieg

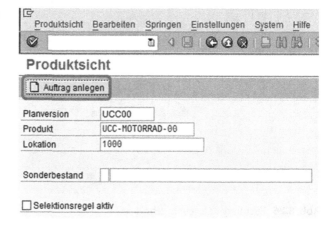

UCC##, das Produkt UCC-MOTORRAD-## und die Lokation 1000 ein. Betätigen Sie nun
jedoch den Druckknopf *Auftrag anlegen*.

Tragen Sie in dem Bild *Auftrag anlegen* (siehe Abb. 8.25) die Menge *-2* ein. Durch das
negative Vorzeichen erzeugen Sie einen offenen Bedarf, der geeignet gedeckt werden muss.
Im Fall einer positiven Menge würde SAP APO einen Planauftrag und somit ein bedarfs-

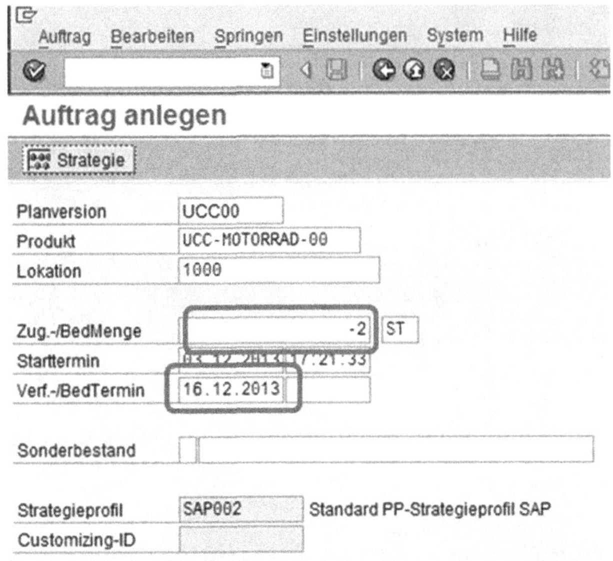

**Abb. 8.25**  Eilauftrag anlegen: Menge und Bedarfstermin

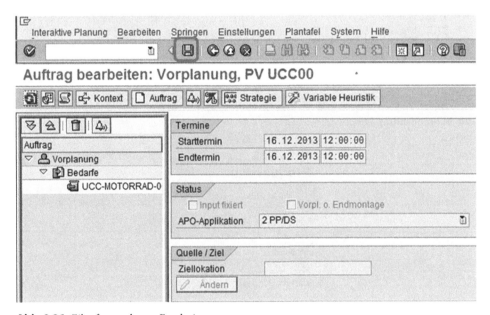

**Abb. 8.26**  Eilauftrag anlegen: Ergebnis

deckendes Objekt anlegen. Sehen Sie sich im anderen Modus die Plantafel an und wählen Sie als Bedarfstermin ein Datum aus, das etwa 10 Tage in der Zukunft liegt und an dem die Ressource W1410_1000_002 zu 100 % ausgelastet ist. Dieses Datum tragen Sie im Bild *Auftrag anlegen* als Bedarfstermin ein. Wählen Sie ENTER.

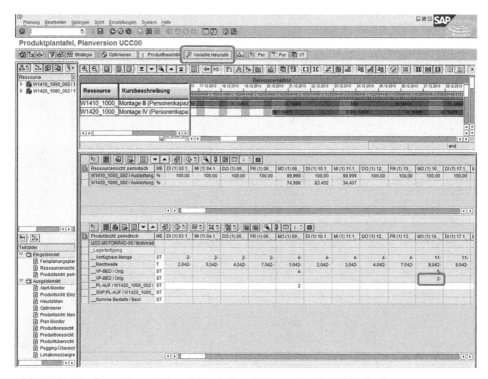

**Abb. 8.27** Eilauftrag anlegen: Plantafel nach dem Anlegen eines Primärbedarfs

Im nächsten Bild (siehe Abb. 8.26) wird Ihnen der zu erzeugende Bedarf als Vorplanung angezeigt. Sichern Sie, um den Bedarf anzulegen.

Wechseln Sie wieder in die Plantafel und betätigen Sie den Druckknopf *Aktualisieren*. In der Produktsicht wird nun zum gewählten Datum ggf. in einer neuen Zeile der soeben erzeugte Bedarf angezeigt (siehe Abb. 8.27). Um diesen offenen Bedarf mithilfe eines neuen Planauftrags zu decken, führen Sie zunächst eine Heuristik aus. Wählen Sie den Druckknopf *Variable Heuristik*.

Es erscheint ein Bild (siehe Abb. 8.28), in dem Sie Angaben zur auszuführenden Heuristik machen können. Wählen Sie als Heuristik [SAP_PP_002] *Planung von Standardlosen*. Im Bereich *Grundeinstellungen* wählen sie für das Verfahren [A] *Verspätungen vermeiden*. Betätigen Sie dann den Druckknopf *Heuristik*.

In einem weiteren Fenster (siehe Abb. 8.29) können Sie nun Vorgaben zur Losgrößenberechnung machen. Wählen Sie hier den Druckknopf *Übernehmen*, um die bereits eingestellte exakte Losgrößenberechnung auszuführen. SAP APO legt also Planaufträge so an, dass die offenen Bedarfe exakt gedeckt werden.

Nach Beendigung der Heuristik hat sich die Zeile *PL-AUF* in der Produktsicht der Plantafel nun so verändert, dass eine Bedarfsdeckung gewährleistet ist. Da die ausgeführte Heuristik jedoch keine Einhaltung von begrenzten Ressourcenkapazitäten sicherstellt, lie-

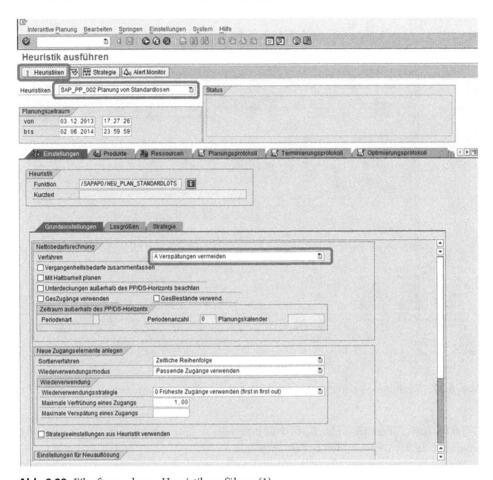

**Abb. 8.28** Eilauftrag anlegen: Heuristik ausführen (1)

gen nun in der Ressourcensicht Überlasten vor (siehe Abb. 8.30). Sichern Sie das Planungsergebnis und betätigen Sie dann den Druckknopf *Optimieren…*

Sie führen nun erneut den Optimierer aus, um die entstandenen Überlasten zu beseitigen. **Stellen Sie den Optimierer exakt so ein wie in Abschn. 8.2** (siehe Abbs. 8.12 und
8.13) und betätigen Sie dann den Druckknopf *Optimierungslauf starten* (Abb. 8.31).

Da Sie den Optimierer so eingestellt haben, dass insbesondere Überschreitungen von
Bedarfsterminen vermieden werden sollen, reduziert sich im Ergebnisbild die Summe der
Verspätungen und die maximale Verspätung (siehe Abb. 8.32).

Kehren Sie zurück in die Plantafel und sichern Sie hier das Planungsergebnis. Die Kapazitätsüberlasten sind durch den Optimierungslauf beseitigt worden (siehe Abb. 8.33). Sie
haben den zusätzlichen Bedarf erfolgreich eingeplant.

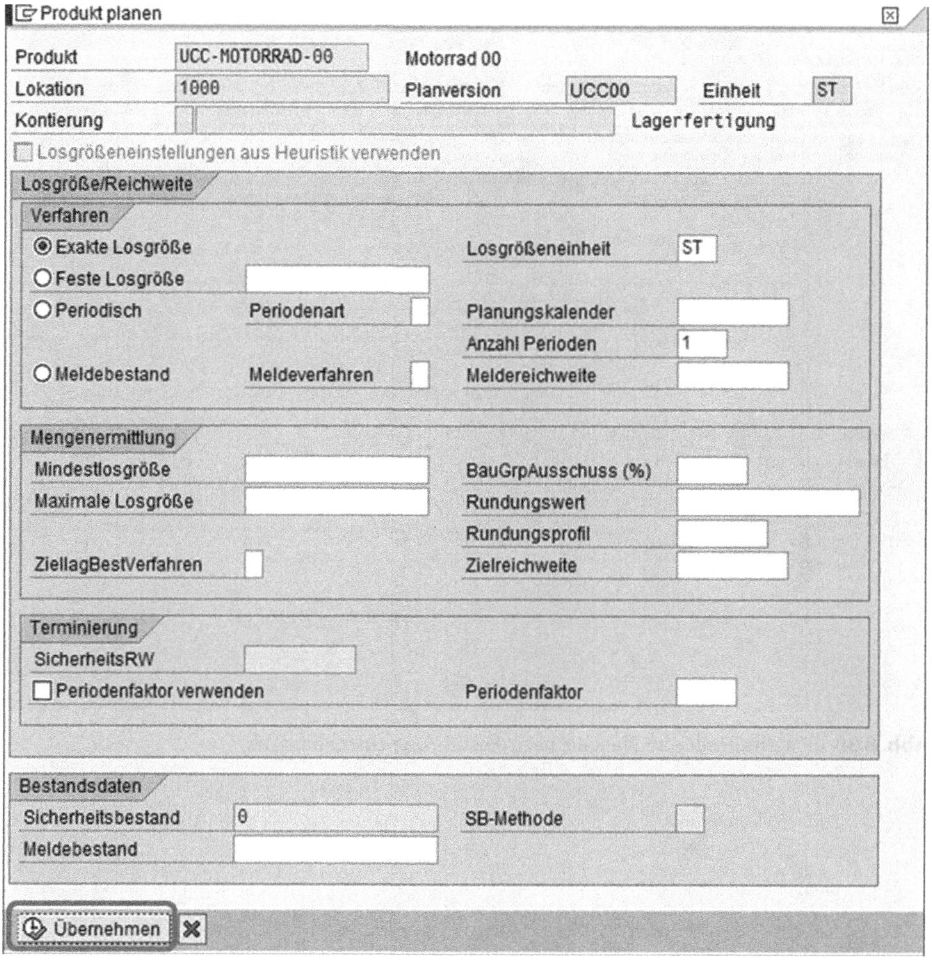

**Abb. 8.29** Eilauftrag anlegen: Heuristik ausführen (2)

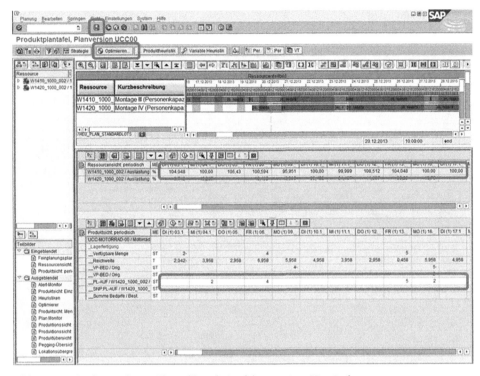

**Abb. 8.30** Eilauftrag anlegen: Plantafel nach Ausführung einer Heuristik

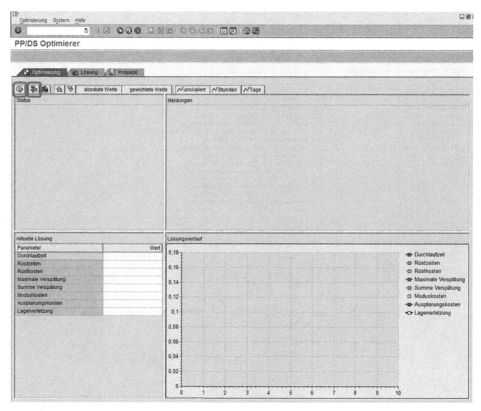

**Abb. 8.31**  Eilauftrag anlegen: Optimierungslauf ausführen

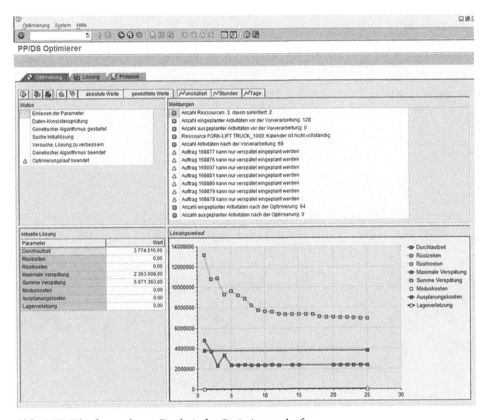

**Abb. 8.32**  Eilauftrag anlegen: Ergebnis des Optimierungslaufs

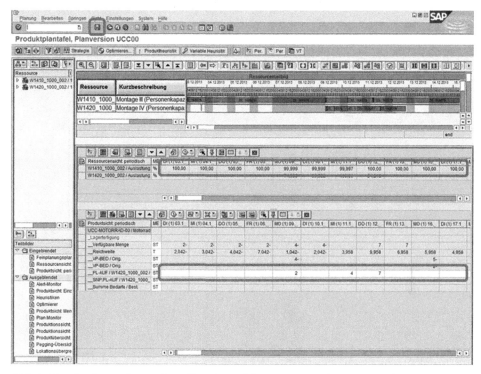

**Abb. 8.33** Eilauftrag anlegen: Plantafel nach Ausführung eines Optimierungslaufs

## Literatur

Frick D, Gadatsch A, Schäffer-Külz UG (2008) Grundkurs SAP ERP – Geschäftsprozessorientierte Einführung mit durchgehendem Fallbeispiel. Springer, Heidelberg

# Weitere Planungsmodule  9

**Zusammenfassung**

Auf Basis des generierten Produktionsplans wird die Available-To-Promise-Funktionalität ausgeführt. Dabei werden neuen Bedarfen wie etwa Kundenaufträgen Verfügbarkeitstermine bzw. machbare Liefertermine zugeordnet. Dies geschieht auf Basis einer Vorausberechnung der zeitlichen Entwicklung der Produktbestände anhand der eingeplanten Zu- und Abgänge im Bestand. Außerdem werden die im SNP erzeugten Umlagerungsaufträge zu Transporten zusammengefasst, die von einer Transportressource ausgeführt werden müssen.

## 9.1 Available-To-Promise (ATP)

Im Rahmen von ATP geht es vor allem darum, für neue Kundenbedarfe Verfügbarkeits- bzw. Liefertermine zu bestimmen, die eingehalten werden können. Die Vorgehensweise in der betrieblichen Praxis sähe eigentlich so aus, dass man in SAP ERP einen Kundenauftrag für das Produkt UCC-MOTORRAD-## anlegt, wobei eine Verbindung zu SAP APO hergestellt und mithilfe einer ATP-Anfrage ein Verfügbarkeits- bzw. Liefertermin ermittelt wird. Da Sie anstelle der aktiven Planversion 000 mit einer nicht-aktiven Planversion UCC## arbeiten, besteht jedoch keine Integration zu SAP ERP oder einem anderen ERP-System. Alternativ besteht allerdings in SAP APO die Möglichkeit, die ATP-Funktionalität ohne Einbeziehung von SAP ERP zu simulieren.

Bevor Sie die Simulation durchführen können, ist eine Anpassung des Produktstamms UCC-MOTORRAD-## notwendig. Rufen Sie den Produktstamm für die Lokation 1000 im Änderungsmodus auf und wechseln Sie zur Registerkarte *ATP* (siehe Abb. 9.1). Ändern Sie hier den Prüfmodus in *030 Verkauf ab Lager* und die ATP-Gruppe in *02 Einzelbedarf*.

Führen Sie die Anpassung auch für die Lokationen 1100 und 1200 durch (nur für das Produkt UCC-MOTORRAD-##). Rufen Sie dann die Transaktion *Advanced Planning and*

A. Witt, *Grundkurs SAP APO*,
DOI 10.1007/978-3-658-03654-6_9, © Springer Fachmedien Wiesbaden 2014

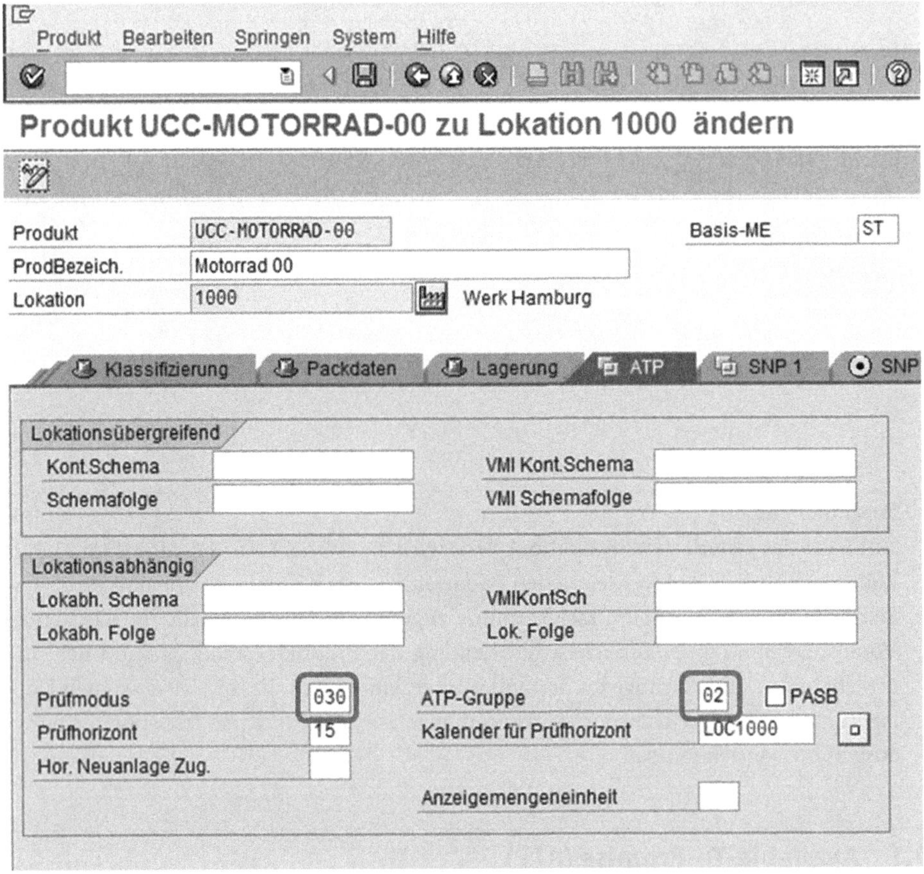

**Abb. 9.1** Anpassen des Produktstamms UCC-MOTORRAD-## für die ATP-Simulation

*Optimization* → *Globale ATP* → *Auswertungen* → *Simulation ATP* auf (siehe Abb. 9.2). Geben Sie Ihr Produkt UCC-MOTORRAD-## und die Lokation 1000 ein. Als betriebswirtschaftliches Ereignis wählen Sie *A* für (Kunden-) Auftrag. Geben Sie als (Wunschliefer-) Datum den Mittwoch nächster Woche und als Bedarfsmenge *5* ein. Betätigen Sie dann den Druckknopf *Produktverfügbarkeit*.

In Abhängigkeit davon, wie lange die Durchführung Ihrer PP/DS-Optimierung zurückliegt, erhalten Sie nun eine komplette, teilweise oder abweichende Bestätigung Ihrer angefragten Menge. In Abb. 9.3 wurde die Menge nur teilweise bestätigt. Zum Wunschlieferdatum kann nur ein Motorrad zugesagt werden. Die restlichen 4 Motorräder können nur verspätet geliefert werden. Betätigen Sie jetzt den Druckknopf *ATP*.

Simulieren Sie ggf. ATP-Anfragen für andere Lokationen mit anderen Wunschlieferterminen.

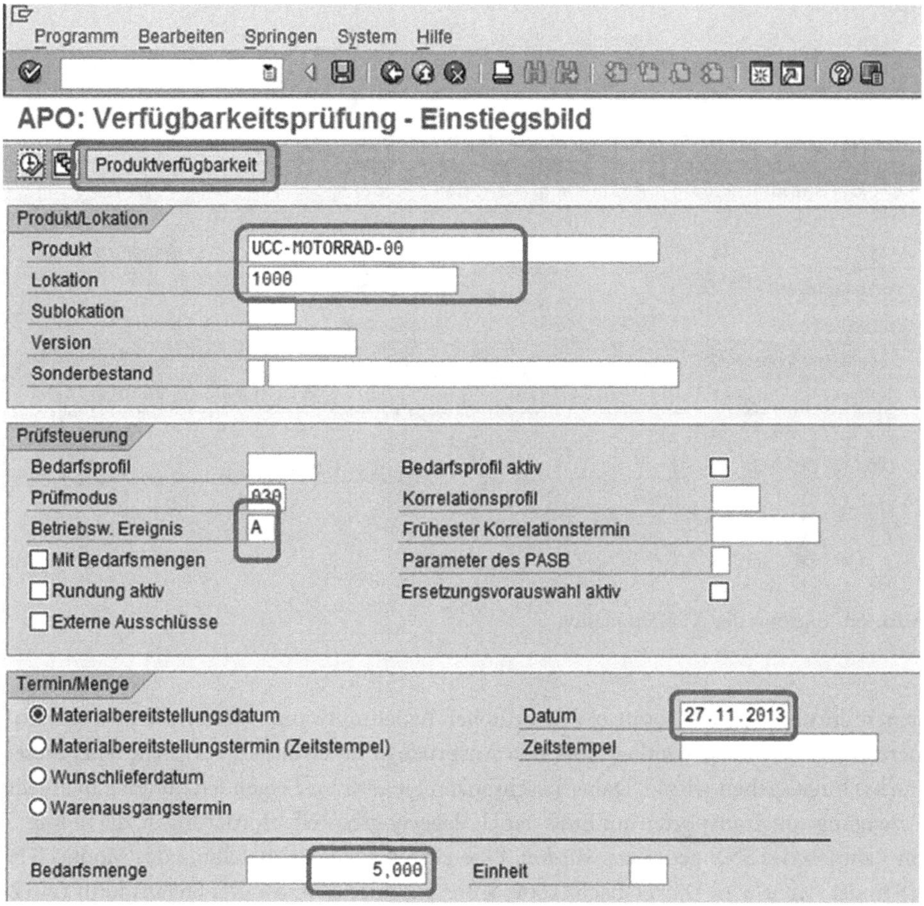

```
🖝
   Programm  Bearbeiten  Springen  System  Hilfe
   ⊘                        🖹  ◁ 🖫  🅒 🅖 🅧  🖫 🖩 🖫  🖫 🖫 🖫 🖫  🖩 🖾  🅞 🖫

 APO: Verfügbarkeitsprüfung - Einstiegsbild

 ⊕ 🖫   Produktverfügbarkeit

 ┌ Produkt/Lokation ──────────────────────────────────────────────
 │  Produkt          │ UCC-MOTORRAD-00
 │  Lokation         │ 1000
 │  Sublokation      │
 │  Version          │
 │  Sonderbestand    │

 ┌ Prüfsteuerung ─────────────────────────────────────────────────
 │  Bedarfsprofil     │            Bedarfsprofil aktiv              ☐
 │  Prüfmodus         │ 030        Korrelationsprofil
 │  Betriebsw. Ereignis │ A        Frühester Korrelationstermin
 │  ☐ Mit Bedarfsmengen            Parameter des PASB
 │  ☐ Rundung aktiv                Ersetzungsvorauswahl aktiv       ☐
 │  ☐ Externe Ausschlüsse

 ┌ Termin/Menge ──────────────────────────────────────────────────
 │  ⦿ Materialbereitstellungsdatum           Datum      │ 27.11.2013
 │  ○ Materialbereitstellungstermin (Zeitstempel)  Zeitstempel │
 │  ○ Wunschlieferdatum
 │  ○ Warenausgangstermin
 │
 │  Bedarfsmenge        │       5,000    Einheit   │
```

**Abb. 9.2** Einstieg in die ATP-Simulation

## 9.2 Transportation Planning and Vehicle Scheduling (TP/VS)

Zum Abschluss der Fallstudie sollen Sie einige Funktionen des Moduls TP/VS kennen-lernen. Ein Hauptziel der Transportplanung in SAP APO ist eine geeignete Zusammenfas-sung von Auslieferungsbelegen und den zugehörigen Waren (sog. *Transporteinheiten*) zu Transporten. Auslieferungsbelege entstehen üblicherweise im Kundenauftragsprozess in SAP ERP und sind Folgebelege von Kundenaufträgen. Sie werden angelegt, sobald die vom Kunden bestellte Ware zur Verfügung steht und ausgeliefert werden kann. Um ein ausrei-chend großes Planungsproblem zu erzeugen, müsste man also eine nennenswerte Anzahl an Kundenaufträgen in SAP ERP anlegen und dann für jeden Auftrag den Kundenauf-tragsprozess so weit abarbeiten, dass Auslieferungsbelege entstehen. Bei einer manuellen

**Abb. 9.3** Ergebnis der ATP-Simulation

Durchführung entsteht somit ein recht hoher Arbeitsaufwand, während eine automatisierte Vorgehensweise deutlich über den Anspruch eines Grundkurses (siehe Titel dieses Buchs) hinausgehen würde. Daher beschränken Sie sich im Folgenden auf eine manuelle Erzeugung von Transporten auf Basis der Umlagerungsbestellanforderungen, die in Kap. 7 im Rahmen des SNP generiert wurden. Eine ausführlichere Darstellung des Moduls TP/VS findet sich u. a. in Dickersbach (2009, S. 145 ff.) oder Grunow und Stefánsdóttir (2012, S. 249 ff.).

Auch wenn keine Optimierung durchgeführt werden soll, muss für eine Darstellung der Transporteinheiten in der TP/VS-Plantafel ein Optimierungsprofil angelegt werden. Rufen Sie dafür die Transaktion *Advanced Planning and Optimization → Transportplanung/Vehicle Scheduling → Umfeld → Lfd. Einstellungen → Transportoptimierung → Optimierungsprofil definieren* auf. Vergeben Sie die Bezeichnung *UCC##* und wählen Sie *Optimierungsprofil anlegen* (siehe Abb. 9.4).

Auf der ersten Registerkarte *Allgemein* (siehe Abb. 9.5) tragen Sie als Beschreibung *Opt. profil TP/VS UCC##* ein und ersetzen die eingetragene Planversion 000 durch Ihre Planversion UCC##. Bestätigen Sie ggf. eine anschließend erscheinende Meldung, dass die Lokations- und Ressourcendaten zurückgesetzt werden. Setzen Sie außerdem einen Haken bei *Vorhand. Transp. Beibehalten*. Dadurch würde der Optimierer bei einem Optimierungslauf die vorhandenen Transporte nur neu terminieren und keine Transporte löschen und neu anlegen.

**Abb. 9.4** TP/VS-Optimie-
rungsprofil anlegen: Einstieg

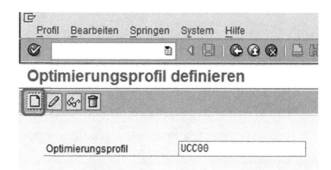

Auf der Registerkarte *Horizonte* (siehe Abb. 9.6) setzen Sie die relative Dauer des Planungshorizonts und des Bedarfshorizonts jeweils auf 270. Beide Horizonte beginnen durch diese Einstellung am heutigen Tag und enden in 270 Tagen.

Setzen Sie auf der Registerkarte *ATP-Kategorien* (siehe Abb. 9.7) Haken bei [AG] *Bestellanforderung* und [BH] *Umlagerungsbestellanforderung*. Das sind die für Sie relevanten Objekte, die zuvor durch den SNP-Lauf angelegt worden sind.

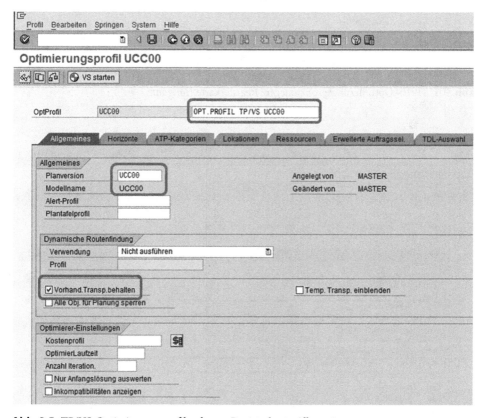

**Abb. 9.5** TP/VS-Optimierungsprofil anlegen: Registerkarte *Allgemein*

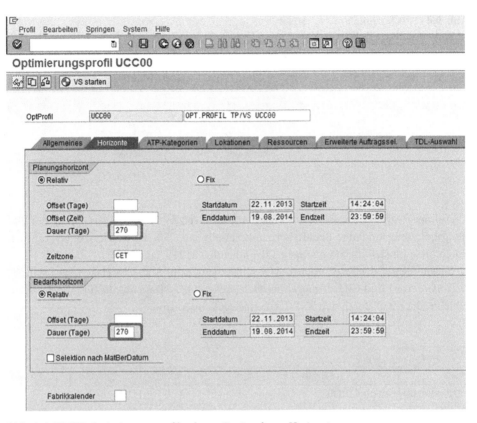

**Abb. 9.6**  TP/VS-Optimierungsprofil anlegen: Registerkarte *Horizonte*

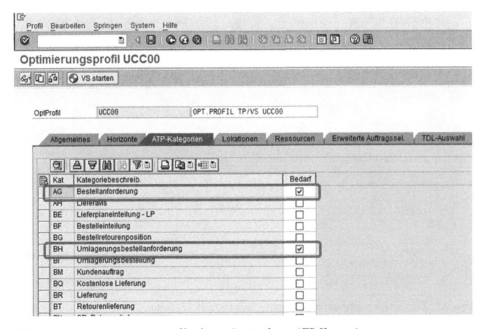

**Abb. 9.7**  TP/VS-Optimierungsprofil anlegen: Registerkarte *ATP-Kategorien*

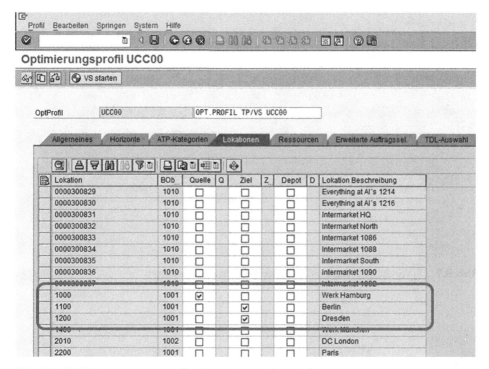

**Abb. 9.8**  TP/VS-Optimierungsprofil anlegen: Registerkarte *Lokationen*

Auf der Registerkarte *Lokationen* (siehe Abb. 9.8) müssen Sie recht weit nach unten scrollen, um einen Haken bei der Lokation 1000 als Quelle und bei den Lokationen 1100 und 1200 als Ziel zu setzen.

Setzen Sie auf der Registerkarte *Ressourcen* (siehe Abb. 9.9) einen Haken bei CP_TRUCK1 und selektieren Sie auf der Registerkarte *Erweiterte Auftragssel.* (siehe Abb. 9.10) die Materialnummer UCC-MOTOR-##. Dies ist das einzige Produkt, das über die angelegten Transportbeziehungen transportiert werden soll.

Sichern Sie das Optimierungsprofil und kehren Sie zurück zum Einstiegsmenü. Rufen Sie jetzt die Transaktion *Advanced Planning and Optimization → Transportplanung/Vehicle Scheduling → Planung → Vehicle Scheduling Interaktiv* auf (siehe Abb. 9.11). Tragen Sie Ihr Optimierungsprofil UCC## ein. Als Startdatum setzen Sie das heutige Datum ein und als Enddatum wählen Sie ein Datum, das mindestens 26 Wochen in die Zukunft reicht. Für die Quelllokation tragen Sie 1000 und für die Ziellokation mithilfe der Mehrfachselektion 1100 **sowie** 1200 ein. Wählen sie dann *Ausführen*.

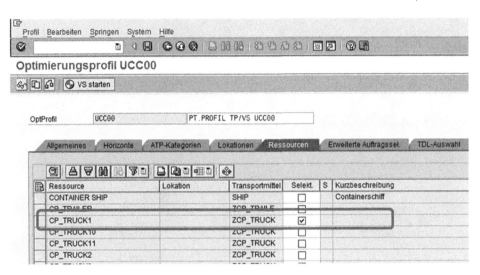

**Abb. 9.9**  TP/VS-Optimierungsprofil anlegen: Registerkarte *Ressourcen*

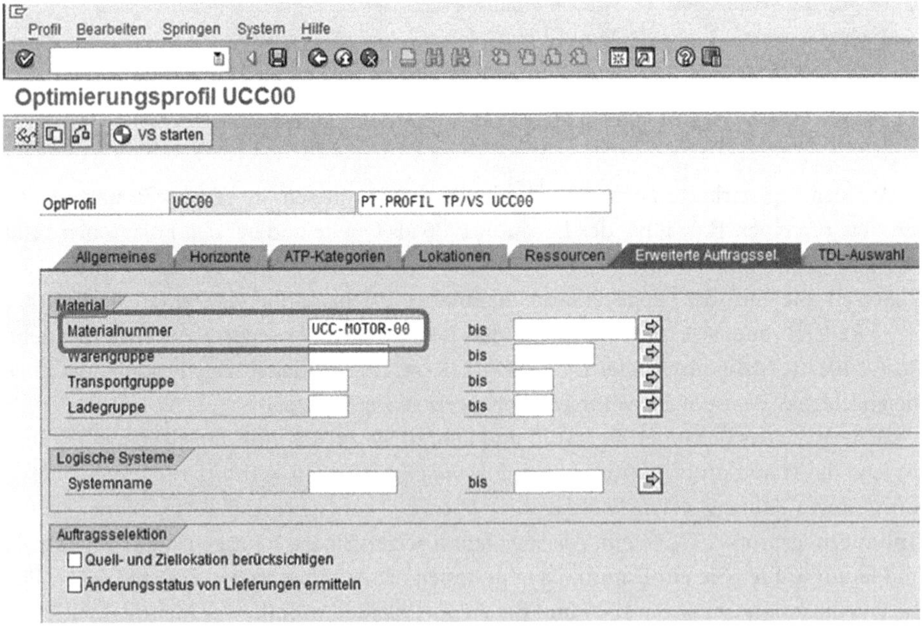

**Abb. 9.10**  TP/VS-Optimierungsprofil anlegen: Registerkarte *Erweiterte Auftragssel*

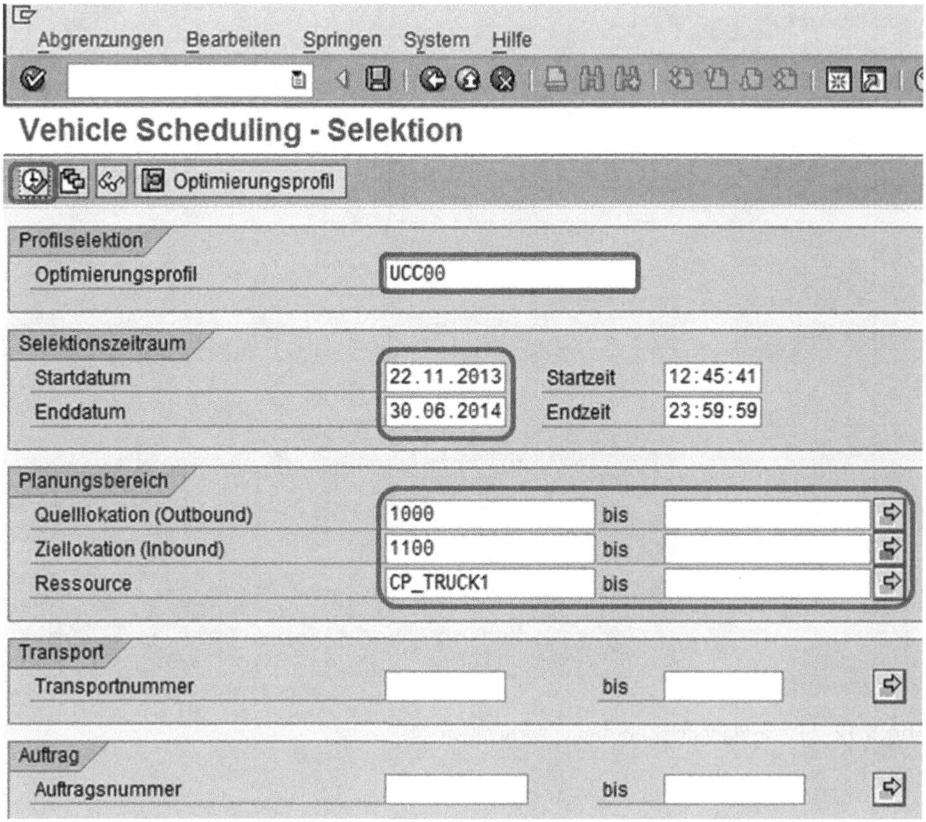

**Abb. 9.11**  TP/VS-Plantafel: Einstieg

Markieren Sie nun im unteren Bereich *Nicht zugeordnete Transporteinheiten* alle Einträge und markieren Sie links oben die Ressource CP_TRUCK1 (siehe Abb. 9.12). Betätigen Sie dann den Druckknopf *Ressource zuordnen* oberhalb der aufgeführten Ressource.

Es erscheint ein Fenster, in dem Sie weitere Vorgaben zur Terminierung wie etwa Be- und Entladedauern machen können (siehe Abb. 9.13). Nehmen Sie hier keine Änderungen vor und bestätigen Sie mit *ENTER*.

Es werden für alle zu transportierenden Einheiten geeignete Transporte angelegt, die im oberen Bereich *Transportaktivitäten/Transportweg* angezeigt werden (siehe Abb. 9.14). Es sind nun alle Transporteinheiten zugeordnet worden. Sichern Sie das Ergebnis.

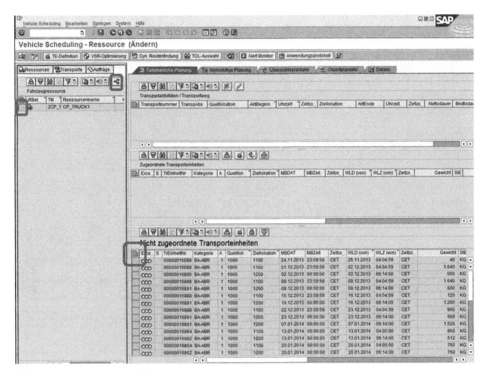

**Abb. 9.12** TP/VS-Plantafel: Zuordnung vornehmen

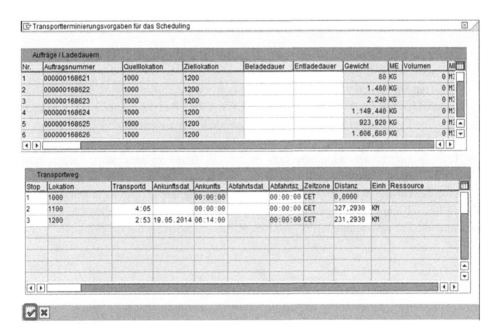

**Abb. 9.13** TP/VS-Plantafel: Vorgaben für die Terminierung

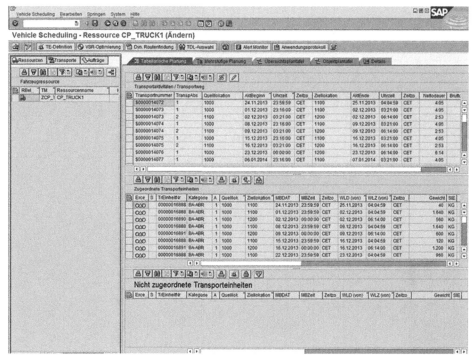

**Abb. 9.14** TP/VS-Plantafel: Angelegte Transporte

Eine Optimierung ist in diesem Fall nicht erforderlich, da die gewählte Fahrzeugressource nur gering ausgelastet ist und somit kein Planungsproblem besteht.

Sie haben die Bearbeitung der Fallstudie damit abgeschlossen!

## Literatur

Dickersbach, JT (2009) Supply chain management with SAP APO – structures, modelling approaches and implementation of SAP SCM 2008. 3. Aufl. Springer, Heidelberg

Grunow M, Stefánsdóttir B (2012) Transportation planning/vehicle scheduling (TP/VS). In: Stadtler H, Fleischmann B, Grunow M, Meyr H, Sürie C (Hrsg) Advanced planning in supply chains – illustrating the concepts using an sap apo case study. Springer, Heidelberg

# Sachverzeichnis

A. Witt, *Grundkurs SAP APO*,
DOI 10.1007/978-3-658-03654-6, © Springer Fachmedien Wiesbaden 2014

Printed in the United States
By Bookmasters